ちくま新書

英米哲学入門

——「である」と「べき」の交差する世界

一ノ瀬正樹
Ichinose Masaki

1322

英米哲学入門——「である」と「べき」の交差する世界【目次】

はじめに

「私は誰なんだ、なんでここにいるんだ」。あるとき突然、こうした問いが浮かんできた。にゅっと、現れてきた。ゾッとする感覚だった。

たいていの場合、不思議だなあ、という感覚は、実に愉快だし、有益でもある。そして私たちの健康にもよい。私が言ってるのは、何か怪訝《けげん》に思うとか、何かよくないことが起こってるかもしれず不安だという意味での不思議感ではない。ちょっと変わった出来事や現象に関して、どうして、なぜ、こんなことが起こってるんだろうという、もののありよう、ものの仕組み、に対する純な問いを促す不思議感である。

たとえば、きれいな虹を見るたび、不思議だなあと思う。オーロラをみたら、もっとそう思うだろう。そして、なにかに注目し、不思議だなあと思うことは、感動と紙一重の、ほかのことを忘却した状態であり、愉快な体験であるにちがいない。愉快さとは、心地よさに意識が満たされ、ほかのことが一瞬でも消え去ることだからである。

そして、こうした不思議感こそが、人間の学問を、科学をはぐくんできた。現在の私たちが、そうした学問の恩恵を受けて、いろいろと問題はあるにせよ、過去に比して総じて安定した豊かな生活を送っていることは否定できないだろう。なにしろ、飛行機で世界中を素早く移動することができ、暑さ寒さにも電力などでたやすく対応できるのである。先進国に限らない。いまや、自動車は世界中に普及し、電気の普及度も高い。すべては、不思議だなあという最初の感覚が源となった恩恵である。

そしてもう一つ。不思議だなあという感覚に引きつけられて、それを解き明かしてみようという営みに私たちがはまるとき、私たちは熱中という幸福を手にすることができる。なにかに熱中し、我を忘れるとき、私たちは紛《まご》う方なき幸福のただ中にいる。こうしたことが精神の健康にどれほどよいか、想像するのは難しくないのではないか。

けれども、何の変哲もない当たり前のことに対して、不思議だなあ、と感じることは日常的にはそうはない。太陽が毎朝昇ること、家の床が突然抜けないこと、ドアを開けたらドアのきしむ音がすること、昨日があったこと、自分がいま特定の「誰か」としてここにいること。こうした、いわば毎日の基盤となっていることに対しては、たいていは疑問を抱くことなく素通りしてしまう。

けれども、もちろん、それらは正真正銘、徹頭徹尾、不思議なことなのである。ゾッとするほどの謎なのである。なぜ昨日があると言えるのか。なんの証拠も提出できないではないか。昨日は過ぎ去ってどこにもないのだから。写真は、記憶は、記録は。それらがあるじゃないか、と思うかもしれない。でも、それらもすべて「いま」ここにあるものにすぎないではないか。

なんのことだ、と多くの人は思うだろう。でも、こういう不思議感を、本当に不思議なことだな、と受けとめる人たちもいる。そういう不思議感に突然とらわれてしまう人もいる。そして、こういうことを論じる学問もあるのである。「哲学」だ。その門は、誰に対しても開かれている。入りたい人はどうぞ、というわけだ。そして、もしかしたら、日常的に感じる不思議感と同じように、あるいはそれ以上に、そこにのめり込むことは健康にいいかもしれない。あるいは逆に、日常の不思議感を飛び超えてしまう異常な、ゾッとするような不思議感なので、健康には決してよくないかもしれない。それは、入ってみないと分からない。一か八か入ってみるのも、リスクを取る人生みたいで、楽しいかもしれない。

本書は、まさしくそうした哲学への入門をいざなう本である。ただし、『英米哲学入門』と銘打っているが、決して「英米哲学」についての入門書ではない。「英米哲学」それ自体の紹介的な入門については、同じ筑摩書房から出ている私が書いた文庫本『英米哲学史講義』をぜひ参照してほしい。本書は、それと名前は似ているけれども、まったく違って、英米哲学をおもな素材とした「哲学入門」である。したがって、より正確には、英米『哲学入門』、なのである。その際、全体を貫くテーマとして、「である」と「べき」の連関という問題を置いた。副題が「「である」と「べき」の交差する世界」となっている所以《ゆえん》である。

「である」と「べき」の問題とは、こういうことである。本書の第3章でも触れるが、たとえば、毎日級友に殴られている少年がいたとしよう。このとき、「あの少年は毎日殴られているの「である」」というのは事実だ。けれども、だからといって、「あの少年は毎日殴られる「べき」だ」という規則や規範は成立すると言えるだろうか。言いにくいだろう。このような見方を少し専門的に言い換えると、それは、事実命題（「……である」）から規範命題（「……べき」）を導き出すことはできない、というように表現される考え方である。

哲学や倫理学の入門書を読んだ人は、目にしたことがあるかもしれない。

でも、この考え方は本当に正しいだろうか。たとえば、国家の領土を例にとるとどうだろう。「この地域をA国がずっと占有してきたの「である」」という事実から、「この地域はA国が所有す「べき」だ」、よって「他国が侵犯す「べき」でない」、という規則や規範が導けるだろうか。これも導けないと言えるかというと、そこは微妙なのではなかろうか。

というよりも、そのように導けてしまうように思えるのではなかろうか。

　私たちは、こうした「である」の領域と、「べき」の領域とが、つかず離れず交差する世界に毎日すまっている。よって、その交差のありさまを解明してみよう。これが、本書を貫くモチーフなのである。

　いずれにせよ、本書は、私が、哲学の基本的な問題について、初心に立ち返ったつもりで、できるだけ丁寧に段階を追って思考していくさまを記すことで、読者に哲学的思考の追体験をしてほしい、ということで著した書物である。


　一点、ただし書きをしておかなければならない。本書の著者は私だが、語り手は私ではない。私の心に幼いときから巣くっている別な人格、私と思考や記憶をすべて共有している薄気味悪い人物、「シッテルン博士」である。そのシッテルン博士が、「デアール君」と「ベッキーさん」という、二人の学生に向かって語りかける。そして、二人の学生が質問などする。二人の学生は、私が大学での長い教育経験をもとに描き出した、できる学生の平均像である。これが本書の形態である。そういう枠組みの中で、シッテルン博士が、いわば一筆書きのように、一気に哲学の問題について語り上げていく。その思考の流れに身を委ねていけば、必ずや「哲学」の門に入りきたるはずである。では、入った後どうなってしまうのか。まあ、それは、自己責任でお願いしたい。

第1章「世界のすがた」では、おもに「である」で表現される事実の領域を論じる。そこで論じられる基本的な問題は、私の外部に世界はあるのだろうか、という問いである。バークリ流の「観念論」について詳しく解説し、ラッセルの「センシビリア」論や「知覚の因果説」などを批判的に概観した上で、観念論のスピリットの広がりを示す題材として、量子論での観測問題や、宇宙論での人間原理を検討する。

第2章「世界のきまり」では、おもに「べき」で表される規範や規則の領域を論じる。ここでいう規範は、「必ず」という言葉にも翻訳できるので、この章では「必然性」が大きな主題となる。なかでも、「因果的必然性」という考え方を検討対象として、因果的必然性を論じたヒューム因果論を批判的視点から徹底的に解剖した上で、デイヴィッド・ルイス以来の「因果の反事実的条件分析」を展望する。

第3章「世界にすまう」では、「である」と「べき」の交差の中にすまう私たちのありようを論じる。私たちの因果的な理解の根底に「不在性」が染みこんでいることを暴き、そこから発生する原因特定化の困難に対して、予防可能度や規範性度などの「程度」概念を導入することで見通しをつける。ウィトゲンシュタインやクリプキが提示した「規則のパラドックス」が重要な手がかりとなる。

このように、後半に行くほど、因果性の問題が議論の要になってくる。また、いま触れたように、バークリ、ヒューム、ラッセル、ウィトゲンシュタイン、デイヴィッド・ルイス、クリプキ、などが言及されるが、決してそうした哲学者についての解説を目指しているわけではない。シッテルン博士というのは、とても自由な人で、自分の思考過程を忠実に話そうとしているだけなのである。「因果的超越」、「浮動的安定」、「クアエリ原理」、「野放図因果」、など耳慣れない用語が出てくるが、説明を読めば必ず理解してもらえると思う。

ただ、注意をしていただきたいのは、ときどきシッテルン博士ができの悪いギャグを飛ばしたりしているが、それは私の関知するところではない、という点である。あんなクオリティの低いギャグは、私は言わない……はずである。ともあれ、シッテルン博士にバトンタッチしよう。おい、頼んだぜ。

シッテルン博士「いやいや、ひどいことを言う人もいるもんだ。クオリティが低い、だってさ。自分だって私と生き写しのくせに。ギャグって大事なんだよ。っていうか、どういうギャグを飛ばして笑ってもらうか、それが哲学の講義の核心でしょ。いや、そう言っちゃうと、種明かししすぎかな。まあ、こんなご時世だ。ほんのときどきクスッとしながら、でも九九・八パーセントぐらいは真面目路線で、話をしていきましょうかい。
それじゃあ、はじめよう」

第1章 世界のすがた

第1話　リアリティの謎

†夢と現実

　自分が生まれる前にも、この世界、この宇宙があったということ、それは確かだろうか。私は、うとうととして、なにが夢で、なにが現実か、分からなくなってしまうときがある。死んだはずの愛犬とたわむれていたりして、ふっと気づくと、消えている。夢なのか。でも、愛犬の表情はやけにリアルだったな。久しぶりにあいつとゴロゴロして、楽しかったな。そこで、ふと思い当たる。いま、目覚めたばかりできょとんと眺めているこの部屋、これもすぐ消えちまうのじゃないか。あとで、やっぱり夢だったと思うことになるのじゃあないか。少なくとも、これは夢なんかじゃない、これは現実なんだ、と言える確固たる何かが、果たしてあるのだろうか。

こういう疑問は、ちょっとゾッとする。なんだか、世界の中にたった一人取り残されて、自分の、もしかしたら夢かもしれない思いだけが、目の前にあるのみで、それ以外のものは、あるはずだ、あるだろう、という怪しい自信だけが頼りだ。部屋を出て、家族や他の人に話しかけて、自分以外の人や世界が現実にあると安心する人はお気楽なのじゃないか。だって、よく考えてみたら、いま話を合わせてくれている他人だって、さっき一緒に遊んだ愛犬と、どこが違うか分からないじゃないか。さっき私は愛犬をなでた。いつもの、柔らかくて懐かしい、心やすらぐ感触だ。でも、あいつはもう死んでしまった。二年前の出来事だ。つまり、死んでしまって、いまはいない、というのは現実で、あの柔らかい、なでた感触は単なる錯覚だ、となるはずなのだ。

現実。これが重く突きつけられてくる。これは変えられない。だって、現実は、自分が支配しているものではなくて、かえって自分の外から自分を制限する、この世界そのものだからだ。

待てよ。しかし、なぜ現実は自分の外にあると言えるのか。「自分の外」とは、自分とは独立にある、ということだろう。けれど、そう言える根拠は何なのだろう。人は言うかもしれない。ばかげた疑問だ、君がいなくても世界はあった。そして、君がいてもいなくても、地球があったりなくなったりすることはないのだ、と。でも、それだと私の疑問とかみ合わない。どうして、自分がいることが、地球があったりなくなったりすることに関係ないと断定できるんだろう、というのが私の疑問なんだよ。そんな疑問は変じゃないか、って思うかもしれない。確かに変かもしれない。ただ、こんなことを思い始めたきっかけがあったんだ。

†ビッグバン理論

それは、物理学のいわゆる「ビッグバン宇宙論」について読んでいたときだ。これは、宇宙には始まりがあり、それは「ビッグバン」と呼ばれる時点であり、それが膨張し続けていまの宇宙に至っている、という理論だ。「宇宙マイクロ波背景放射」という電磁波の残光を調べることによって、「ビッグバン」の時点を測定できるとされている。実際、二〇〇一年に打ち上げられた「WMAP」衛星によって精密な測定が可能になった。かくして、いまでは、宇宙は誕生してから一三七億年だ、ということが明らかになってきた（谷口二〇〇六、一五九―一六二頁）。素晴らしい研究成果だ。

そして、私たちの地球が生まれたのは、宇宙が誕生してからずっと後で、いまからおよそ四五億年前だと一般にされている。ウランなどの放射性同位体の半減期（放射性物質の放射線を出す「崩壊」現象が半分達成される経過時間）をもとに推定されるのである（http://

www.talkorigins.org/faqs/dalrymple/scientific_age_earth.html 二〇一七年三月一九日閲覧)。

だが、待てよ。どうもむずむずする。私はこうした宇宙や地球の年齢を知ったとき、なんともいえない落ちつかなさを感じたんだ。まず、その一つの要因は、「放射性物質の半減期」という概念だ。それがつねに一定であると、なぜ知ってるんだ。まして、人間が存在し始めるよりはるか昔にも、半減期が一定だなんて、途方もない憶測じゃあないか。こういう風に、知ってることをもとに、その外側に知っている内容を拡大して適用することを「外挿《がいそう》」と呼ぶんだが、どうにも、科学者は平気でとんでもない外挿をしているように感じたんだ。

†想像可能性

どうして科学者たちは、自分たちが自分たちの時代に発見した法則性が、過去にも、そして未来に至るまで、成立する、と考えるんだろうか。そう考えられるとする根拠は何なのだろうか。たぶん、一つには、そう仮定すると、過去から現在まで至っている自然現象の痕跡がうまく説明できる、という点にあるのだろう。しかし、である。あとで「人間原理」について触れるときにも説明するが、そのように整合的に説明できる現象は、必ずしも法則的に成り立ってきたと考えなければならないわけではなく、まったき「偶然」によってたまたまそうなっている、という可能性も排除できない。

ええ、まさか。自然科学が何世紀にもわたって精緻《せいち》に発見し整理してきた自然の法則性が、実は法則性ではなく、偶然の一致かもしれない、というのか。そういう反論が出るかもしれない。たしかに、そのような疑問は理解できる。地球上でものを投げれば、放物線を描きながら落下する。それは、過去もそうだったし、いまも、そして未来も同様じゃあないのか。実際、そういう法則性を前提して、たとえば、野球の守備の技術が展開されているのだ。イチローを思い出してよ。イチローが外野でフライを受けるとき、偶然にミットにボールが入る、などというのは誰も相手にしないお笑いぐさの説明だ。

うーん、私の疑問を伝えるのは結構難しいのかな。イチローのような具体的な例で考えると、実際上、私たちが法則性を前提し、それでうまくいっている、という確証がとれるように思うかもしれないけれど、問題は想像可能性なんだよ。

私たち人間が発生し文化を築く前には、投げた物体は、放物線ではなく、明確な角度を持つ折れ線のように運動していた、という状態を想像することはできるだろうか。ただ、人間が誕生して、いま現在まで、折れ線ではなく、放物線を描くようになった。そう想像することに支障があるだろうか。驚きかもしれないが、支障はないのだよ。つまり、想像できるのだよ。さらに、現在この瞬間から、再び、放物線ではなく、折れ線を描くように、もとの状態に戻る、あるいは、放物線になったり折れ線になったりランダムになる、ということも想像できる。そんなSF映画を作れるでしょ。だったら、想像できるってことだよ。六〇歳を超えた私がプロテニス選手になって、ウィンブルドンで優勝するのだって想像できるんだ。うれしすぎるよ。へへっ。

そして、想像できるってことは、可能だってことだ。古代人にも人間が空を飛ぶことは想像はできた。だから、空を飛ぶことは可能だった。そして、飛行機の発明とともに、その可能性は現実となったんだ。

投げた物体の話に戻そう。もうお分かりかもしれないけれど、想像可能なのは、別に折れ線に限らない。実は、どんな現象だっていいんだ。折れ線になって、同時に折れ線にならない、というような想像できないものでない限りは。でも、君は言うかもしれない、そういう突然の変化があったら、何か要因があるはずだって科学者は考えて、その要因に関わる法則性を探究し始めるのではないかって、ね。

†無常ということ

これはいたちごっこのようだ。そのようにして仮に別の法則性が発見されて、現象がうまく説明されたとしても、やっぱり、そうでなかったという想像可能性はいつまでも残り続ける。ようするにこうだ。どんな状況に面しても、科学者というのは、背後に法則性が存在していて、それを発見すれば当該の現象が説明できるはずだ、と考える、ということなのだけれど、厳密に言うと、それはいつも完結されない。自然現象に、実は、「反則」なんてないんだ。イチローの例ではなく、地震や天変地異のほうが例としてはわかりやすいだろう。いまこの瞬間、突然、予想もしないような巨大地震とか、太陽の突然の変化による気候の劇的変動とか、そういうのが発生しないって、確実に言えるかい。言えないでしょう。どんなことだって、起こりうる。反則にはならない。

日本人はいい言葉を知っている。「無常」だ。常なるものなんてない。盛者必衰の理《ことわり》をあらわす、だ。一定の法則性は完全には成り立っていない。それが真実なんだよ。やっと伝えやすい場面まで来た。つまりだ、科学者の思考というのは、まず法則性があるはずだ、というところから出発しているんだ。けれど、法則性があることは決して自明ではない。言い方を換えれば、法則性があるという思いには確たる根拠がない。じゃあ、この科学者の思いは何なんだろう。アルフレッド・ノース・ホワイトヘッドという、私が畏敬の念を抱くイギリスの哲学者の考えを紹介しよう。彼は、科学的探究を導く、法則性があるはずだという科学者たちの思いを、一言、「秩序への信仰」(the faith in order) だと喝破した。『科学と近代世界』という名著の中でだ。引用してみよう。

理性への信仰は、事物の究極の本性とはすべて相まって調和をなすというところにあり、諸事象が単に恣意的に生じているという見方は排除されるべきだ、ということへの信頼である。それはつまり、事物の根底に単なる恣意的な神秘を見いだすことはないという信仰である。自然科学の勃興を可能にした、自然の秩序への信仰は、一段と深い信仰の特殊な例である。この信仰は、帰納的な一般化によっては正当化することはできない。(Whitehead 1985, p. 23)

つまり、自然界の現象の背後に法則性や秩序があると考えるからこそ、科学的探究が可能となるのだけど、じゃあ、自然界に秩序があるということ自体はなぜ分かるのか。こう問うと、それは科学的には確証できない、なぜなら科学はそれを前提して初めて成り立つのだから、その前提を科学では確証できない、確証しようとしたら循環になってしまう、だから実は私たちは自然界に秩序があると、ただ信仰しているだけだ、ということになるのだよ。

†科学と宗教

ここまで来ると、はたと思い当たるはずだ。だとすると、科学って、宗教っぽくないか。根拠がないけれど、秩序があるって信じる、信仰する。なにか、神様がそのように自然を作りたもうた、と信じているみたいだね。実は、自然科学っていうのは、まさしくキリスト教という一つの宗教から生い育ってきたと言ってもいいくらい、宗教と密着しているのだよ。

天体の軌道が完全な円ではなく、楕円である、ということを発見したヨハネス・ケプラーという学者を知っているだろうか。えへん、私はシッテルンだ。といっても、ケプラーの第三法則を説明せよといわれると、一瞬ひるむけどね。君たち自分で調べてみて。まあいい。実はケプラーは、師匠に当たるティコ・ブラーエという天体観測の名人が残した詳しいデータを前にして、悩んでいた。数式で表現できるような規則性や法則性がどうにも見つからないんだ。けれど、何年も考えあぐねた結果、もしかして天体は円軌道をすると いう古代以来の前提が間違っていたのであって、円ではなく楕円軌道をしていると考えれば数式に落とし込めるのではないか、と思いついた。そしたら、ブラーエの残したデータの中に見事な規則性を見いだせたのだ。

でも、なぜケプラーは数式化にこだわったのか。それは、彼が敬虔なキリスト教信者だったからだ。神が世界を創造したのだから、しかも人間を神の似姿として創造したのだから、自然界には人間が努力すれば解明できる神の痕跡があるはずだ。それは、数式で見事に表せるような、美しいロゴスの姿、すなわち法則性に違いない。そして、それを見いだすことによって、私たち人間は神の存在とその偉大さを確証できるのだ、と。ケプラーの思考はそんな風に再構成できる。ようするに、近代の自然科学は、ちょっと驚きかもしれないが、キリスト教と協同して勃興し、根本のところでは現在でもその出自を保ち続けているのだよ。まあ、現場の科学者たちには、きっとそのことを否定する人も少なくないんじゃないかと思うけどね。

†時間の基準

宇宙や地球の年齢について聞いたときに感じた、もう一つの落ちつかなさの要因に移ろう。それは、時間についてだ。よく考えてみてほしい。「年」というのはそもそも何だったか。地球の公転周期をもとに決められた単位だろう。だとするなら、宇宙が一三七億年前に誕生して、地球が四五億年前に誕生した、という言い方はなんか変じゃないか。なにが変って、地球が誕生していない前にも、「何年」という概念を適用して、宇宙の年齢を算定していることが、私には変に思えるのだよ。地球の公転を基準に出された時間概念なのに、そもそも地球が存在していない時に対しても適用していることになる。それは正当なやり方なんだろうか。地球が存在する前には、地球の公転という現象はないのだから、「何年」という基準がないのじゃあないか。

仮に地球がそのときもあったと仮定して、公転周期をもとに算定しているのだ、と軽くあしらわれてしまうかもしれない。けれど、私にはやはり疑問があるんだ。地球がないときに、地球があると仮定することは、それはそれでよしとしよう。だけど、その場合の公転周期が、本当に地球が存在し始めた後の周期と同じだと言えるだろうか。条件が全然違うのだから、同じではないと考えることにも理はあるはずだ。

というか、そもそも「同じ」ということの意味がすでにこうした仮定の中では不明になってしまっているのじゃあないか。「同じ」地球を仮に想定するということは成り立ちそうだけれど、なんだか、それって「地球」なんですか、と問いたくなってしまうような、そんな仮定だからだ。

おそらく、こうした疑問が本当なら提起されてよいはずなのに、実際にはなかなか提起されてこなかったのは、やはり、時間というものは、単に地球の自転・公転といった私たち人間に関わる事象によって決まっているのではなく、そのさらに根底に、むしろ地球の自転・公転に現れる時間を支配するような、もっと普遍的な時間がある、というような考えが潜んでいたからなのではないのかな。

かつてニュートンが、絶対空間・絶対時間という概念を打ち出したことが、そうした自然科学の時間についての考え方に、なんだかんだ言って、大きな影響を与えてきたのだと思うよ。こういう絶対時間のような考え方は、冷静に見れば、とても宗教的な信仰だよね。だって、そんな絶対に普遍的な時間があるなんて、人間に確認できるわけがないでしょ。そもそも「絶対」時間という捉え方が、神的ではないですか。しかし、神ならぬ人間には、そんな大それた認定をできる資格がない。だって、たとえば、私が死んだ途端に、時間というものが大きく変化してしまう、という可能性がいつも残るんだから。

†光速度不変

ニュートンよりずっと後になって、アインシュタインが「光速度不変」という前提から特殊相対性理論を導き出して、ニュートン流の絶対時間を斥《しりぞ》けた。物理学の講義じゃないので、詳しく言及しないけど、相対性理論では、絶対的な意味での「同時性」は成立しないとされる。「同時性」は観察者に相対的に決まることになるからだ。

でも、そう言ったからといって、私の疑問が氷解するわけじゃない。「光速度不変」なんて前提も、確認しようがないし、時間が観察者に相対的ならば、人間という観察者がいない、地球誕生以前に対してどうやって時間概念を当てはめるのか、やっぱり不明だからだ。だとしたら、光速度というときの「速度」だって、何を意味するのか厳密には不明だということになる。「速度」は、距離と時間によって定義されるのだから、地球誕生以前の時間が何を意味するのかが明確でない以上、光「速度」も明確でないという疑問がわく。

こうして見ると、「光速度不変」という考え方は、ニュートンの絶対時間という、ある種の信仰的な考え方の変種なのではないか、とさえ思えてくる。実際、「光速度不変」の考え方は、長年にわたり物理学の世界で物議をかもし、反論も寄せられているのだよ。

ただ、私は科学が法則性を探る営みであることを根こそぎ批判して、反科学の立場を主張しているのではない。それは大きな誤解だ。科学の営みが私たちの実生活を支えている、少なくとも私たちにはそのようにほぼ信じられるという、驚嘆すべき事実に文句を言う筋合いはない。私が言ってるのは、宇宙論を含むところの科学が、そしておそらく知の営み全般が、根本のところで、はて、なぜそうなのだろう、という疑問を完全に免れていない、言い方を換えれば、厳密には疑問をいつも喚起するような仕方でしか世界のすがたは立ち現れてこない、ということなのだ。これは科学のせいではない。科学者じゃない人が、科学者よりも完全な形で世界のすがたを描けるなどということは到底ありえない。

これは、誰のせいでもなく、そういうあり方がまさしく世界のすがたなのだ、ということだ。「世界はこうなっているの「である」」という言い方は、依然として、どこか信仰的な側面を持ち続けている。たぶんね、だからこそ、科学の探究はおもしろいんだろう。いつまでも、ぴしゃりと確定するに至らず、考察領域が無限に広がっていくからだ。

†自分が生まれた後の世界

さてさて、どうやら奇妙な思考の世界の入り口に立ってしまったようだ。世界は自分の外側にあって、自分を制限する。自分とは独立に世界はある。だから、自分が生まれる前にも、この世界、この宇宙は存在した。これが常識だし、科学の前提だ。哲学の世界では、こうした考え方を「素朴実在論」などと呼ぶ。けれども、これまでの、ちょっと不可思議な私の話を汲《く》むならば、どうも、そうした常識は完璧ではなさそうなのだ。少なくとも、常識と言ったって、どこか信仰のような、飛躍を含んでいるような捉え方なんだ。

別に信仰を含んでいたっていいじゃないか、実際、信仰を旨とする宗教という領域は有意味に成立しているじゃないか、と言われるかもしれない。確かに、その通り。でも、「世界のすがたはこうなっているの「である」」という、世界のリアリティ、哲学では実在性と呼ぶんだが、それを探ろうとしているときに、「そうなっていると信仰する」というのは、どうにも物足りないんじゃあないかな。「こうなの「である」」と確実に言えるところまでいかないとダメなのじゃないか。

もう一度最初の問いに戻ろう。「自分が生まれる前にもこの世界はあったのだろうか」。あった、と考えたい場合、どういう根拠があるのか。結構これは難しい問いなのだよ。こういう難しい問いの場合には、正面突破の直球作戦だけでなく、少し変化球で対することも必要だ。そうした変化球を投げかける有望なやり方は、そもそもこの問いが有意味だと思えるとき、その有意味性を背後から支えている考え方は何だろうか、というように、問いそのものに問いを向けることだ。質問されて答えに窮したとき、その質問の前提に焦点を当てて、矛先を逆に向けるという高等戦術だ。

その戦術を使ったとき、明らかになるのは、「自分が生まれる前にもこの世界はあったのだろうか」という問いでは、自分が生まれた後にこの世界があることが前提されているという点だ。だってそうだろう、自分が生まれた後にはこの世界があると言えるからこそ、自分が生まれる前にもそれが言えるか、と問うているのだから。だとしたら、つまり、こう切り返さなければならないというわけだ。「自分が生まれた後には世界がある」というのは、本当に確実に言えるのか。

†世界五分前出現仮説

そう改めて問うてみると、案外、この前提にも怪しいところがあることに気づくね。まず、自分が生まれた後と言っても、現在以外には、すべて過去のことである点が気になる。過去って、本当に存在するの。いや、こういう問いかけはトリッキーだ。こう問い直そう。過去って、本当に存在したの。もちろん、存在した。だって、自分は記憶しているもの。昨日、朝起きたとき、寝癖がひどくて、珍しくブラッシングしたんだ。こんな風に普通答えるだろうね。

むろん、誕生した直後からしばらくのことは記憶していないじゃないか、という雑《ま》ぜっ返しもできるけど、その点は問わないことにしよう。問題は、過去の存在を記憶によって確証できるか、という点だ。

イギリス紳士の哲学者で、バートランド・ラッセルという人がいる。ものすごい頭のいい人で、前に名前を出したホワイトヘッドと一緒に『プリンキピア・マテマティカ』(『数学原理』)という、現代論理学の聖典のような本を出した人だ。そのラッセルは、後になって『心の分析』という本を出して、その中で「世界五分前出現仮説」という奇妙な考え方を記した。それはこうだ。

記憶による信念を探っていくとき、心に留めなければならないいくつかのポイントがある。第一に、記憶による信念を形作っているものはすべて「いま」生じているのであって、その信念が指し示しているはずの過去に生じているのではない。実は、思い出されている出来事は確かに生じたはずだとか、過去は確かに存在したはずだということさえ、記憶による信念にとって論理的に必要なわけではない。世界が五分前にそっくりそのままの形で、すべての非実在の過去を住民が「覚えていた」状態で突然出現した、という仮説に論理的不可能性はまったくない。（Russell 1921, p. 159）

どうだろう、この奇抜さ。五分前に世界や人々が、いまあるような記憶とともに、突如出現したと考えることに不都合はないのではないか、というんだ。そんなばかな。でも、反論してみてごらん。どうやってそれは間違いだと論破できるだろうか。間違いだと論破できないということは、真実かもしれないということだよ。ゾッとするね。

ついでに一つ注意しておくが、ここで「信念」(belief) といっているのは、日本語で言うところのポリシーを意味するような信念ではなくて、単に「思っている内容」のことだ。英語で哲学を論じるとき頻出する用語なので、覚えておいてほしい。

いずれにせよ、記憶は過去の実在の証拠にするにはちょっと弱すぎる。それに、誰だって、記憶違いの経験はあるんじゃない。私なんかしょっちゅうだ。沖縄に行ったのは二年前の秋だったな、と思ってたけれど、よく調べたら、三年前の秋だった。シッテルンだと思ってたのに、知ってなかった。恥ずかしい。こういう意味でも、記憶というのは根拠にするには力不足が否めない。

それから、「自分が生まれた後には世界がある」ということに関しては、一番最初に触れた疑問がやっぱりぶり返すね。これって、現実なのか。夢を見ているんじゃないか。ものすごい幸運に恵まれたときとか、とんでもない不幸に遭遇したとき、実際そんな風に思うでしょ。それと、人は、死ぬ間際に、一生のことを瞬間のうちに走馬灯のように思い起こす、という話を聞いたことがあって、もしかしたら、実は私はいま死ぬ瞬間で、昔のことを想起している最中なのか、などと思ったりもする。もちろん、死ぬ間際のことなんて、誰も分からないし、何の証拠もない。そういう状態の人は死んでしまうわけだから、そもそも証言できないしね。だから、単なるお話なんだけど、そうだとしても、いまが夢かもしれないという疑惑が成り立つ可能性を示唆はしていると言える。

さてさて、それじゃあ、「自分が生まれた後には世界がある」っていうのも、確かではないと言うべきなのかな。ここまで問いを煮詰めてくると、もしかして、「確か」とか「ある」っていう言葉がそもそもの問題なのではないか、ということにうっすらと気づいてくるんではないかな。「確かに」「ある」、それはどういうことなのか。どういう条件をクリアすれば、そう言えるのだろうか。

こういう風に攻められたとき、安全に身構える方法は一つ、閉じこもることだ。自分が生まれる前などという途方もないところまで守備範囲に収めようとしないのは言うまでもなく、自分が生まれた後でも、過去にまで触手を広げない。とにかく、目の前の「ここいま」に閉じこもることだ。「ここいま」というのは、ラテン語で「hic et nunc」と表現して、哲学の文献によく出てくる。自分の手中に収まっている「ここいま」という内側に閉じこもって、その外には出て行かない。これが、たぶん、「確かに」「ある」という言葉に文字通り対応する、数少ない事態なのではないかな。リアリティとか客観性とか、そういう言葉の基盤になるのではないかな。

こんな風に考えると、記憶も「ここいま」の現象として回収できるし、「ここいま」生じているという点では、夢も現実も区別する必然性は特になくなる。悪夢を見て恐怖を感じているとき、それはまさしく恐怖を感じているのであって、現実じゃないから恐怖も感じていないのだよ、とは言えないでしょ。そういう点で、夢だって、「ここいま」生じているという点では、リアリティなのではないかな。愛犬に夢の中で会えて、しかもそれがリアリティなのだとすると、私はとてもうれしいな。感動だな。

でも、本当にこんな考え方が正しいのだろうか。なんか、ちょっと違和感もある。夢と現実、実在と虚構、この区別がまったくなくなってしまうというのは、いくらなんでも極端すぎるんではないかな。ともあれ、哲学では、こうした考え方にのっとってリアリティを理解するやり方は、しばしば「観念論」という見解へと結びつくんだ。次には、それについて論じることにしよう。

【質疑応答の時間】

シッテルン博士「どうだろう。分かってもらえたかな」

デアール君「すごく分かった、ような気がします。でも、なんかだまされたような気もします。先生は、想像できるとか、可能性とか、そういう言い方を多用して、科学に疑問を投げかけていますけど、それってフェアなやり方なんでしょうか。科学者って、可能性じゃなくて、現実の証拠とかデータとか、そういうのに基づいて理論を立てているのではないでしょうか。それの方が、足下がしっかりしてるような」

シッテルン博士「だね。ただ、私は別に科学に異を唱えているのではないのだよ。むしろ、科学そして科学者に畏敬の念を抱いているんだ。「世界はこれこれになっているの『である』」と断言できるところまではいかないというのが実は「世界のすがた」なのであって、科学者だろうが一般の人だろうが、同じことだ、だから別に「である」と断言できないのは科学者のせいじゃない。

デアール君、きみはいま「証拠とかデータ」って言ったね。私が問題にしたのは、「証拠とかデータ」って何なのか、ということなんだ。その根底に、何か、内側を飛び出ていこうとする要素があるんじゃないか、そういう疑問なんだよ、言いたいことは。たぶん、そういう疑問を主題にしてしまうという点で、哲学は実際の科学とは異なるといえるかもしれない。逆に言えば、そこに主題があるっていうことに興味がわかないと、哲学には入り込みづらいのかもしれないね。

でも、君の指摘した点はやっぱり哲学にとっても大事なポイントだ。証拠やデータから何かを導くというのは、いずれにせよ私たちの知識の基本的手法だからね。哲学だって、何かを前提しなければ議論を始められないんだ。その上で、また戻って前提を問題にしてゆく。それを繰り返し積み重ねてゆく。それが哲学のセオリーだね」

ベッキーさん「先生、講義の中で一つ引っかかってたことがあります。それは、「無常」について触れたところです。盛者必衰の理をあらわすとして、一定の法則性は完全には成り立っていないということが真実なんだ、と先生は言いました。でも、「一定の法則性は成り立っていない」っていうこと自体、別の意味で法則性なんじゃないですか。いつでもどこでも、想定外のことが起こりうる、という法則性です。どうも、釈然としません」

シッテルン博士「鋭いねえ。まいったねえ。私は「真実」なんていう言い方をしなければよかったかもしれないな。ベッキーさん、普通、君の疑問に対して哲学者が答えるときには、「メタ」という言葉を使う。法則性が成り立っていない「法則性」、というのは、法則性に関する法則性で、最初の法則性とは違う次元で「メタ的」に語られるものであって、同じ扱いはできない、というように答えるんだよ。

でも、これはとても技術的というか、作為的というか、たぶん素直な疑問に対する答えにはならないでしょう。だから、今日の話の段階では、こう言い換えよう。一定の法則性が完全には成り立っていないという「思い」がいま浮かぶ、でもその「思い」が次の瞬間にも持続していくかは完全には分からない、と。そういう意味で、法則性が成り立っていない「法則性」っていうのは、やっぱり一瞬の「思い」にすぎなくて、「法則性」と断固として呼べるほど持続的ではない、ということだね。私たちは、いわば、宇宙のただ中を浮遊しているがごとく、ふわふわと、足下がしっかりしない中を漂っているようなものだという、そういう理解です。にもかかわらず、元々そういうものとして私たちは存在しているので、その状態を受け入れて漂っていることに、その都度その都度安らっている。

奇妙な描像かもしれないけど、私自身は、とてもしっくりくるんです。呼び名があった方がよいので、私はこういう刹那刹那の安らいモードのことを「浮動的安定」と呼ぼうかなと思ってる。外的な条件に偶然的にさらされて自分のあり方が変動していきながら、それに安らっているさまだね。たぶん、犬なんかは、このモードを完全に生ききっているんじゃないかな。

これに対して、内的な無理矢理の願望に従って、確実な岩盤の上に立って、浮遊しないで静止しようというような、本当はありえないはずの、しかし私たち人間がしばしば求めがちの、世界への態度のことは、「浮動的安定」ならぬ「選択的不自然」と呼べるかな。ゼロリスクを求めたり、不老長寿を求めたり、そんな態度のことです。分かる人は分かるかもしれないけど、進化理論で言うところの「自然選択」と「遺伝的浮動」をもじった言い方だ。進化理論にまつわる問題については一ノ瀬『確率と曖昧性の哲学』第三章を参照してください。いずれにせよ、ただ、ベッキーさんの疑問は、言い方を換えれば、法則性というのは私たちの物事の理解に執拗にまとわりついてくる、ということを暗示している点で、とても重要です。順に触れていきましょう」

第2話　観念論の洞察

†トレードオフ

　さて、今回は、第1話の最後で触れた「ここいま」の現象に焦点を合わせ、その限りで「世界は現に確かにある」と言えるとみなす、とてもディフェンスの堅いように見える考え方について検討してみようか。ディフェンスが堅いというのは、時間的・空間的に広がりのある領域にまで「知っている」を及ぼしてしまうときに呼び込んでしまう疑問を、最初から回避できるような戦略だからだ。

　けれども、世の中はすべてトレードオフ。ある利点を獲得すると、そうした獲得によって別の難点を呼び込んでしまう。一方的に得だけするなんてことは、まず滅多にないね。この辺り、冷静に考えれば分かるはずなんだけど、何かに執着すると、分からなくなっちゃう人がたまにいる。

宝くじで高額当選する。それで最高の幸せを手にするかというと、必ずしもそうでないことは容易に想像がつく。生きる目標みたいのがなくなっちゃうかもしれないし、その結果、健康を害したりなんてこともあるかもしれない。出世する。うれしいけど、プレッシャーが強くなるね。平《ひら》だったら、気ままにやれたのに、なんて思うだろう。だけど、自分の理想やポリシーが強いと、それを実現することだけに目が向いて、新たに降りかかってくる難点が見えなくなってしまう。

典型的なのは、たとえば、潔癖症だ。なんでも清潔にしたい。そのように実行する。だけど、かえってそのことで生活が制約を受けて、不都合が倍増してしまう。政治的な信条なんかもこれに陥りやすいね。たとえば、リベラリズム、つまり、おおまかに、法人税増税や年金の企業負担増などによる富の再配分を重視して、貧困や格差問題に立ち向かうという立場だが、これは素晴らしい理想だけど、急激に実行しようとすると、大企業が拠点を外国に移したりして、雇用が減り、かえって貧困問題が深刻化する、なんてことになりかねない。人間のやることなんて、そんなもんだよね。

第1話で見た、絶対時間の概念に難点がつきまとうように、絶対に正しい、なんてことはまずないとみてよい。逆に言うと、「絶対に自分は正しい」と言っている人がいたら、眉につばを付けて冷静に対応すべきなんだ。理想を掲げることは大切なのだけれど、それを実現しようとするときには、反作用やデメリットのような部分も考慮に入れる。これがトレードオフだ。私は基本的にいつもトレードオフを意識している。ただ、この「トレードオフを意識することが正しい」という見方それ自体も、第1話のベッキーさんの質問と似た考え方だけど、難点があるんだ。それは、すべての物事についてメリットとデメリットを並べて冷静に判断するというのは合理的な態度に見えるけど、それだと、熱情を持って一つのことを成し遂げようと邁進する、というようなリーダーシップは育ちにくいということだ。ああ、ほんとに難しいね。

†心の中

哲学もまったくおんなじだ。「ここいま」の現象だけに限定する、という守りの堅い立場をとると、守備力の強固さと引き換えに、多くのことを失う。

まず、前回の最後のところで触れたように、記憶の正誤、現実と夢、の区別がなくなっちゃうんじゃないか、という疑問が立ちはだかる。それでいいんだ、と言えればいいんだけど、そして私自身、正直、それでいいんだとする割り切った立場に憧れるんだけれど、やっぱり、なかなかそうもいかない。夢で崖下に落ちても、ガバッと跳ね起きてしまうことはあるにせよ、結局死には至らないのに、現実に包丁で指を切ると血が出ちゃう、といった違いの感覚は拭いさることはできない。

記憶違いだってそうだ。現に想起していることは「ここいま」の現象だから、その意味でのリアリティはあるけれど、他の多くの人の記憶と違っていたり、日記や手帳などに記録したデータと異なっていたときには、普通は、その内容のリアリティは撤回されなければならないでしょう。この違いは、どう扱えばいいんだろうか。

もう一つ、もっと突っ込んだ疑問もありえる。「ここいま」の現象というときの、「ここ」って、どこのことなんだろう。

そりゃ、間違いなく、自分のいるここだろう。いや、もっと正確に言ってみたらどうだろうか。自分のいるここっていったって、自分の足のつま先は、ここはちょっと違うだろう。だいたい、足のつま先のほこりは、見えないし感じないので、「ここいま」の現象にならない。だったら、ここって、どこよ。眼、だろうか。うん、眼で見えているものは、ここという感じがするね。でも、おっきな音が鳴っているときだったら、ここっていうのは、耳のようにも感じられる。結構難しい問いだよ、ここってどこなのか、っていうのは。もちろん、眼や耳の不自由な人だって「ここいま」の現象に直面しているんだから、眼や耳がここにほかならないとは言えないことは最初からシッテルンだった。

じゃあ、どこなんだ。心。そう、自分の心、それがたぶん、答えとして最もはまるんじゃないかな。そうなんだ、私の「心の中」、それがここ̇と̇し̇て̇指されているのではないかな。けれども、もしそうだとしたら、変じゃないか。あそこに見える、東京スカイツリー、あれは何キロも先にある。心の中のはずがない。心の中だったら、距離はゼロのはずなんだから。でも、まさしく私は「ここいま」スカイツリーを見ている。そう、見ているということは、「ここいま」のように思われる。うーん、どう理解したらいいんだろう。

†「観念」の登場

さてさて、いよいよ核心に近づいてきたみたいだね。腕まくりして、「観念論」(idealism)と呼ばれる考え方の中身に立ち入ってみよう。実は、イギリスには、いや正確にはアイルランドだけど、観念論と呼ばれる考え方の典型とされる思想を展開した哲学者がいたんだ。ジョージ・バークリだ。バークリの哲学は、キリキリと気っぷがよくて、爽やかだ。それもそのはず、たった一つの主張によって、世界のすがたを表そうとしたからなんだ。ただ、それを理解するには、「観念」という、哲学用語を確認しておく必要がある。

観念とは、idea のことだ。プラトンのイデア論は知ってるかな。現実界とイデア界という二世界説だ。私たちの現実の世界のもととなっているのがイデアの世界で、私たちは元々はイデアの世界にいた、だから、現実の世界のことを知るのは、イデアの世界のことを想起することにほかならないとする考え方だ。したがって、この場合のイデアとは、原型とか理念型ということになるね。

なんのことだ、と思われるかもしれない。でも、イデアを「神」だとか「法則性」だとかに置き換えてみると、分かりやすいのではないかな。プラトンのイデア論は、実は、第1話で話した、ケプラーなどによる近代科学の発祥を、キリスト教と協同して促す、非常に影響力の大きな考え方だったんだ。

けれど、一七世紀ぐらいになって idea の用語法に重大な変化が生じる。決定的な変化は、イギリスの哲学者ジョン・ロックがもたらした。ロックは「idea」という語を、原型とか理念型という彼方の世界にある何かではなく、「人間が思考するときの知性の対象であるもの一切を表示する」ものとして、つまりは「思考するときに心が従事することのできるものすべてを」（ロック 一九七二、1・1・8）表現する語として新たに導入したんだ。つまり、Idea＝観念とは、私たちの心の中にある、ありとあらゆる内容のことなんだ。ロックにとって「idea」は最大限に基本的な概念だったので、かれは自身の著作の中でつねに「Idea」と頭に大文字を使ってそれを記していた。こうして、心の中の思考の対象が「idea」と呼ばれることになったんだ。

ロックっていう哲学者は、まことに何百年に一人というほどの洞察のかたまりみたいな人で、『人間知性論』という知識に関する大著だけでなく、『統治二論』という政治哲学の名著も著していて、以後の人類に重大な影響を与えた。なんというか、まさしく西洋近代のシンボルみたいな人だね。

そして、この「idea」は、日本では「観念」と訳されることになった。「観念」はもとは仏教用語で、ものごとを深く考えるという意味だ。日常語としては、あきらめて覚悟することを意味するね。追い詰められて逃げ場がなくなったとき、もはや観念するしかない、なんて言うでしょ。だから、日常語の観念は、ロックの言うような思考対象とはちょっと違うことを指しているように思われる。

でもね、私は、心の中の思考対象というのは、大もとにおいては、自分で決めるものではなくて、どっかから、いわば選択の余地なく降りかかってくるものというように受け取っている、つまり、思考対象が浮かんできたら、そういうものだと思ってあきらめて受け入れるしかないものだと感じているので、日常語の「観念する」は、哲学の「観念」にも通じているんじゃあないかと思うんだ。五感から入る情報、つまり知覚内容は、自分で決めるものではは当然ないし、想像やインスピレーションによって心に浮かぶ対象だって、本当には自分で作っているわけではないんじゃない。なんか、突然、偶然的に、心にぽっと浮かぶ。そんなもんじゃないかな。

たぶん、モーツァルトが旋律を紡ぎ出すのは、モーツァルト自身が作っているというより、降りてくるような、そういうものじゃないかな。別に、モーツァルトの成果にケチをつけているんじゃないんだ。むしろ、そういうものが降りてくる場所になっているということに、感嘆してる。才能なのか、幸運なのか、努力なのか。どっちにしても、降りかかってくるものを受け取れるということがすごいんだ。実は、私にだっていろいろと降りかかってくる。腹が空いているときにね。焼き芋とか、大福とか……。

ごほん、まだ食事の時間には早いね。もうちょっと進もう。一つ注意しときたい。私は「降りかかってくる」といったけど、それはどこからやって来るんだろう。想像やインスピレーションの場合をとりあえず脇に置いて、知覚内容のことを考えてみよう。目の前で、蚊が一匹ぶんぶんと飛んでいたとしよう。そろそろ暑くなってきたし。ロック的な用語法で言うと、私は「蚊」の観念を抱いている。じゃあ、この蚊の観念はどこから来たんだろう。本物の蚊からだよ、常識でしょ。ここに蚊がいる。そこから情報が私のところに届いて、私はそれを知覚して、蚊の視覚観念、そしてぶんぶんという聴覚観念を抱く。うーむ、なるほど、次頁の図1のようなことだね。矢印は「引き起こす」という意味だ。

でも、常識がいつも正しいとは限らない。正しいとずっと思い込んでいただけだ、ということはしばしばあることなんだ。実際、たとえば健康についての常識なんて、しょっちゅう変わっていくじゃない。日焼けは体に悪い、というのは常識でしょう。だから、女性で、日焼け止めを頻繁に用いる人もいるわけだ。けれど、二一世紀になってから、長い年数をかけて傾向を抽出していくという研究、つまり疫学的研究によって、日焼けしないと体内でのビタミンDがあまり生産されず大腸がん、とりわけ直腸がんにかかるリスクが高まることが分かってきた。イギリスのがん専門雑誌に、その結果を示す学術論文が載っている（https://www.ncbi.nlm.nih.gov/pmc/articles/PMC2360318/ 二〇一八年二月二五日閲覧）。だから、日焼けは体に悪い、というのは文字通りの常識とは言えなくなってきた。多少は日焼けをしないと生命を危険にさらしかねないんだ。

そして、同じようなことが、知覚に関する常識にも言えるかもしれない。ここは哲学を論じているんだから、常識だよなんて言って安閑としていてはいけない。もっと突っ込まなくちゃ。

†「知覚の因果説」の問題

さっきの知覚についての「常識」だけど、哲学者たちはそれを「知覚の因果

本物の対象X ⟶ 感覚器官（眼とか耳）の反応 ⟶ Xの観念

図1

説」（causal theory of perception）と呼ぶ。「引き起こす」っていうのは、「原因となる」ということと同義だと捉えて、「本物の対象X」が原因となって知覚内容が生じる、というように先の常識を解釈するんだ。しかし、私は、この「知覚の因果説」が問題含みであることをシッテルンだ。

まず、根本的な問題は、「本物の対象X」がどこにどのようにあるのか、どうやって確認するのだろうか、という点が不明だ。そこに蚊が見えるじゃない、って言ったら負けだよ。「蚊が見える」といった時点で、それは視覚内容、つまり観念のことを指していることになって、観念とは区別された（先の図では明らかに区別されてるね）本物の対象のことを指していないことになってしまうからだ。あるいは、百歩譲って、もし「そこに見える蚊」という観念によって本物の蚊が確定できると認めたとしても、それも負けだ。なぜって、「本物の蚊」によって「蚊の観念」を説明しようとしているのに、その「本物の蚊」を「蚊の観念」によって説明していることになって、完全に循環論法になってしまうからだ。

こういう論じ方に対して、たぶん、ちょっと鋭い人は、別に自分の立場から知覚の成立を説明しているのじゃなくて、Aさんの知覚（図1のプロセス）をBさんが説明しようとしている、と考えればいいんじゃない、と言うかもしれない。確かにね。そういう図式で捉えると、「本物の蚊」と「蚊の観念」は区別できるように思える。けれど、これも負けだ。大敗北だ。なぜって、Bさんが見ている「本物の蚊」って、本当に「本物の蚊」なのか、Bさんの「蚊の観念」にすぎないのじゃあないか。それに、Bさんの立場から、Aさんの「蚊の観念」をどうやって確かめるのか。そんな他人の心の中にあるものなんて、確かめられないんじゃないか。まさしく「ブラックボックス」じゃないか。

以上が、「知覚の因果説」の根本的な問題だ。だから、本物の蚊から私の心の中にある蚊の観念が生まれてくる、という常識には、待ったをかけなくちゃならない。

もう一つ指摘しておこう。「知覚の因果説」の基本概念である「因果関係」だけど、これをどうやって確かめるのか、っていうのももう一つの重大な問題だ。「本物の蚊」は怪しいから脇に置くとして、感覚器官の反応が観念を引き起こす、という因果関係に絞ろう。これって、どうやって確かめるの。感覚器官の細胞がある反応をしたとき、その反応が神経を通って脳に至り、そこで知覚内容が成立してくる。うーん、この構図は、Bさんの立場からAさんの知覚を説明するパターンと同じで、脳の状態を確認しても、そこからどうやってAさんに「蚊の観念」が生じていることを確認できるのだろうか。それが不明だ。

そしてそれに加えて、感覚器官の反応、神経の作用、脳の状態、という三つの現象はなんとか認められるとしても、そのなかのどこに「因果関係」が認められるんだろうか。感覚器官の変化、神経の作用、という二つの現象は、たぶん、続いて発生したとまでは言えたとしても、その二つが因果「関係」にあるということは、どこにも手かがりがない。因果「関係」は見えないし、触れられない。こんな風に疑問がわく。ただ、これはあまりに重大な問題なので、後の講義で主題的に話すことにしよう。

†観念と言語

さてさて、さらに突っ込んだ話をしよう。いま「蚊の観念」の話をしているんだったね。じゃあ聞くけど、「蚊」って何？　えっ、突然の質問だな、蚊は蚊でしょ、ぶんぶん飛んで、人を刺して血を吸う、あの憎たらしいやつだ、という反応が予想される。でも、ここで想像してほしい。私が寒い国に住んでいて、蚊なんてもとからいない場所で、まして蚊に類する別の昆虫、たとえばアブやブヨ（この二つの違いを知っているかな）と蚊の違いなど知りようがないとしよう。そのとき、ぶんぶん飛んでいる蚊を見て、「蚊の観念」など心の中に降りかかってくることはないでしょう。別の例を出してみよう。ガラスを知らない人がいたとしよう。したがってその人は、ガラスが「割れる」という事態を理解できないはずだ。その人の前で、窓ガラスにボールが当たって割れたとき、その人はどういう観念を心の中に抱くだろうか。

私の質問が意図しているのは、「Xの観念」といったとき、実は、その背後に「X」についての理解が前提されているのではないかという、そういう問題点に気づいてほしいということなんだ。感覚とか知覚というのは、なんの先行する条件もなしに、万人に等しく公平に、ありのままに観念となって各人の心の中に現れるということはまずない。もともと各人が持っている知識や理論によって、見え方や知覚のされ方は異なる。

昆虫オタクの人だったら、蚊の種類別に別々の観念を抱くだろう。「アカイエカの観念」、「ヒトスジシマカの観念」、「チカイエカの観念」などだ。これはようするにどういうことだろうか。多少はしょって言ってしまうと、「言語」、ここに問題が集約されるのだと思う。「蚊」という言葉、「割れる」という言葉、こうしたものに依存的に観念は現れてくると、そう考えられるんだ。

このことは、人工物についての観念を考えると分かりやすい。たとえば「ルーターの観念」だ。この観念を抱けるためには、「ルーター」という言葉を知っていなければならないね。ルーターを見ただけで必ず「ルーターの観念」が現れるとは限らない。「ルーター」を見たことも聞いたこともない人は、「ルーターの観念」なんて抱けず、その人の心の中には単に「なんかの装置の観念」が現れるだけだ。逆に、ルーターの銘柄や種類を詳しく知っている人は、もっと形容がついた「何々というルーターの観念」を抱くだろう。私は馬の世話をしたことがあるが、馬に接触したことのないときには、どの馬も同じに見えた。「馬の観念」しかなかった。でも、馬に接するようになり、固有名を覚えてくると、「誰々という馬の観念」というように、遠くから馬の個体を識別できるようになった。

先に検討した「知覚の因果説」では、こうした言語的条件による違いなどは構造的に反映されていなかった。この点も、「知覚の因果説」の大きな問題点だと思うよ。

†受動的に降りかかる

実のところ、「観念」という用語を「心の中の思考の対象」として最初に明確に導入したロックも、こうした言語的条件について深く考えていた。ロックは「観念」を大きく二種に分けていた。「単純観念」と「複雑観念」だ。複雑観念は単純観念から合成されるとする「合成説」だ。

こういう図式を聞くと、多くの人は、まず単純観念があって、それから複雑観念が構成・合成されていく、とする考え方だと捉えるだろうね。ずいぶんと幼稚で、独断的な世界像だな、と。だって、どういうものが「単純観念」なのかなんて分からないし、しかもそれはつねに変化していくんじゃないか、って。おそらく、ロックの単純・複雑をこんな風に評する人は、ロックの単純・複雑という図式をパッチワークとかモザイクのように捉えているんだと思う。そして、その構成単位というのを、なんとなくアトム、つまり原子と重ね合わせているのではないかな。

だとすると、原子のパッチワークみたいな形では捕まえきれない観念がたくさんあることがうまく説明できないだろう、ということになる。たとえば、「寒い」の観念、これはどうだろう。確かに「寒い」という観念を構成する物理的現象、すなわち原子の集合体、はあるかもしれないけど、その集合体がすなわち「寒い」ということだとはならないだろう。なぜって、「寒い」っていうのは、なんとなしに感じる境界のはっきりしない感覚だし、同じ原子の集合体でも、人によって「寒い」の観念が現れるかどうかはまちまちだ。ヨーロッパなどに行くと、こっちが寒くてコートを着ているときに、半袖で歩ってたりする人がいる。ビヒャー、寒くないのか、って思うよね。

だから、ロックの単純・複雑の図式が、原子の集まりによって世界のすがたを描こうとする考え方ならば、それはすけすけの穴だらけの説だ。それに、私たちは、原子といったって、それが最終単位ではなく、陽子、電子、中性子、といった素粒子に細分できるし、さらには、研究が進んで、陽子や中性子もまた種々のクォークに、電子はレプトンとしてさらに詳細に捉えられるようになってきたことを（たぶん）知っている。さらにそれらは、ボソンとフェルミオンという二種類に分類されるようにもなってきた、とも言われる（こ

の辺り秋本祐希 二〇一三が分かりやすいよ）。今後さらに細分化されて分析される可能性もある。だとすると、単純・複雑という図式は、もしそれを固定的なものとして考えているなら、実態にそぐわない、独断的な見方だということになるだろうね。

けれど、何百年も風雪に耐えて生き延びてきた哲学をそう見くびるものではない。ときどき、昔の人の考えは幼稚だとして、顧みる価値がないと思っている人がいるけれど、私は共感できないな。人間の知性の進歩なんて牛歩もいいところだし、まして、原理的で哲学的な、思考の根本に関わる部分についてなど、数百年で極端に変わることなど考えにくいよ。むろん、使っている用語や、道具立ては変わるでしょ。でも、発想という点では、そんなに変わるもんじゃない。それどころか、よく読んでみると、現在の文脈でも鋭い発想が見つかるものなんだよ。私は、ロックの観念についての議論にもそのことが当てはまると思う。

ロックの単純・複雑という図式を聞いて、順番として、まず単純があって、それを踏まえて複雑が説明される、という筋の議論だろうと理解するのはある意味で自然かもしれない。実際、数学や論理はそんな風に組み立てていくよね。だけど、よく落ち着いて考えてほしい。私たちが「蚊の観念」を抱くとき、それを構成する単位のようなものを最初に見いだして、それを総合し集めて「蚊」と認識するのだろうか。違うよね。私たちは、それを見たとき、「蚊」という言葉とともに一挙に「蚊の観念」を抱くのではないかな。だから、合成というのは、事実として発生するプロセスではないんだ。それじゃあ、単純・複雑という図式は何を意味しているんだろう。

†定義できない単純観念

私がロックを読んでいる限り、単純から複雑を合成する、というストーリーで世界のすがたを描き出しているとは思えない。むしろ、逆だ。私たちは最初にどかっと複雑な観念を抱くんだ。「蚊の観念」みたいに。ここでのポイントは「蚊」という言葉だ。ロックは言葉の意味とは「観念」である、という考え方をしていたので、実は彼の言う観念はほぼつねに言語とともにある。このように、「蚊」という言葉によって、「蚊の観念」をまず抱く。その後で、それはどういう意味か、という問いが成立する。そういう問いが浮かんで初めて、観念が分析される。「蚊」は、足が六本あって、複眼の眼をしていて、これこれの色をしていて、こういう形をしていて、このくらいの固さで、死すべきものであり、うんぬん（ちょっと気持ち悪い例だったかな）。

ロックは、言葉の意味を知るとは、つまり観念の内実を解明するとは、定義を明らかにすることだと考えていた。そして、彼にとって定義とは、観念を構成する要素を洗い出していくことなんだ。たとえば「足が六本」という要素、さらにその「足」とは何かと問うて、色や形や機能が洗い出される。そのように、要素、要素の要素、と順に肌理《きめ》を細かくしていって、あるところでこれ以上肌理を細かくできない、定義できない、どん詰まりのところまで来る。たぶん、「灰色」とか「固い」とか、そういう原初的な観念だ。「灰色」は「蚊」のように分析して要素に分解できない。「灰色」は「灰色」だとしか言えない。そういうどん詰まりの、他の観念を定義するのには使われるけれど、それ自身は定義できない観念、それが「単純観念」として位置づけられるんだよ。

だから、まず複雑観念があって、そこから単純観念が洗い出されてくる、そういう順番をロックは描いていたように読めるんだな。

でも、「灰色」だって分析できるんじゃない。波長や色度を使ったりして。そうだね。ここで分析は打ち止め、ということが絶対的に確定しているわけじゃあない。素粒子がクォークやレプトンというようにさらに分析されていったように、世界のすがたは、それぞれの時代時代の科学理論などの影響によって可変的だ。でも、とりあえずある時点に限れば、どっかで打ち止めになる。でも、これが打ち止めだっていうときの、判断基準は何なんだろうか。観念が言語と相携えて現れてくることを思い出してほしい。一般に流布している言語使用、これが判断基準なんだ。「灰色」は「灰色」としか言えないけれど、たとえば、ある機械は、灰色で、四角柱で、鉄製で、これこれの重さで、などとして定義される。そういう風に私たちは言葉を使っている。

†暗黙の同意

ロックは、複雑観念は私たちが自由に創造できるとしている。機械を発明したり、新しいキャラクターを考えたり、実際多くのものを私たちは作れるね。「スマホの観念」は複雑観念だけど、それは誰かが発明・開発したものだ。けれども、どん詰まりにある単純観念はそうはいかない。「灰色」を、「緑色をした、物が動くときに、昆虫だけが感じ取れるような音」、の意味だとして使おうとしたら（そういう風に使う自由はあるといえばあるけど）、まず人とコミュニケーションができない。変人どころか、気味悪がられるだろうね（もっとも、個人的には、緑色の音、なんて表現ができる人には美的才能を感じちゃうかもしれないけどね。ま、それは別の話）。だから、私たちはどうしても「単純観念」とそれに伴われている言語使用に従わなくちゃならない。人と話がしたいなら、従う「べき」なんだ。

ロックはこういう事態のことを「暗黙の同意」（tacit consent）という言葉で説明した。私たちは、人と言葉を使ってコミュニケーションをとるとき、一般に流布している言語使用に「暗黙の同意」を与えて、従っている、言い換えれば、そうしないと人と話ができない、ということだ。ちなみに言えば、ロックは『統治二論』のなかでは、貨幣の使用、子どもたちが成人後も父親の統治権に従うこと、土地を所有・享受することでその国家の統治権に従うことになること、についても「暗黙の同意」という表現を使っている。実際、私たちが外国に滞在しているときには、その滞在先の国家の統治に、明示的にではないにせよ、「暗黙の同意」を与えているはずだね。滞在先で犯罪被害に遭ったりしたら、その国の警察に頼るわけだしね。

ロックの言う「暗黙の同意」というのは、私たちがただどこかにいるだけで、そのことによってすでに発生してしまっている、ある種の制約なんだ。いわば、私たちが生きている限り身体の条件という制約を受けていることとほとんど同じような、ものすごく根底的な制約だ。

とにかく、少しずつ、私の言いたい核心の周りに話がめぐってきたようだな。わくわくだ。前に、観念は心の中に降りかかってくる、という言い方をしたね。これを「知覚の因果説」の図式で考えるなら、「本物の対象X」から因果的に心の中に刻み込まれるということが「降りかかってくる」ということの意味となるだろう。でも、これは見込み薄の説だったんだね。

じゃあ、ロックの観念説の立場だと、どうなるんだろう。それはつまり、一定の言葉遣いをいわば外側からあてがわれてしまうということ――このことを意味することになるだろう。ロックは、単純観念は受動的に与えられる、と述べている。その意味は、「本物の対象X」から感覚器官を通じて刺激や情報が与えられる、というある種の常識的な受動性のことではなくて、言葉の使用を受け入れる（従う「べき」）という意味での受動性のことなんだ。いま私は「制約」という言葉を使ったが、そういう意味での受動性だ。ね、ちょっとおもしろいでしょ。

世界のすがた、もののありかた、つまり「である」の世界を、解明しようと突き詰めていくと、言語使用についての「べき」がなんとなしに絡んでくるんだよ。ああ、そういえば、バークリの話をしようとしていたんだった。まあ、おなかがすいてきたので、今日の話はここまでにして、次回に持ち越しましょう。

【質疑応答の時間】

シッテルン博士「せっかくバークリの話から「ある」という話題にいこうとしたのに、そこまでたどり着けなかった。蚊の話に夢中になっちまった」

ベッキーさん「いいですよ、先生。観念の話、とても面白かったです。でも、質問があります」

シッテルン博士「なんだね。ベッキーさんの質問はなんかちょっと怖いね」

ベッキーさん「「知覚の因果説」の話についてです。先生のお話で、「知覚の因果説」に問題があることは一応分かりましたけど、それでも「知覚の因果説」が完全に斥けられたような気がしません。第一、先生の批判って、あくまで心の中の「観念」という問題の立て方をした場合の批判であって、もし「観念」っていう道具を使わなかったら、「知覚の因果説」ってやっぱり説得力あるんじゃないですか。物があって、それを知覚する人がいて、だから、物を動かすと知覚内容も変化する。これって、すごく自然です。それに、先生が後半で強調した言語使用ということに照らしても、物そのものを変えたから知覚内容も変わった、というのは、私たちの日常的な言語使用の基本だと言えるんじゃないですか」

シッテルン博士「ベッキーさん、きみ、いちいち鋭すぎるんだよ。まいったな。でも、教師というのは、鋭すぎる学生にたじろぎながら、そういう学生を教えることに喜びを感じるものなんだ。ほんとだよ。マゾ的気質は、どうも止《や》まぞうにねえだ。あっ。ごほん。

さてさて、君の質問だけど、仰せの通り、「観念」説に立った場合の、しかも「観念」はどのように生まれてくるかという問題を解く考え方としての「知覚の因果説」、それの批判を私は提示したんだ。だから、心の中とか、観念とか、そういうものを認めないならば話は全然違ってくるし、「知覚の因果説」の趣旨が「観念」や知覚の成り立ちを説明することではないのだとしても、全然議論は違ってくる。

実際、ポール・グライスというイギリスとアメリカで活躍した言語哲学の御大の一人は、「知覚の因果説」は常識であるにもかかわらず哲学者には評判が悪いと認めつつ、その評判の悪さは誤解に基づいているのではないか、と論じているんだ。まず「本物の対象X」があって、それが「Xの観念」を引き起こす、というのが「知覚の因果説」の論旨なのではなくて、その真のポイントは、まず私たちが「Xの観念」(グライスは「センス・データ」という用語を使っているんだけど)を得て、その後で、「本物の対象X」がその原因としてあるはずだと推論しているという、私たちの思考のあり方を示している点にあり、その限り、「知覚の因果説」は十分に受け入れられる、と論じているんだ(Grice 1967)。これは、まあ、「知覚の因果説」とは私たちの言語使用のあり方を描写したものだ、とする捉え方だね。これを認めるなら、ベッキーさんの論点は、私の示したのとは別の文脈ではグッドだということになるんじゃないかな」

デアール君「先生、ぼくも質問があります。先生は観念と言語を並べて論じましたけど、よく分かりません。そもそも、言語って、音声やインクのシミで表されるもので、だとすると、言語もまた観念なんじゃないですか。それに、観念、とくに単純観念の成り立ちを説明するのに言語が引き合いに出されていたのだと思いますけど、それだと今度は、言語がどうやって成立してくるかが問題になっちゃって、結局、問題の場所が一歩ずれた、あるいは先送りされた、だけなんじゃないでしょうか」

シッテルン博士「デアール君、きみも哲学の才能があるね。驚きだ。きみの質問も、いちいち的を射ているよ。まず、言語も観念だという点、全面同意だ。だから、言語を引き合いに出して観念を説明するというのは、何をしているのかってことになる。この辺り、「世界のすがた」という話題を超えて、もっと大きく、そもそも哲学って何をしてるんだ、という根本的な問題につながるね。

私は、第1話でも言ったように、私たちはふわふわ土台のないところを浮かびつつ、それに安らっているようなものだ、と思ってる。「浮動的安定」だ。つかめる（と思われる）ところにさしあたりつかまる、でもそれもふわふわ動いてしまう、そしてそういうふわふわ感を安んじて受け入れて楽しむ、そんなイメージだ。これはつまり、ある種のリズムに身体を委ねて流れに任せるってことだ。そのときそのときのリズムは一回こっきりなんだけど、そういうものとして、そのリズムの流れに心地よくひたる、ってことだ。そういう意味で、私たちがいる世界は、ようするに、音楽なんだよ。いま鳴り響いていても、それはどんどんかすかになっていく。そして聞こえなくなったら、もう戻ってくることはない。そしてまた別の音が響く。そういう意味で、観念を言語で説明しようとしたのも、当座のやり方だし、それ以外にやりようがないんだと感じている。

それと、言語の成り立ちだけど、こりゃあとてつもない難問だ。歴史的・人類学的に言語起源論としてそれを検証するのか、幼児心理学的に生成、つまり個体における言語の獲得をたどるのか、それとも脳科学的に調べるのか、いったいどうすれば言語の成り立ちを解明できるのか途方に暮れる。しかも、どういうやり方をするにしても、当の言語を使うしかない、しかも過去に遡及するという無理矢理の形でだ。そこのところを割り切って言語の成り立ちを論じることはできるけれど、どうもあまりに根源的すぎて、なんか違うなという違和感は、少なくとも哲学的には消せないだろうね。でも、こういうもやもやのところに行き着くことが重要なんだ。そういう体験がないと、哲学に触れたことにならないのではないかな。ともかく進んでいく、それしかないね」

第3話　条件文的な可能性

†離れてあること

前回は「観念」の話ばっかりだった。ロックを下敷きにしたものだったからね。ロックの哲学は「観念の方法」(the way of Ideas) と呼ばれていて、いわば、観念に酔ってしまうようなめくるめく世界だ。思い出してほしいが、この観念なるもの、心に浮かぶとか、降りてくる場所、といった言い方をしたように、私たちの心の中にある、と解されるものだ。根本的に内向きの対象だね。観念つまりidea は、ドイツ語ではしばしばVorstellungと訳される。これは、前に置かれたものを意味する単語で、日本語では「表象」だ。目の前に浮かんでる、っていうイメージだね。

非常に素朴に言って、こうした観念なるものの最大の問題点だとおそらく思われるのは、世界のすべては心の中の観念として「ある」としか言えないのであって、自分の外側や外部にあるはずの世界を議論の対象にできないのではないか、という疑問だ。哲学の教師を長年している経験からすると、観念論の話をして、どうも受け入れがたいと思っている学生に理由を聞くと、たいてい、それは心の中の話にすぎなくて、それだけだと外部世界が扱えないと思うからだ、と述べることが多い。なるほど、そういう風に捉えるのか。私は、こういう反応を聞いたとき、目からうろこが落ちるような気持ちがした。観念論を説明するための急所がどこにあるか、飲み込めたんだ。

外部。これが問題なんだ。私たちの外側に、物質とか物体とか自然現象とか、そういう物理的な何かが「ある」ということ、それが観念論だと扱えないと、そんな風に人は思うようなんだね。こりゃいかんですよ。哲学者たちが、そんなことに気づかずに観念論を展開していたとしたら、そいつらは大間抜けだ。でも、歴史の審判を甘く見てはいけない。何千年、何百年と生き残ってきた哲学や思想というのは、想像以上に強靭だ。

まず、外部というのをできるだけ素朴に捉えてみよう。いや、観念論に疑問を抱く人は、間違いなく外部というのを素朴に捉えている。ようするに、自分から距離的に離れてあるもの、自分の心の中にあるとは到底思えないもの、だ。実は、この点については前回の話で頭出ししてあるんだ。東京スカイツリーの話だ。覚えているかな。遠くにスカイツリーが見える。遠くにあるんだから私の心の中にあるはずがない。普通、そう思うよね。

これに対して私は、スカイツリーを「見ている」という知覚体験そのものは、「ここいま」の現象で、「見え」としては心の中にあると言ってよい、って応じよう。素朴な立場に立っているという前提なのだから、それに便乗して言えば、「見えている」というのは、眼の網膜に像を結んでいるということだ。眼は自分の中にある。だから、スカイツリーの「見え」は私から距離ゼロのところにある。だとすれば、心の中にある、という捉え方にそう違和感はないだろう。しかし、問題は、東京スカイツリーそのものだ。その「見え」は網膜にあるとしても、スカイツリーそのものは遠くにあることは確かなのではないか。

†空間の理解

さて、こうなると「距離」そして「空間」が問題になるであろうことはすぐ分かるね。では、距離や空間は、私の心の中の「観念」とどうかかわるのだろうか。前にニュートンの絶対時間について触れたけれど、ニュートンは絶対空間にも言及していた。絶対空間は、その言葉の定義からして、私の心の中の「観念」を超えている。観念なんてなくても、そして人間なんて存在しなくても、それとは独立に永遠不変に存在する空間の意だからだ。それは、言い換えれば、運動と静止を区別する基準が固定されているということだ。しかし、絶対時間が謎、あるいは納得できない側面を含んでいたように、絶対空間というのも不可思議だ。少なくとも、私たちの空間理解とはちょっとずれている。

ちょっと考えてほしい。宇宙の中で、どれが動いていて、どれが静止しているかなんて、本当には確定しようがないんじゃない。私たちはいま教室の中で静止している。でも、地球が自転しているとしたら、本当は静止しているのではなくて、赤道付近だったら時速一七〇〇キロメートルという、途方もない速さで動いていることになる。

直観的になにか違和感があるね。この違和感があるからこそ、地球は静止していて、太陽が動いている、とする天動説が、天体の動きを予測する計算が非常に複雑になるにもかかわらず、長い間受け入れられていた理由だ。けれども、天体の動きの予測という点では、太陽が静止していて、その周りを地球が動いているとする地動説の方が圧倒的に優れていることが分かってきたので、地動説が受け入れられた。でもね、天動説だって、いろいろと補助仮説を継ぎ足していけば、天体の動きをなんとか説明できると依然として言える。

だいたい、太陽と地球でどっちが動いていてどっちが止まっているかなんて、相対的なものであることは一目瞭然だよね。修学旅行で新幹線に乗って、その中で友だちと写真を撮ろうとするとき、「はい撮るから動かないで」って言うよね。でも、外で見ている人の目から見たら、時速三〇〇キロぐらいの猛スピードで動いているわけだ。それと同じだね。

それどころか、ビッグバン理論のところでも触れたように、今日では、宇宙はある時点で誕生して膨張している、とする膨張宇宙の描像が一般に流布している。だとしたら、太陽そのものだって、銀河だって、動いていることになる。いったい、止まっているところはどこなんだろう。そんな疑問がわいてくるね。

†触覚の観念

それに、宇宙の年齢に関して提起した、時間の不可思議さと同様な根本的な謎がここでも頭をもたげてくる。「膨張する」っていったって、なにか背景が暗に想定されているからこそ、それが不変ではなくて膨張していると言えるはずだね。なにか、ある意味で固定されている背景が。そうでないと、そもそも膨張しているのかどうか判別できない。実は宇宙は静止しているのに、それを見ている人の見えの拡大率が徐々に大きくなっているだけなのかもしれない。でも、背景が暗黙にであれ想定されているならば、「膨張する」という述べ方が正当性を持ちうる。

じゃあ、その背景とは何なんだろう。そしてそれは、宇宙空間の外部にある、別の空間なんだろうか。

私は、膨張宇宙の話をはじめて聞かされたとき、広大な無限空間の中から宇宙が点のように始まって、それが膨張して宇宙空間になっていく、というように捉えた。つまり、宇宙空間の外に、宇宙空間を取り囲む無限空間がある、という見方だ。「膨張する」という言葉を聞いたとき、そういう風にしか理解できなかった。だとしたら、本当の問題は、宇宙空間を取り囲む無限空間とは何か、ということになると思った。正直、この私の疑問は依然として天地清明というほどに、すっきりとは解明されていないんだ。ややもやした感じだ。

どうも、宇宙論は難しいね。東京スカイツリーに戻ろうか。それが私から離れてある、ということが私の観念とどう関わるか、が問題だった。これに関しては、古典的な議論がある。ようやくバークリに言及する場面になったね。バークリはとても若いときに『視覚新論』というユニークな著作を発表した。二〇代前半のときだ。

『視覚新論』の主張はきわめてシンプルだ。「光と色」からなる視覚観念と、「奥行き、大きさ、上下左右の位置」の情報からなる触覚観念とは、まったく異質で本来関連性を持たないが、習慣的に同時性を通じて結びついているので、互いに示唆し合うようになり、その結果、視覚観念においても触覚によるはずの情報がもたらされるようになる、そして、こうした人間の生存にきわめて適った働きをする視覚は「神の言語」とされる。これが『視覚新論』の骨子だ。

神様が出てくるところが時代がかっているように聞こえるかもしれないが、バークリはキリスト教の聖職者としての一生を送った人なので、そういう背景が染み出ているんだね。ただ、だからといってキリスト教に関わらない人にとっては意味がない、とは言えない。前に言ったように、近代科学そのものがキリスト教を背景にして勃興してきたという側面があるのだから、出自がどうあれ、普遍性を持ちうるものは持ちうるんだ。

私は、個人的には、キリスト教の信仰を持たない人だとしても、キリスト教というのはホモサピエンスという私たち人類の文化の一つであり、そういう意味では自分のうちにもある何か懐かしいものなんじゃないか、と感じてしまえばいいんじゃないかって考えている。同じことは、たとえば、ヒンズー教やイスラム教などにも言えるね。

ともあれ、『視覚新論』は、小粒だけれども、バークリの哲学的才能がキラリと光る名著だ。バークリは、議論を展開するに当たって、地平線近くの月が天頂にある月よりも大きく見える、いわゆる「月の錯視」とか、網膜には映像が倒立して写っているのになぜ私たちは正立した視覚観念を抱くのかとか、球と立方体を手で触って識別できる生来の盲人が成人後に視覚を回復した場合に見ただけで球と立方体を区別できるかを問う、いわゆる「モリニュークス（モリニュー）問題」など、とてもセンスのいい問題を取り上げている。詳しくは、ぜひ『視覚新論』そのものを読んでほしい。

いずれにせよ、はっきりしていることがある。それは、距離や奥行き、つまりは空間の観念を、バークリは明確に、触覚によって得られる観念であると明言している点だ。手を伸ばしたり、歩いたり、そういう身体を使った触覚観念によって空間は空間観念として立ち上がってくる、という考え方だ。時間が、地球の公転・自転、ひいてはそれを知覚する私たちの人間の感覚によって現れてくるのではないか、という、私が先に指摘した論点にとても似ているね。「ここいま」の確実な枠に閉じこもって議論を展開する、という観念論の真骨頂がここに見て取れる。ようするに、私から離れてある、といったって、実はそれは、私たちが身体運動を通じて得るところの「観念」なんだ、ということだ。離れてあるものも観念であり、その意味で、私の心の中にあるということだ。

†カントのこと

少しだけ脱線しよう。バークリより後にカントという哲学者がドイツに現れる。ドイツといったって、実は、ケーニヒスベルクという、いまではロシア領のカリーニングラードとなっている場所で活躍した哲学者なんだけどね。

カントは、有名な『純粋理性批判』のなかで、時間と空間を人間の感性（心の働きの一つ）の形式とした。やはり空間や時間を、心の外部に客観的にある何かなのではなく、人間の心の中の性質だとして回収しようとしたんだ。カント自身が「コペルニクス的転回」と自負したアイディアの一つだね。つまり、普通は「知覚の因果説」にしたがって、事物そのものがまずあって、それによって感覚・知覚・知識が生み出されると考えるけれど(それをカントは天動説にたとえたわけだ)、カントは発想を逆転させて、感性のような私たちの心の仕組みがまずあって、それによって事物の観念(カントは「表象」と言うけど)が構成されてくるという考え方(地動説にたとえられるわけだね)を提起したということだ。むろん、観念じゃなくて事物そのもの(カントは「物自体」と呼ぶ)は別枠で考えなければならないんだけれども。

いずれにせよ、これはとてもバークリの考え方に似ている。『純粋理性批判』が出た直後には、これは亜流のバークリ主義ではないか、とする批判が現れて、カントはそう言われるのをとてもいやがって、あとでそれを反駁しようと試みたんだ。こんな風に理解されたら、いカント。ははっ。バークリも嫌われたもんだよね。

†もしなになにしたら

ところで、バークリのように距離・空間を、身体運動をもととする触覚の観念として理解するという発想は、ほんとうにそのまま受け入れられるだろうか。ちょっとためらう。

何が問題かって、つまり、私たちが実際に身体運動を介して理解できる空間の範囲なんて、すごく狭いんじゃないかってことだよ。

私はたまたま東京スカイツリーに上ったことがあるけれど(長時間並んだなあ)、上ったことのない人だっていっぱいいるでしょ。そういう人が、東京スカイツリーを遠くに眺めたとき、その遠さとか距離感とか、それはその人の身体運動を介して捉えられているとは言えないんじゃなかろうか。行ったことがないんだから。

でも、こんな疑問、すぐにわくはずだよね。わくはずだけど、だからといって、バークリのように空間・距離を捉える発想が直ちに魅力を失うようにも思えない。なんか、スパッと切れ味が鋭い見方のように思えるからだ。宇宙論が扱っているような、どこかぶっ飛びすぎているような空間理解は、格好いいけれどなんかついて行けない。膨張する宇宙っていったって、誰がどこの視点に立って「膨張している」のを感覚しているのか、どうも不明だ。だったら、バークリのように、徹底して「閉じこもる」のもかえって潔いし、明朗だ。

でも、いま言ったように、この考え方だと、こんどは閉じこもりすぎていて、ちょっと広がった空間について疑問が出てきてしまう。それじゃあ、こうした疑問にあらがって、距離・空間を身体運動を介した触覚観念だとする主張を貫こうとしたら、一体どういうことになるんだろうか。

おそらく、こういうことになるんじゃないか。つまり、行ったことのない遠い何かを望んだときの距離感というのは、実は、純粋にその距離の観念を抱いているのではなくて、「もし歩いて行ったなら、これこれの労力を要するだろう」という仮定文、つまり「もし」のつく条件文による可能性込みの観念だ、ということだ。だから、間違うこともともとから含意されている。そりゃあ、遠くに見える東京スカイツリーが厳密にどのくらいの距離かなんて、ぴったり言えるはずないよね。だけど、目の前のテーブルにあるリンゴがどのくらい離れているかはほぼ間違わない。そういう近傍の物は、「もしなになにならば」という条件を実際にすぐに満たせるからだ。

いずれにせよ、実は、よく考えてみると、私たちが知覚していると思っている内容の中には、こうした条件文的な可能性がいっぱい含まれていることに気づく。デアール君の顔をいま私は見ている。では、見ているのは君の顔という、視覚上の二次元的な内容だけだろうか。そうじゃない。君の顔を見ながら、もし後ろに回ったなら、後頭部や背面が見えるはずだ、というようにも暗黙のうちに考えているんだよ。君の顔を見るとき、デアール君が二次元の平面的な存在者だなんて、思うわけがない。あるいは、ガラスのコップを触るとき、落としたら割れるな、ということも込みで触っている。こうしたことはすべて、に限られているような観念だって、こういう条件文的な可能性に裏打ちされていることが分かってくる。

実は、こうした条件文的な可能性が知覚には含まれているというのは、二〇世紀絵画の世界での「キュービズム」の運動と連動しているとも考えられるんだ。例のピカソとかブラックが展開した絵画の一つのムーブメントだね。ある対象を描くとき、伝統的には一つの視点から遠近法的な仕方で描くのが暗黙のセオリーだったんだけど、彼らはそれにあらがって、複数の視点から見える姿を一枚の絵に描き込むという画法を提示したわけだ。ピカソの「アビニョンの娘たち」が発端だとされているね。後に評論されたときに、すべての姿が立方体によって構成されているように描かれていると評されて、「キュービズム」(立体派)と呼ばれることになった。

これは、まさしく、「もしあっちの視点から眺めたら」、「もしそっちの視点から眺めたら」、といった多くの条件文の条件を満たしたと想定したときの、私たちの視覚の背景をなす含意まで前景に描き出すという考え方で、ある意味では究極の写実なのかもしれない。いずれにせよ、「キュービズム」は、知覚や観念に関する哲学的な反省と、みごとに対応している。絵って、案外と哲学的なんだよ。とてもおもしろいと思わないかね。

†センシビリア

いま触れたことは、当然哲学者たちも問題にしていた。まえに言及したラッセル、彼は、観念ではなく「センス・データ」という用語を使って、知覚から知識を得ることについて論じている。正確に言うと「観念」と「センス・データ」は同じじゃないし、「観念」にしろ「センス・データ」にしろ、哲学者によって微妙に違った仕方で使っている。しかし、ここではおおまかに、「センス・データ」というのは「感覚に与えられる内容」のことで、「心の中の思考の対象」として導入された「観念」よりもずいぶんと狭い範囲のことを指す、というように押さえておこう。実際、ロックが「観念」を導入したときには、「存在」とか「固さ」とか「知覚」とかの抽象的なものも観念として扱っていたので、感覚内容としての「センス・データ」とはかなり違うね。

ともあれ、ラッセルだが、彼は外部世界についての知識について論じたとき「センス・データ」をその基礎に据えたんだけど、とてもそれだけでは外部世界について私たちが理解している実情を捉えきれないと考えた。私がさっき言ったように、現に知覚していることだけで私たちの世界理解は尽きているんじゃなくて、「もしなになにしたら、これこれだろう」という条件文的な可能性を込みで、私たちは世界を理解しているからだ。

たとえば、知覚が中断しているときでも、別に対象が消えてしまったと捉えられているわけではないでしょう。ラッセルは、月の例を出してる。一週間の間をおいて月を見たとき、二つの月に連関があると私たちは理解する。

私が見ていようといまいと動きつづける「実在する」月があって、私が月を眺めようとした瞬間にのみほんとうのセンス・データとなる一連の「センシビリア」(sensibilia 可能的センス・データ)を提供しつづけていると想像することである。(ラッセル一九七一、一六四頁)

「センシビリア」、こういう概念をラッセルは導入するんだ。「センス・データ」になりうるもの、可能的「センス・データ」のことだ。これは、現実に与えられる「センス・データ」をもとにして、物理学や常識を付加して、想像あるいは推論される存在のありようのことを指す。私が見ていないときの月だって、もし雲がなく、私がちょうどよいタイミングで夜空を眺めたならば、見えていたはずだ、と実際私たちは思っているわけで、そういう私が見ていなくても、もし見たとしたなら「センス・データ」になるであろうもの、それが「センシビリア」だ。

†観念を超えるもの

ここで確認すべきポイントは二つ。一つは、私たちが「心の中」に閉じこもって堅い守備のもと世界のすがたを描こうとして、つまりは、観念あるいはセンス・データだけに専念しようとしても、なんというか、おのずと、かすかな形で理論とか法則性とかが浸潤してきてしまうという点だ。ラッセルは、さっき引用した直前のところで、こんなことを言っている。月を見て、そのすぐ後で汽車が来る音を聞いても、その二つの事情を連関させることはないけれども、月を見て、一週間後にまた月を見たときには、私たちはその二つの間に強力な結びつきを見取る、と。言い方を換えれば、世界のすがたを解明しようとするとき、素材を「ここいま」の観念やセンス・データに厳密に限定するということは、純粋な形ではできない、ということだ。なぜできないのか。

これは難しい問題だけど、「ここいま」の観念、というのは、実はそれ自体で独立にあるものではないからなんじゃないかな、と私は推測している。どういうことかって言うと、つまり、「ここいま」の観念というのは、どうしても、なんていうか、その観念の持ち主を呼び込んでしまうからなんじゃないかな。それはたぶん、「心」と言ってもいいし、「私」と言ってもいいし、いろいろ言えるけど、ともかくも、観念そのものの背景をなす、観念が現れる場所のようなもの、それがおのずと「ここいま」の観念に宿命的に伴われてくる。

なにか対象が「ある」ということは、そのまわりが「ある」ということでもある。絵が画用紙とかキャンバスがないと描けないようにね。そうだとすると、その場所と観念との「関わり合い」が実は「ここいま」の観念に織り込まれてくることになるんじゃないかな。クレヨンと画用紙、絵の具とキャンバス、そういうものも相互の「関わり合い」のもとで何ものかの絵となるのと同じだよね。そして、その「関わり合い」の部分に、たとえば、法則性といった、実はそのものとしては「ここいま」を超え出てしまいかねない要素がこっそりと忍び込んでくるんだ。別な例でいえば、ビッグバンとその後の宇宙の膨張ということがらが、どうしてもその背景をなす別の無限空間を暗黙的に呼び込んでしまうことと、これはまったくパラレルだよ。

†観念論の威力

つぎに、二つ目の確認すべき点だ。いま言ったように、「ここいま」の観念に「ここいま」という次元を超え出てしまいかねないような理論や法則性という要素が忍び込んでくるのだとしても、結局は、そうした理論や法則性もまた、「想像する」とか「推論する」

という、いってみれば「ここいま」の心の働きに回収されてしまうという、この点だ。

妙な話だが、「ここいま」の観念にだけ専念して守備を固めるという方針は、思いのほか射程が広くて、一旦それを超え出てしまうような要素が現れたかのように感じられても、アメーバのように触手を伸ばして、そうした要素もまるごと取り込んでしまう。観念論って、実はものすごく強力なんだよ。

観念論に対する考え方としては、大まかに言って、心の外に事物が存在するという直観を守ろうとする立場、「実在論」と呼ばれる考え方があるんだけど、それだって、「どうして心の外に実在するって分かるの (How do you know that?)」という問い(哲学では認識論的問いという)を差し向けると、途端に、どんな答え方をしても、まるごと観念論と同化されてしまうんだ。ラッセルの言う「センシビリア」は、観念の外部に事物が実在していると想定しているように聞こえるんだけれど、それは「センス・データ」に基づいて、理論を適用しながら想像されたり推論されたりするものだったね。そして、想像したり推論したりすることも心の働きである以上、その内容も観念でしかないんだった。どう、観念論の威力って、ものすごいでしょ。

†「ある」とは知覚されること

さて、ここでもう一回、観念論の大御所と目されるバークリに登場してもらおう。観念論に対する唯物論を唱えたロシアのレーニンは、論破すべき考え方である観念論を批判するときにバークリをやり玉に挙げたんだ。でも、論じているうちにバークリにむしろ親近感を持ち始めているのではないかって感じられるところがおもしろい。まあ、両極端なものっていうのは、案外、実は似てたりするもんだよね。反発し合っているうちにぐるっと一回りして、背中合わせになっちゃうっていうのかな。

ともあれ、バークリに言わせると、世界のすがたというのはようするに観念のすがたにほかならない。食べ物だって着る物だって住む家だって、全部観念なんだ。私たちは、観念を食べて、観念を飲んでいる。私たちの前に現れているのは距離や空間も含めて観念のみだ、という捉え方だね。そして、

「観念が存在するとは、知覚されていることである」(Their esse is percipi.)

(バークリ 一九五八、四四頁)

とキリリと宣言する。私はこれを「ペルキピ原理」と呼んでいる。いやあ、ともかく、いさぎよいねえ。ズバリとくるねえ。むろん、変な感じがしないこともない。これはあくまで観念が「ある」っていうのが「知覚されることだ」って言ってるだけで、もし「観念」が「知覚されることによって、あるようになる対象」と定義されるならば、この宣言は単に「知覚されることによって、あるようになる対象が、あるとは、知覚されることである」という同語反復になりかねない。それに、常識の立場に立って「知覚の因果説」のような考え方を認めるならば、観念の原型となるところの、本物の対象は、知覚されてなくても「ある」って言えるんじゃない、ということにもなるね。

　ここではバークリについてあんまり深入りするつもりはないけれど、バークリの「ペルキピ原理」は、それ自体として同語反復になってしまうのではという疑問を封じてしまうような、もっと強い主張を裏に秘めている。それは、そもそも何かが「ある」、「存在する」というのは、おしなべて「観念が知覚されていること」なのであって、その範囲を超えた、本物の対象などというものは不可能だし意味不明だ、という主張なんだ。バークリ自身、本物の対象がしばしば「物質」と呼ばれるので、そんな物質など存在しないという自身の主張を「非物質論」(immaterialism) と呼んでいる。

　非物質論の論拠はいくつかあるが、一番の核心は、本物の対象って何ですか、と問うたときに相手が陥るであろうディレンマを暴露する点にあるんだ。本物の対象とはこれこれしかじかのものだと答えたならば、それは本物の対象を理解していること、つまりは知覚していることになり、実はそれは観念だということになってしまう。逆に、本物の対象とは、これこれしかじかのものだと答えられないけれども（つまりそれ自体観念ではないけれど）、観念の原型となるものだ、と答えるなら、原型という以上、本物の対象は観念に似ていなくちゃならないけど、観念に似ているのは観念しかないはずなので、矛盾することになっちゃう。色が不可視なものに似るとか、固い・柔らかいが触覚できないものに似るとか、そんなことはありえないだろう、っていうんだ。

うーん、ちょっと、話がうますぎて、なんだかだまされたような気もしないではないけど、なかなかの迫力だね。まずは、観念論のもつパワーを感じ取ったところで、一旦閉じよう。

【質疑応答の時間】

シッテルン博士「観念論なんて古くさいと思われがちだけど、実は、すごく普遍的で、説得的で、パワフルだと言うこと、ちょっとは伝わったろうか」

デアール君「とても面白かったですよ、先生。キュービズムが哲学に関係あるなんて、びっくりしました。芸術って、案外に理屈っぽいところがあるんですね。そういえば、ぼくはジャズが好きですけど、一九六〇年代にモードジャズってのがはやって、和音じゃなくて旋法に沿って即興演奏する、って説明されてましたけど、それを知ったときも、ずいぶん理論的な試みなんだな、って感じたことを思い出しました。

ところで、一つ質問です。センス・データですけど、意味としては観念より狭いって言われましたけど、観念とかぶるところも当然あるんですよね。だとすると、前の話に従うと、センス・データも言語的なものだと考えていいんでしょうか。実際、たとえば、画像としては同じセンス・データを受け取っても、人によって、「動物」と言ったり、「犬」と言ったり、「シェパード」と言ったり、適用言語によって中身が左右されるように思うんです」

シッテルン博士「いやいや、しびれるほどいい質問だね。スイングするね。はは、私もね、ジャズは大好きです。ラッキー・トムプソンのテナーが一番好きです。あの野性的で、しかしモダンな太い音、たまらないね。いや、その話は後にしよう。

そう、センス・データと言語のことだったね。実に的確。ラッセルは、センシビリアを導入した後、最終的に、盟友のホワイトヘッドの影響を受けて、世界の成り立ちの基礎をセンス・データやセンシビリアじゃなくって、「出来事」に求める、という立場に変わっていったんだ。ここで言う「出来事」は、言語と本質的に関わっているわけではない。

けれども、センス・データの概念は、哲学者によって微妙に違った仕方で使われていた。たとえば、ラッセルのいたケンブリッジに対して、オックスフォードにA・J・エアという哲学者がいたけど、エアは、センス・データはまさしく言語の選択なんだ、と述べているね。蜃気楼《しんきろう》は、センス・データとしてはあるけれど、錯覚だ、と私たちが捉えるのは、実在物には持続性がある、という前提を抱いているからだ。でも、蜃気楼はほんとうに存在するんだけれど、私たちが近づくと消える、という性質を持つものなんだ、と考えることもできる。そういう考えに少なくとも矛盾はなさそうだよね。だとすると、蜃気楼を錯覚だとすることは、そういう形でのセンス・データ言語を私たちが選択していることだ、ということになる（エア 一九九一、第一章参照）。ほかの捉え方がある中で、こういう形での言語を選び取っているということだ。

そういう意味で、デアール君が想像したように、確かに、センス・データには言語的な側面が指摘されていたんだね。もっとも、このエアの議論は、同僚のJ・L・オースティンによってこっぴどく批判された（オースティン 一九八四、Ⅲ～Ⅴ章参照）。「錯覚」と「人を欺く知覚」とは違うのに同一視している、とかね。哲学者も、隣の同僚と論争しなくちゃならないなんて、因果な商売だね」

ベッキーさん「先生、どうもなんかもやもやが残るんですけど」

シッテルン博士「なんでしょう。なんだか、どうにも、やだね」

ベッキーさん「先生の話だと、直接知覚している内容のなかにひそかに理論や法則性が忍び込んでくる、っていうことだったと思うんですけど、そして、それって、普段は思いもしないことなので、結構新鮮なんですけど、でも、その「理論や法則性」っていうのが気にかかるんです。それって、どこから出てくるんですか。勝手にわき上がってくるわけじゃないでしょうし。それに、ごくごく普通に考えて、理論や法則性は知覚されたデータからむしろ引き出されるんじゃないでしょうか。なんか、「理論や法則性」っていう先生のキーワードが、もやもやします」

シッテルン博士「うん、うん。そりゃあ、もっともな疑問だ。なんて答えようかな。まず一つ確かに言えることは、理論や法則性が知覚されたデータから出てくるっていうのは、事実じゃないね、っていうことかな。そもそも私はそれが言いたかったわけだしね。「データ」っていったって、生の、裸の、データなんてありっこない。ベッキーさん、きみはいま黒板消しを見てるね。じゃ、黒板消しの見えというのは純粋な、つまり理論や法則性とは独立の、データかな。違うよね。「黒板消し」という言葉でそれを名指している以上、いろいろな前提をすでに呼び込んでいるでしょ。たとえば、それは食べるものじゃないとか、食べたら歯が欠けちゃうとか、中毒しちゃうとか。知覚の中に理論や法則性が紛れ込む、っていうのはそういうことだ。

だけど、じゃあ、その理論や法則性はどうやって生まれてくるのか。ふむ、これは難しい。ここでは、さしあたり、ある種の理論や法則性込みのデータとか知覚とかを、私たちは、その瞬間瞬間に、いわば即興的に、制作している、そしてそれは即興的なものなので、自分でも予期していない要素が続々と、おのずと奏でられてくる、よってそれを自分の制作に組み込もうともがいて、私たちは動き、活動しながら再制作を続けていく、そんな感じで答えておこうかな。なんかね、私も完全に腑に落ちてはいないんだけど、世界のすがたを理解するのは、いや世界のすがたそのものとは、結局、そういうつかみどころのないような、かげろうのような、淡い刹那的なものの、たまたまの連続なんじゃないかと感じているんだ。

私のように知覚の中に理論や法則性を読み込む見方は、いわゆる「観察の理論負荷性」という考え方と似ていると感じられるかもしれない。「観察の理論負荷性」とは、観察から理論が出てくるのではなくて、理論があってはじめて観察が立ち上がってくる、という考え方で、ハンソンという哲学者が提起したことで知られてるんだ。でも、私に言わせると、観察と理論とは一体の現象なので、「観察の理論負荷性」の考え方に、データと理論を区別できるという発想が潜在している限り、私の見方とはちょっと違うな。それに私は、世界のすがたの中に、私たちがそのすがたのありようを即興的に制作しているという、ある種の刹那刹那の作品性を見取りたい。自分にとっても思いもようないすがたが作られていくこと、その不思議さ、偶然性こそが、そして、その一瞬一瞬がまさしく私たちの現実・リアリティなんだ、という重み感こそが、私が注視したいところなんだよ。いってみれば、ジャズとか俳句とか、そういう手法にこそ世界のすがたへの接近のあり方がストレートに現れていると、そんな感じかな」

第4話　「ある」から「である」へ

†知覚していないもの

前回は、バークリなどの観念論のパワフルなあり方を確認した。「ペルキピ原理」だったね。すごいバッサリとして、いさぎよい原理でした。むろん、世の常、こういういさぎよい割り切り方に対しては、細かな点で、疑問が出てくるのは避けられないな。政治家が思いきった政策をズバッと打ち出すと、かならず批判が出るでしょ。それと同じだ。

まず、私が知覚していないものは「ある」っていえないの、っていうシンプルな疑問が当然出てくるでしょう。なにしろ、「知覚されている」という現実のありかたに「ある」の根拠があるという考え方なんだから。しかし、私が見ていないときでも、私の家は「ある」っていうのは、なかなか拒絶しがたい常識だよね。これに対してバークリは、なんと私が論じてきたように、「もし私がそこにいたならば、それは知覚されるであろう」という条件文的な可能性に言及して答える。その可能性が認められるならば「ある」ということだ。ある意味で、予想通りの答えだね。それからもう一つ、ほかの誰かの心が知覚していれば「ある」といえる、ともいう（バークリ 一九五八、第一部第三節）。

ただ、この二番目の答え方は、結局、「もし私以外の誰かがそこにいるならば、その対象は知覚されるだろう」という、やはり条件文的な可能性として解釈できるので、一番目の答え方に吸収できると思われる。ただし、こうなると、前に言ったように、理論や法則性が絡んでくる。「なぜ、そういう条件が満たされると、知覚されるだろうと言えるのか」という問いを向けられたときには、何らかの理論や法則性を引き合いに出して答えるしかないからだ。

たとえば、「家」のようなものは、天変地異や爆破事故でもない限り急に消滅しない、しかるに天変地異や爆破事故の情報は入っていない、だから家の近くまで行けば家は知覚されるだろう、といった感じだね。「家は天変地異や爆破事故でもない限り急に消滅しない」という点に理論や法則性が介在しているわけだ。だから、「ここいま」に閉じこもる観念論の本当の課題というのは、こうした理論や法則性をどうさばけるか、どう納得できる形で位置づけられるか、という点にあることになるね。

†胡蝶の夢

さて、「ペルキピ原理」に対するもう一つの当然の疑問、つまり、夢と現実、虚構と実在、この区別をどうやって確保するのか、という問題が残っていたね。ただ、実は私は、個人的には、そんな区別など最初からない、というズバッと大胆な、思い切りのいい答えをしたいと思っている。

「胡蝶の夢」という中国の荘子の提示した説話がある。自分は蝶で、ひらひらと自由に飛んで楽しんでいたが、はっと目が覚めたように感じると、人間の自分になっていた。では、あの蝶だったのは夢にすぎなかったのだろうか。いや、そんなことはない、あの蝶としての喜びは現実のものだった。かくのごとく、人生には実は夢であれ現実であれ、そのときがあるだけなんだ。言い換えれば、夢と現実の区別なんて、重大ではないんだ。これが「胡蝶の夢」の故事が意味することだ。

とはいえ、夢と現実の区別は確かにあるように感じられるし、私たちはそれを区別するという前提のもとで毎日を暮らしているんじゃないの、と思う人がいるのは当然だし、無視できない。この辺りは、なんていうか、物思いにふける余裕があるときと、差し迫った欲求があるときとの違いって言えばいいのかなあ。トイレに行きたくて差し迫っているときには、夢と現実の区別なんてない、なんて言われたら、ふざけるな、と思うだろうね。もれちゃうじゃないか、ってね。だから、そういう場合でも納得してもらうためには、やっぱり、夢と現実の違いを一定程度説明できなくちゃならない。

バークリが言うには、空想の観念は随意的（思いのままにできるもの）で推論を誤らせるのに対して、現実の観念は不随意的で推論を誤らせない、とのことだ（バークリ一九五八、第二九、三〇節）。うーん、バークリさん、ちょっと切れ味悪いんじゃない。

だってまず、随意／不随意の対比にはいくらでも反例がありそうだよね。私なんか、よく、時間に遅れそうになる夢を見るけど、遅れまい遅れまいと走ろうとしても、うまく走れない。とっても不随意だ。逆に、テニスの天才プレイヤーになると、常にじゃないとしても、随意にドロップショットなんか打てるじゃないか。フェデラーとか錦織《にしこり》とかね。一般の人でも、随意に口を開けて食べ物を食べて、現実に満腹になったりする。

それに、推論の正しいのと誤りなのとを、どうやって区別するんだろう。結局、現実にその通りにならなかったら誤りだっていうことになるんじゃないの。つまり、夢とは違うところの現実がどういうものかが（現実だった＝推論が誤らなかった、というように）前提されているんじゃないかな。だとすると、バークリの夢と現実の区別は論点先取のように思える。この辺り、バークリは明快な説明をしていない。どうも、しらバークリってるようなんだ。あっ……。くだらねえことを言っちまった。ごほん。

　ともあれ、バークリでさえ、夢と現実の区別をくっきりと裏付けることには成功していないということだ。私はね、その根底には、本気でその区別を正当化しようとは思っていなかったっていう事情があるんじゃないかって想像してる。本気で考え始めると、「胡蝶の夢」の話は、すごく納得できるよ*。ただ、私たちが、医療的、法的なことがらが前面に出てくる場面に立ち入ったときに、たぶん必要に迫られ暫定的に、夢と現実の区分をしてる。いや、しなくちゃならない。そして、そういう場面を、すべての事態になぜか普遍化して捉えることになっちゃってる、というのが真相なんじゃないだろうか。そしてもちろん、医や法というのは、理論や法則性に深く依存している。生理に関する法則性、人間の行為に関する法則性などだ。

　いや、むろん、夢の中の観念だって、何らかの理論や法則性を前提しているんだけど、勢いとか圧力とか、そういうものの相違を私たちは感じていて、夢と現実の区別を当面しているのじゃないだろうか。夢の中で時間に遅れまいとしても走れないと思うときに焦って脂汗をかくのは、トイレに行きたくて苦しいときよりも、持続時間が短くて、私にかかってくる圧力は結果的には弱い。そういう点での区別なんじゃないかな。でも、これは程度問題だ。いま現実だと思っていることが、ずっと後になって、ほんのうたかたの夢のような時間だった、となる可能性はあるはずだ。いずれにせよ、つまり、バークリの「ペルキピ原理」に対する疑問は、すべて、理論や法則性をどう整合的に取り込むか、ということにかかっていることが分かってくるね。

＊唯識思想などの仏教思想にも、悟りを開いた「仏陀」以前の状態では、すべては夢のごとし、と解釈できる側面があるという。そして、唯識思想とは、すべては表象であり、外界など存在しない、という考え方なので、バークリの「ペルキピ原理」や非物質論にとても似ている。この点は、仏教学者のエドワード・コンゼやラフカディオ・ハーンなどが指摘している。私は、同僚の高橋晃一氏の講演から示唆をえた。

†「である」への変成

観念論について、だいぶ長い話になってしまったけど、言い切るところまで言わせてほしい。観念論っていうのは、以前話した「知覚の因果説」の対極にある考え方で、本物の対象なんてものはなくて、観念だけが「ある」、という見方だったね。それは、「知覚の因果説」に比べて、恐ろしく説得力を持つ考え方であることは前に説明したとおりだ。そして、これまで述べてきたように、観念には背景があって、その両者の「関わり合い」が伴われざるをえないので、理論や法則性がどうしても忍び込んでくる、という話だった。

この「関わり合い」を「R」と表記してみよう。すると、これはね、言い方を換えると、観念が「ある」っていうことは、おのずと、「これこれの観念はその背景とRである」という記述となりゆく、ということだ。観念は、単に「ある」んではなく、その背景とR「である」という、事実の状態なのだということだね。「ある」から「である」に主題が移ってきたんだ。単なる「ある」は一つの項について語っているだけだけど、「である」は、二つの項の関係について語っているわけで、構造として「ある」と「である」は違っている（ちょっと専門的に言うと、「ある」は個体を量化するものであるのに対して、「である」は個体と述語を結びつける働きをするものだ、ということになるね。まあ、この辺りは、掘り下げなくても支障ありません）。いや、もともとからして、「ある」は、「である」に変成していくという、そういう宿命のもとにあったというべきだね。

実は、バークリの「ペルキピ原理」それ自体の中に、「である」への変成の伏線が張られていた。なんか推理小説みたいで、おもしろいね。それは、ほかでもない、「知覚されること」という表現だ。「知覚されること」として「ある」が規定される以上、そこには「知覚する」という動態が定義的に含意されていることになるね。「知覚する」ということがなければ、「知覚される」ということもありえない。バークリは、観念が知覚されて「ある」という事態のなかに、「知覚する」という動態を認め、「知覚するもの」を「心」

として別個に規定した。つまり、観念ならぬ「心」が「ある」というのは、「知覚すること」なのだ、と捉えたんだ。実際彼は、『哲学的評注』(*Philosophical Commentaries*) のなかで、

「存在とは知覚されること、または、知覚することである」(Berkeley 1948, No. 429)

というように、知覚される観念と、知覚する心という、二種の存在概念を提示している。といっても、その両者はいわば同一の事態の裏表なのだけどね。いずれにせよ、ちょっと注意すれば気づくように、「存在とは知覚されること・知覚することである」というように、「ある」が知らぬ間に「である」に変換されているね。この点は、もともとの「ペルキピ原理」の場合も同様だ。見直してごらん。「である」がすでにあるでしょ。

†「心」が知覚すること

これは、要するに、観念が「ある」ということを、観念の関わり合いとして捉え、しかもそれを、観念が心とどう関わるか、ということとして押さえていることにほかならない。たぶん、鋭い君たちなら、すぐに疑問がわくだろう。観念の関わり合いっていうのは、普

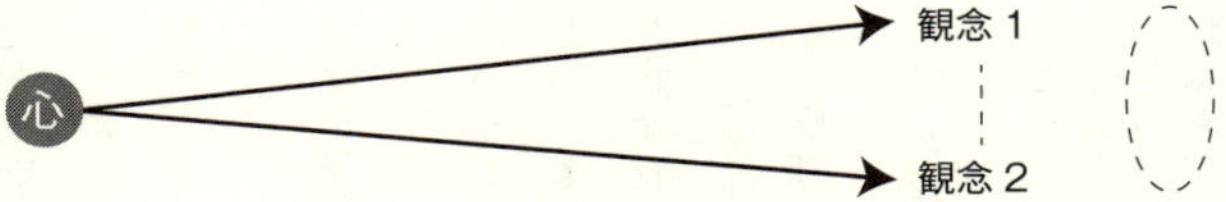

図 2

通は、ある観念と別の観念との間の関係のことで、観念と心の関係なんてのはかなり特殊な関係なんじゃないかってね。

　これはほんとうに重要な疑問なんだ。窓にボールが当たるとガラスが割れる。これは因果関係だね。普通は、これは、「窓にボールが当たる」という観念と、「ガラスが割れる」という観念との間に成り立つ関係だと理解されているよね。けれども、由緒正しい観念論の伝統では、そうじゃあない。心が「窓にボールが当たる」ことを知覚することと、心が「ガラスが割れる」ことを知覚すること、このそれぞれが実は事態の核心であって、知覚された二つの事態相互がどういう関係にあるかっていうのは、派生的な問題にすぎないんだ。図示してみよう。二つの観念を「観念1」と「観念2」と一般化する。太線が核となる関係、点線が派生的関係だ（図2）。

　こうした図式は、人間の心が世界のすがた（たとえば、窓にボールが当たるとガラスが割れる、というようなあり方）をむしろ立ち上げているという、その大枠の基本発想のところだけで言えば、実に実に実に、長い射程をもつ理解の仕方で、先に触れたカントの哲学にも反映されている。だからこそ、カントは亜流バークリ主義者と呼ばれたんだね。バークリはまことに明快で、図2の太線は「因果関係」だと、つまり観念の原因は「心」だとして、それに対して点線の部分は単なる記号の関係だとしているんだ。まあ、しかし、バークリとカントには重大な違いがあることは確かだ。バークリは、観念の背後の、点線の楕円の中、つまり観念でも心でもなくて、観念の基盤になっているもの、それを「物質」と呼んで、そんなものはない、としたのに対して、カントはあの有名な「物自体」という、楕円の中に入る何ものかを認めていたんだ。カントの場合、心は観念（カントの言葉では表象）を「構成」し、観念は物自体に「触発」される、と表現される。

それ以外に、たとえば、現代の物理学にもその痕跡を見届けることができる。まずは、量子力学だ。ここは物理学の講義じゃあないので、深入りはしないけど、君たちもたぶん、「不確定性原理」というのはシッテルンじゃないかな。これは、ハイゼンベルクが思考実験に基づいて定式化した量子（電子や陽子や、クォークなどの素粒子）についての見方で、電子などの量子の位置と運動量は、両者を掛け合わせると一定の定数以上になる、という仕方で成り立っているとする考え方だ。

†量子論と不確定性原理

ちょっとだけ、私の理解する限りで説明しよう。光に関する「二重スリット実験」によって、光は「粒子と波動の二重性」をもつことが明らかになってきた。それは、こういう実験だ。二つのスリット（隙間）がある板に向かって光を順に次々と当てていくと、その光は、その後ろに置いたスクリーンに順に点として現れる。しかし、それを繰り返していくと、全体として二つの波が干渉し合ったような縞模様ができる。

これは不思議なことだが、思い切って、光は、波の性質を持つと同時に、粒としての性質も持つ、というように解釈すると説明ができる。同じ現象は光以外の量子にも発生する。しかも、波のような縞模様が現れるときに、板のどの部分からその波が形成されてくるかは確率的にしか分からない、とされる。これは、古典物理学で扱うようなマクロの物質に関しては到底当てはめることができないように思われる、非常に不思議なあり方だね。こういう考え方は、コペンハーゲンのボーア研究所から発信されて広まったので「コペンハーゲン解釈」と呼ばれている。これに沿ってハイゼンベルクが提示したのが「不確定性原理」だ。

不確定性原理の着眼点はそんなに難しくない。私たちが電子などの量子を測定・観察しようとするとき、光を当てなければならない。そうじゃあないと、見られないからね。むろん、触るのなんてもっとできないし、ほかの感覚でも無理だ。しかし、電子などの量子はとても小さいので、普通に光を当てただけでは光の波長以下の大きさの電子は見分けられない。つまり、位置をはっきりと確定できない。それをはっきり見届けるためには、波長の極端に短い電磁波であるガンマ線（これはつまり光子である）を電子に当てる必要があるんだ。

さて、ここからはかの有名な湯川秀樹博士に語ってもらおう。「ガンマ線の波長をいくらでも短くしていくことによって、電子の位置を、いくらでも精密に測れると、一応考えてよい。ところで、その場合電子の運動量の方はどうなるか……ガンマ線顕微鏡を通して電子が見られるためには、光子が電子に衝突して進路を変えて対物レンズのなかへ入ってこなければならない。ところが、この衝突によって、コンプトン効果が起こり、ガンマ線の波長が短いほど、電子の運動量は大きく変わってしまうことになる」（湯川・井上 一九七八、四八—四九頁）。

「コンプトン効果」ってなんだい、と思うよね。難しいことには立ち入りたくないので、要するに、ガンマ線などが電子に衝突すると、ガンマ線のエネルギーが電子に奪われて、波長が前より長くなって散乱してくる現象のことだ、とだけ言っておこう。言い方を換えれば、ガンマ線を当てられた電子はエネルギーを得て、結果として、運動量が変化してしまうということだね。

つまり、こうだ。電子などの位置をより精密に測定すると運動量はより不明になり、反対に、波長の長い光を当てると位置はより不確定になるけれど運動量には変化がほぼ生じない、という関係、すなわち電子の位置と運動量の積が一定以上になっている、という関係がここであらわとなってくる。一般的によく使われている記号でこの関係を表してみよう。一応、学問の講義だからね。電子xの位置の不確定の大きさを⊿xとし、運動量の不確定の程度を⊿pで表し、その両者を掛け合わせると、

$$\Delta x \Delta p \geqq h/4\pi$$ （hはプランク定数）

というようにある定数以上となる、ということだ。「プランク定数」については、ここでは詳述しない。要は、二つの不確定状態の程度を表す変数、これはオブザーバブルと呼ばれるが、それを乗じたものが一定の値以下にはならない、ということだけ押さえておけばいい（「プランク定数」が何であるか気になるなら各人で調べてね。自主的宿題だ）。

ともあれ、この不確定性関係が成り立っている世界というのは、ガンマ線を当てて電子の位置をある程度正確に知る前には、電子の位置は不確定で、波動のかたまり、つまり波束になっている。波束の形と大きさは、どこで電子が観測されそうかという確率的事態を表していることになる（ウルフ 一九九〇、一四六―一四七頁）。「粒子と波動の二重性」とい

う基本的考え方がその裏付けになっているわけだ。

†波束の収縮

これは、私たちが普通に思い描いている世界のすがたとはかなり違うね。普通、物あるいは観念があるというのは、「ここいま」にあるということで、ここにある確率はこれくらいで、あそこにある確率はどれくらいで、というのはとても不思議な「ある」の形だ。けれども、ひとたび私たちが電子やその他の量子の位置を見定めようと、波長の短いガンマ線を当てて観測すると、突然事態が急変する。ケンブリッジの物理学者ポーキングホーンの記述を引用するね。

観測は瞬間的で不連続な変化の機会であると考えねばならない。もし電子が「ここ」、「そこ」、そしておそらく「どこにでも」ある、という形で広がっているという形の確率的状態にあるとしても、その位置が観測され、今回は「ここ」にあると確認されたときには、確率分布は突然に変化しなければならず、ひとえに、実際に観測された位置、すなわち「ここ」にのみ集中的に配分されることにならなければならない……こうした突然の変化の現象は「波束の崩壊」(the collapse of the wavepacket) と

呼ばれる。(Polkinghorne 2002, pp. 25-26)

「波束の崩壊」、これは「波束の収縮」とも呼ばれるけど、観測(光の粒を当てること)によってそれが起こって、電子の位置が明確になる、ということだね。とてもとても奇妙なことだと思わないかな。こうした世界のすがたの根底には、ハイゼンベルクの決定的な態度決定があったんだ。ハイゼンベルクはこう述べている。

「対象の位置」、例えば電子の位置〔ある与えられた座標系に関して〕ということばをどのような意味に解するかを明らかにしようと思うなら、一定の実験を、それによって「電子の位置」が測定されると考えられる実験をあげねばならない。そうでなければ、このことばはなんの意味もない。(ハイゼンベルク一九七八、三二八頁)

私たち人間が、どうやって測定するか、どうやって見るか、ということを述べられなければ、対象の位置や運動量などといった世界のすがたは意味を持たない、無だ、ということだね。これはさしあたりミクロの対象について言われているけれど、マクロの対象に対しても当然当てはまるだろう。ただ単に、マクロの対象の場合は、たいてい、測定実験をあげることに困難はないので、簡単にクリアできるというだけだ。ただし、不確定性関係それ自体はマクロの対象に関しては字義通りには当てはまらない点は、注意しておこう。位置の測定によって対象の運動量に生じる影響はほぼ無視できるからだ。

いずれにせよ、こうした観測・測定にまつわる量子力学の奇妙な考え方は「観測問題」としてさまざまに議論されてきたんだね。私も、別に物理学が専門ではないけど、観測問題は哲学的な意味でも大変にエキサイティングで、興味が尽きないな。

†量子力学と哲学

さて、私は、こうした量子論の世界観を、「ここいま」にあるものとして解される観念とは異なる様相であると言いつつも、伝統的な観念論の影響下にある考え方として言及したんだったね。それはなぜかというと、私たち人間の測定・観測の行為が世界のすがたを立ち上げるというのは、図2に表した観念論の構造、すなわち心が知覚することにおいて観念が立ち上がるという構造、に対応しているからだ。

ただし、強調しておきたいが、量子力学の、厳密に言えばそのなかで支配的な「コペンハーゲン解釈」は、伝統的な観念論とまったく同じなわけではない。というか、かなり違うと言うべきだろう。というのも、図2において、伝統的な観念論は点線の楕円の中にはなにもない、と主張するのに対して、量子力学の描く世界のすがたでは、点線の楕円の中に、位置が確率的にしか決まっていない電子や他の量子の波束、つまり波の束、があるからだ。これを観測することで、電子の位置が定まってくるんだったね。

けれども、ハイゼンベルクが不確定性原理を発表した直後は、哲学者やその他の研究者たちも少し興奮しすぎて、妙なことを言い出しはじめてしまった。フォン・ノイマンという非常に有名な数学者は『量子力学の数学的基礎』という本を著して、この分野の形式化に大いに貢献したんだけど、ちょっと勇み足の議論もしてる。波束の収縮は「知覚作用」によって起こると断じて、知覚過程をあたかも物理世界において生じたかのように記述するという「物心並行論」の立場に立って、「波束の収縮」の究極の発端を「抽象的自我」に求めた（フォン・ノイマン 一九五七、三三三―三三五頁）。これは、当時の人々にとっては、なんともエキサイティングな議論だったんだろうね。物理現象の究極の原理が、私たちの自我にあるなんて！

しかし、いろいろと疑問がわいてきてしまう。いまでも議論は多々あるんだ。「抽象的自我」の説は、ミクロの現象と、人間の脳などのマクロの現象とが連続的な相互作用をするという直観に支えられているけれど、たとえば、量子力学の立役者の一人であるニールス・ボーアは、そうした直観に問題があるとしたんだ。マクロの観測装置は古典物理によって記述されるべきで、観測されるミクロの対象と一緒くたにしてはならない、とね。「観測装置は装置としての道具性をどこまでも保持し、任意に対象としての地位に移されることはない」(藤田 一九九一、一二三頁)。古典物理的な性質と不確定性関係のような、あるいは量子の波動性と粒子性のような、互いに異なる性質が補い合って一つのシステムをなす、というボーアが立脚した見方は「相補性」と呼ばれている。それに、「抽象的自我」による観測が「波束の収縮」の原因となるという見方は、時間的に言って、観測による「測定値の読み取り」は実は「波束の収縮」の後に生じているという点を考慮するとき、原因と結果の時間関係が逆転している。それゆえに、実は成り立つはずもない、という議論もあるね(小澤 一九九五)。

実際、量子力学は、哲学的にも大いにスキャンダラスだったんだ。ハイゼンベルクその人からして、自らの理論の哲学的な含意を述べることで、混乱を生じさせた。ハイゼンベルクは、「現在を知れば未来は算出できる」という形で因果性を捉えた上で、それは成り立たないと断じた。なぜならば、「現在を知れば」という前件が、不確定性原理のもとでは確保できないからだ。ハイゼンベルクは、「因果性の法則」は正しくない、と宣言したんだよ(ヤンマー 一九八三、八九頁)。

いまからすると、なんだかずれてる。ハイゼンベルクは、なぜか因果性ということを因果的「決定論」として扱っているが、現状、因果性と決定論を結びつける必然性はない。それどころか、やや先取りになるけど、現在の学問状況からすると、因果関係は統計的に推定されるというのがほぼ常識だよね。喫煙が肺がんの原因になるかどうか、という問題を思い起こせばその点は明瞭でしょ。喫煙しても、肺がんにならない人なんて、山ほどいるしね。でも、普通、私たちは喫煙は肺がんの原因になる、と理解しているわけです。

ただ、ハイゼンベルクが、自身の研究の哲学的含意として因果性の問題を取り上げたこと自体は、やはりぴたりと的を射ていると思うね。なぜって、やはり、観測と波束の収縮とがどういう関係のもとにあるのか、因果的にどう説明できるのかってのは、依然として哲学的問いとして重大だからね。

†コインシデンス

私が「観念論」を論じているこの文脈で量子力学に言及したのは、「測定値の読み取り」と「波束の収縮」との間ではなく、「観測しようと光を当てる行為」と「波束の収縮」との間の関係が、なにやら100頁の図2の構造に当てはまりそうだと思ったからだ。少なくとも、「光を当てる行為」が「観測問題」のある意味での端緒をなしていることは間違いないと思う。

前にも強調したように、量子論の描く世界のすがたは観念論とはとても異なるけれども、世界の対象のあり方が私たちのなんらかの行為に依存しているという発想をしている限りにおいては、観念論のスピリットをいくぶんか受け継いでいると言えるんじゃあないかな。だとしたら、観念論の射程の広がりは、やはり恐るべきだよね。もっとも、もし、人間の行為とは無関係に、自然界にある波長の短いガンマ線が量子にぶつかったときにも「波束の収縮」が起こるのだとしたら、観念論との局所的類似性についてどう考えるべきか、ちょっと分からないんだけど。

最後にもう一つ、観念論の射程の及ぶところについて述べて今日は終わりにしよう。いままで量子力学というミクロの世界の話をしたから、今度は逆に、宇宙の話にしよう。というか、宇宙の話に戻ろうということだ。私はこの講義を、私が生まれる前にも宇宙があっただろうか、という問いからはじめたんだったね。これは存在への問いで、きわめて根源的だけど、それとは違って、たとえ宇宙の存在そのものは承認したとしても、同じくらい根源的な問いがありうる。それは、「宇宙はなぜこういう宇宙なのか」という問いだ。

なぜ、地球があって、太陽があって、重力が現にあるような力で働いていて、量子があって、時間があって、私たちは時間を遡れなくて、などなどというようなあり方をこの宇宙はしているんだろうか。なぜ、私はここにいるんだろうか。ほとんど無内容な問いのように思えるかもしれないが、私は一体誰なんだ、なぜここにいるんだ、という薄気味悪い、実存的な問いを一旦抱きはじめると、なぜ世界のすがたはこのようなのだ、という問いに至るもんだよ。君たちは、深海魚とか、クマムシの写真を見たことがあるかい。何なんだ、なぜこんな生物がいるんだ、と思うのは必定だよ。クマムシは、高線量の放射線が飛び交うような、どんな過酷な環境でも耐えられる驚くほど強靭な地球上最強の生物と噂される生き物なんだけど、その格好といったら、悪夢に出てくるような、エグいもんだ。まあ、かわいいと思う人もいるかもしれないが。

ともあれ、宇宙のそして世界のすがたがなぜこのようなのか、という問い、学問的に洗練させて言い換えれば、さまざまな物理定数が現在の値であるのはなぜなのか、という問いが、二〇世紀に真剣な議論の対象となっていったんだ。

そして、ケンブリッジのブランドン・カーターが現れる。彼は、さまざまな物理定数相互の間に奇妙な対応関係があるという事態、たとえば、「宇宙の膨張速度を表すハッブル定数と、重力の強さを表す量との比に、巨大数10^{40}が現れること」（青木二〇一三、一四二頁）といった事態、すなわち「コインシデンス（偶然の一致）」をどう説明するのか、という問題に答えを与えようとする中で、このコインシデンスは宇宙の年齢には一定の制約があるという事態を含意することに気づく。そして、宇宙がもっと年を取っていたならほとんどの恒星はすでに消滅してしまっただろうし、もっと若かったら私たち生物に必要な元素はこの地球にはまだ存在せず、どっちにせよ私たち人間は生存できなかったはずだ、と考えたんだね。かくして、

このコインシデンス［宇宙の年齢に制約があること］は、宇宙における我々の居場所は、観測者としてのわれわれ［人間］の存在と両立しなければならないという意味において、特権的なものにならざるをえない。（青木 二〇一三、一四五頁）

という、いわゆる「弱い人間原理」を提示するに至る。宇宙の年齢に制約があるのは、私たち人間がこの地球に存在するからだ、という驚くべき見方だ。

けれども、なんか妙じゃあないだろうか。私たちが「ここいま」にいるから、「ここいま」のあり方は私たちに依存している？　ちょっと待って。逆も言えるでしょう。「ここいま」のあり方が、私たちが存在できる環境なので、私たちが存在している。いわば、私たちがそれを選択している（つまり、ありがたく受け入れている）のだと。はい、おしまい。私たち人間ではなく、「ここいま」の世界のあり方が基準になっても、先の問いには答えられるんじゃあないか。これは「観測選択効果」と呼ばれるね。かくして、「弱い人間原

理」は主張として退けられていった。

†強い人間原理

でも、こうした議論の流れでは、抜け落ちてしまうコインシデンスがあることに、科学者たちは気づいていた。私たちの存在するこの地球という惑星の時空ではなくて、私たちのいる宇宙そのもののあり方、たとえば銀河や銀河団などの現在のあり方ができるためには、ビッグバンから生まれたばかりの初期宇宙がどんな条件を満たさねばならないか、という問題にまつわるコインシデンスだ。物質量がいまのような量でなければ、宇宙は私たち人間が存在できるほど大きくなる前に収縮してしまったり、あるいは現在のような構造が形成される前にどんどん膨張して銀河などは形成されないだろう、っていうんだね。だとしたら、どう考えるべきか。私たち人間が存在するという条件を課すことで、現にある宇宙の性質が説明できるのではないか、と言えないか。こうして、「強い人間原理」が提起される。

宇宙は(それゆえ宇宙の性質を決めている物理定数は)、ある時点で観測者を創造することを見込むような性質をもっていなければならない。(青木 二〇一三、一五五頁)

うーん、ちょっと理解が難しいかも。別に、人間がいなくても、宇宙が現在のようなすがたである可能性はあるかもしれない。ただ、「強い人間原理」の意義は、人間がここに存在するためには、物理定数はかくかくでなければならない、という仕方で物理定数の値を絞り込めるという、いわば「最善の説明」(best explanation) と呼ばれる仮説提起をしているという点にあると言えるね。私の同僚の三浦俊彦の言い方を借りると、「弱い人間原理」は、人間がこの地球に絶妙な仕方で存在していることに焦点を合わせているだけなのに対して、「強い人間原理」は、宇宙全体が人間の生存しやすいようになっていることに視点を置いて、スケールを大きくしている、とされるんだ。そういう対比がここで浮かんできているわけだ(三浦 二〇一八、七二頁参照)。

こうした人間原理の考え方は、「物理定数は私たち人間を存在させるという目的で、現在のような高い精度で調整されている」という「ファイン・チューニング」と呼ばれる、きわめて目的論(「XはYのためにこのようにある」、という説明様式)的な意味合いの濃い考え方に発展していった。もっとも、「ファイン・チューニング」説は、なぜ人間だけが特権的なのかという点などで、いまでは疑問が投げかけられているけれどね。それから、のちに多宇宙説が提起され、宇宙がこのような物理定数で成り立っているのは、私たち人間がそのような宇宙にしか生まれることができないからだ、と考えられることになる。かくして、「強い人間原理」も「弱い人間原理」のような「観測選択効果」として扱えるのではないか、などとする議論も生まれたんだ。「人間原理」はいまも物議を醸し続けている、生々しい主題だ。

しかし、こうした「人間原理」の考え方が出てきたという事実は、観念論のスピリットが、ほんとうに長い長い触手を伸ばして、最先端の宇宙論まで伸び広がっているという証だ。私たちの心、それこそが世界のすがたを立ち上げている、という大枠の図2の構図は、とてつもなく強力なんだね。点線の楕円の中をどう考えるかで、いろいろなタイプの世界像がありうる。そして、点線の楕円の中は無だ、とする観念論の原型にぴったり合致する見方ばかりでは当然ないけれど、図2の左側は、私たちの暮らす世界のすがたの描像としてあまりに圧倒的だ。

こうして、バークリの「ペルキピ原理」から説き起こした、ものが「ある」、というシンプルな事態は、実は、心と対象がこれこれ「である」という、心と対象（観念）との関係を示す事態へとおのずと移行していく、移行していかなければならない、という事情が浮かび上がってきた。われながら、エキサイティングだね、学問っていうのは。ともあれ、常識的な「知覚の因果説」的な見方をちょっと深く突っ込んでみるだけで、こういうことが分かってくる。哲学って、おもしろいでしょ。こんなことを自分はシッテルンだって、自信をもってほしいな。

【質疑応答の時間】

シッテルン博士「やれやれ、話しすぎて疲れた。物理学の話に立ち入ったけど、「世界のすがた」がここの主題なので、それは不可避だったんだ。哲学も物理学とは無縁ではいられないんだよ」

デアール君「先生、「ある」から「である」に転換していく、という話はくすぐったかったです。なにしろぼくの名前は「デアール」ですから。一つ質問です。先生は「心」という言葉を使って、その心と観念や対象との関係として「である」ということを描いていたとぼくは理解しましたけど、同時に、理論や法則性ということも強調されて、そこにも「である」への転換の鍵があるように聞こえました。でも、「心」と「理論や法則性」の二つの関係がよく分かりません」

シッテルン博士「いい質問です。そんなことまで気づくんだ。油断できんね。うーん、なんて答えようか。私が暗黙的に理解していたのは、「心」は言語を使って対象（観念）を特定する、という構造なんだ。だから、その「言語」というところで、理論や法則性が関わっている、ということを暗黙に前提していた。理論や法則性は文や命題としてしか表せないからね。実際、言語っていうのは本質的ですよ。その点は、言語がなかったらどうなるか、っていうことを想像してみると少しは実感できるかな。目の前の本はどうなっちゃうだろう。「本」って言えないんだからね、なにしろ。世界は混沌になっちゃう。いや、「混沌」だって、意味をもつ言葉だから、「混沌だ」とすら言えない。なんなんだ。だから、世界のすがたは、言語を使う「心」、言語によって表現される文（理論や法則性）、と結びついている。いや、結びついている仕方でしか、世界のすがたは現れない。そう答えておこう」

ベッキーさん「因果関係のところ、引っかかっています。先生は、タバコと肺がんの例を出して、そこには必ずという意味での因果的決定論は成り立っていなくて、統計的なものだ、と話されました。でも、肺がんになってしまった人にとって、タバコを吸ったことが原因だというのは、確定されるんじゃあないですか」

シッテルン博士「鋭い鋭い。因果関係の話は第2章以降に主題として話すつもりだけど、いくつか前触れとして言っておこう。まず、肺がんの原因がタバコだと確定するという言い方をベッキーさんはしたけど、厳密に理論的に言うと、因果関係の確定というのはたぶん望み薄です。一つの事情を引き起こす要素というのは、ほぼ無数にあって、一つに特定できない。肺がんの原因だって、タバコだけでなく、ストレス、排気ガス、不摂生、偏食などなど、候補になりそうなのは挙げたらきりがないよ。こういう候補になりそうな要素を「交絡要因」と呼ぶ。そういう交絡要因を含むすべての総合的結果として肺がんが生じたと考えるのが誠実だよね。それに、誰かが肺がんになったことの原因は、タバコを吸ったことではなく、タバコ販売を国が許可していたことだ、あるいは、誰かがタバコを発明したことだ、とも言えて、どんどん過去に遡及もできる。

ただね。ベッキーさんが言うのも一理ある。因果関係っていうのは、すでに起こったことの原因を探る文脈で主題となることは確かにあるからね。すでに起こったという意味では、確定していると言えるかもしれないね。でも、因果関係は、これから起こることの予測という文脈でも使う。そういう場面では、統計的な理解が本質的だね。けれど、実は、もともと因果と責任は同じ言葉だったんだ。だから、何かが起こった後で、その原因・責任を指定するという因果関係の用法は、伝統的で根強い用法だと言える。この辺り、次の話から本格的に考えていきましょう」

第2章 世界のきまり

第1話　必然性あれこれ

†「報い」としての「死」

さて、仕切り直しだ。前に予告しておいた因果関係の問題から、「世界のきまり」について話し始めよう。たぶん、私自身のお恥ずかしい思い出から出発するのがわかりやすいんじゃないかな。その思い出とはこうだ。中学一年の時だ、日本脳炎の予防接種をしたんだよ。いまもやっているんじゃないかな。だけど、予防接種をしたその日の夕方、今日はおとなしくしていなさいと言われたにもかかわらず、汗だくになって遊んじまった。なんてことだ。おバカとしか言いようがない。恥ずかしい。こんな注射なんて、たいしたことないとシッテルンだ、っていう勢いだったんだね。そしたら、その晩熱が出た。かなりの高熱だ。

何が起こったのか、何十年も経ったいまもって、あのときのことは分からない。でも、私は、子ども心に、これは自分が悪ふざけをして遊びまわった報いなんだ、もしかしたら日本脳炎になって死ぬかもしれないんだ、って思った。怖かったんだ。「日本脳炎」という病気の名前が文字通り脳内をめぐり、「報い」、「死」っていう言葉がぐるぐる回った。そう、いまから思うと、その日が、私が哲学を志すことになった運命の日だったんだ。

いやいや、ちと大げさだね。なに、実はたいしたことない。大事には至らず、すぐに平常に戻った。と思いたい。いや、もしかして、いまもまだ治ってなくて、のぼせたままなのかもしれない……。

仕方がない。ともあれ、すぐに平常に戻ったと自分では感じた。だけど、なぜか恐怖心だけが残ってしまった。そして、「報い」、「死」という言葉のどうにも暗く感じられる響きが、こだまし続けた。

うーん、やっぱりここだな、私の原点は。おそらく、成長期の不安定な心理も影響していたんだと思うけど、私は徐々に「死」について考えるようになっていった。別に自殺願望があったというわけではない。そうじゃなくて、人が生まれて、人が死んでいく、という当たり前の事態、それが重大な謎として私の前に立ち現れてきたんだよ。死は怖い、いや、死に至る途中が怖い、じゃあなんで人は生まれてくるのか、恐怖を必ず体験するために生まれてくるのか、生まれてこない方がしあわせなんじゃないか。ざっとこんな疑問かな、私が当時抱いていたのは。幼いよねえ。だいたい、生まれてこなかったら、しあわせも感じられないんじゃないかって、いまなら突っ込むけどね。

†死刑論

そうこうするうち、その数年後かな、あるニュースを見た。本日どこそこの拘置所で誰々の死刑が執行されました、というニュースだ。場所や人の名前など覚えてない。とにかく、死刑が執行された、この時代の（といってももう数十年前だけど）この日本で絞首刑が行われている、という事実に衝撃を覚えたんだ。そういう驚きを引きずりつつ、やがて、刑罰について、「因果応報」という仏教用語で語られる思想が作用していることを明確に認識するようになった。つまりだ、日本脳炎の予防接種騒動で感じた「報い」と「死」という観念、これが、死刑という現象に面して、さらに明瞭な形で確認されたんだね。ぶるっと身震いするような感じじゃっていうのかな。公的な形で、人を殺す。それが正義だとして、人を殺す。これは、冷静に言って、衝撃だよ。私が心に抱いた疑問を説明してみよう。

死刑になる人はたいていは残酷な殺人を犯した人だ。むろん、正確に言うと、死刑相当の犯罪は殺人だけじゃあない。内乱罪の首謀者や、外患誘致罪などは、人を殺さなくても理論上は死刑になりうるんだ。けれど、日本では死刑は、現状、すべて殺人だけに適用されている。実際、内乱罪や外患誘致罪などが適用される事態が起こったときには、つまり、クーデターとかテロとかだね、そうしたときには、ほとんど殺人が同時に発生しているだろうから、殺人に対して死刑が適用される、という理解はまず間違っていない。そして、現状では、二人以上殺すと、死刑判決が出る確率が高くなる。

むろん、「殺す」という表現に含まれうる現象の範囲はとても広い。絞殺、銃殺、刺殺といったかなり直接的なケースだけが「殺す」という事態を構成しているわけではない。過失致死はいうまでもなく、刑法上は殺人にならなくとも、「殺した」という理解を生む場合はいくらもあるよね。たとえば、先生が青年海外協力隊の活動の魅力を熱く語り、その影響で生徒の一人が熱帯の過疎地域に隊員として出かけ、病を得て亡くなってしまった場合、少なくともその生徒の親からしたら、先生が「殺した」んだ、という感覚が発生するかもしれないよね。あるいは、私が携帯電話で友人と話していて、何か衝撃的なニュースを伝えたまさにその瞬間に、友人が車にひかれて死んでしまったという場合、私には、自分が「殺した」という感覚が残ると思う。事ほどさように、「殺す」という表現は含意が広い。

しかし、いずれにせよ確かなことは、「殺す」という事態が何らかの意味で発生しているときに、事実として何が起こったかというと、人が死んだ、ということだ。この社会において、人が不自然なあるいは不幸な仕方で亡くなった、ということだ。遺族の悲しみや社会に与える負の影響などを含めて、これはなんとか解決されなければならない。じゃあ、どうやって解決するのだろうか。死刑、これが解決なんだろうか。

では逆に、死刑が執行されるときには何が起きているのか確認してみよう。死刑を執行するということは、やはり、人が死ぬ、ということだ。つまり、殺人が起こって人が死んで、犯人を死刑にして人が死んで、と複数の人が亡くなるってことだ。これで一件落着。ほんと？

ここには無数の問題が宿っていると予想できるんじゃない。死刑論にはここではあまり首を突っ込まないけど、一八世紀のベッカリーアの『犯罪と刑罰』での「死刑廃止論」で明示的に火がついて以来、何百年も人類は死刑存廃論を侃々諤々《かんかんがくがく》と論じてきていて、真の決着はまだついていないんだ。日本も含めて、世界の三分の一くらいの国には死刑が存在している。ということは、相当な数の学者連中が角突き合わせて論じてきたけど、合意に至らないということだね。この事実は甘く見ちゃいけない。

前に高校生のディベートで死刑論を扱った時のことを聞いたことがあるんだけど、廃止論を論じた側の高校生に対して、高齢の聴衆の方が、「被害者のことをどう思っているんだ」と強く批判したらしい。やめてほしいよね、そういう反応は。多くの学者たちが何百年もかけて論じてきて未だ決着がついていない問題に関して、被害者の存在をどう扱うべきか、という問題に気づいた人がいなかったとでも思っているんだろうか。論争に加わった人の中にはとても優れた人がいただろう、だったら、自分が思いつくような疑問はとうの昔に誰かが論じていただろう、とは思わないんだろうか。いやいや、学問の軽視も甚だしいよね。まあ、もちろん、こういう批判を投げた人だって、高校生の見落としを指摘することが目的で、別に学問の軽視をしているわけではなかったかもしれない。その辺りは本当には分からないけどね。

それに、被害者って誰のこと、という根本的な問題もあるんだよ。殺されて死んだ人？ふーん、死んだ人が被害「者」になれるの。その「被害者」はどこにいるの？　この世界に存在している人の誰が害を被ってるの？

こんなことを言うと、死刑とかって、そういう理屈を論じるような主題じゃなくて、もっとリアリティに根ざした深刻なものでしょ、って問いを返してくる人が必ずいる。はあ、しかし、理屈や理論の正当化なしに、なんとなく維持していてよいんだろうか。そっちの方が問題なんじゃあないかな。実は、こんな風に、死刑には未決の問題が山積しているんだよ。

†ピュシスとノモス

私自身は、はっきり言って、死刑論が著しい混乱の中にあるということは自信を持って「シッテルン」だ。そういう混沌に対して、私は、一歩前に進むための一つの手がかりとして「死刑不可能論」という考え方も提起している（一ノ瀬二〇一一a、第一章参照）。でも、死刑の話はここまでにしよう。因果関係の話、それが主題だったね。私は、刑罰、そして死刑の話題を、因果応報の典型として持ち出したんだ。ただ、ちょっと疑問に思う人がいるかもしれない。因果関係って、水を熱すると沸騰するとか、アルコールを飲むと脈拍数が増えるとか、日銀が金利を下げると景気が回復する（本当かどうか知らないけど）とか、現象のメカニズムについて当てはめるもので、因果応報とは、「因果」という言葉を確かに使っているけれど、同じではないんじゃない、ってね。確かに、刑罰についての話でも、厳罰化すると犯罪が減る、というのは（本当だとしたら）因果関係だと思う。でも、犯罪を犯した「報い」として刑罰を科せられる、というのは現象のメカニズムじゃあない。私たち人間がそういう風な制度を作ったんであって、私たち人間の介入なしに、自然のままで放っておいてもおのずとそういう報いが科せられるわけじゃあない、ってね。

こういう疑問はもっともなものだ。ギリシア語で言うと、「ピュシス」と「ノモス」、すなわち、自然と人為という区別がその淵源をなしていると言えるだろうね。自然的現象と人為的制度とは異なる、という基本的な世界理解だ。この根本的区別はいろいろなところで顔を現してくるんだ。

まずは、「因果性」と「志向性」という区別がその一つの局面だ。これは、メカニズムとテレオロジー、つまり、機械論と目的論という対比にも通底している。どういう対比かというと、ある出来事a、たとえば「腕が上げること」、について理解したり説明したりするということを例にしてみよう。時刻t_1に「腕が上がる」とする。これに対して、なぜ腕が上がったんだろう、という問いを立てたとする。まあ、変な問いだけど、哲学者がよく使う例なので、ちょっと我慢してね。

さて、この問いにどう答えるだろうか。大まかに、二つのやり方がある。一つは、私の筋肉の運動に言及して、運動神経からパルスが伝わって、上腕筋が働いたので、腕が上がった、とする説明だ。これは、t_1より前の時間t_0に発生した出来事によって、t_1の出来事を説明しようというやり方だ。スポーツだとか、ダンスだとか、そういうものの理屈を教わるときの説明だとすると納得できるでしょう。でも、もう一つの説明方法がある。それは、たとえば、「タクシーを止める」ために、という目的を持ち出すことだ。これは、t_1よりも後の時間t_2に生じるであろう出来事に言及することで、t_1の出来事を説明しようと

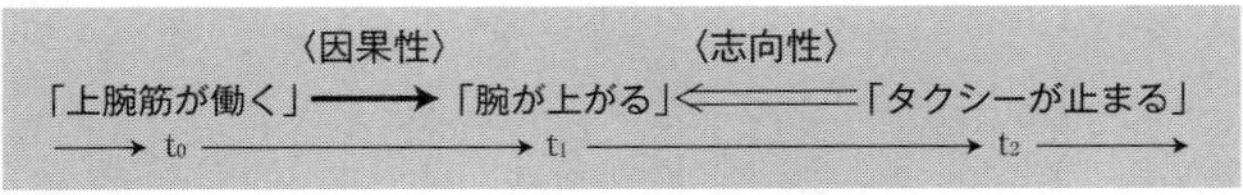

図3

いう方式だ。図3を見てみよう。

黒太線の、時間的に前の事象に言及して現在の出来事を説明する方式が、ラフにいうと、因果性による説明だ。それに対して、二重線の、時間的に後の事象を持ち出して現在の出来事を説明する方式が、いわゆる志向性による説明だ。この志向性による説明の場合、この例でいうと、「腕が上がる」というよりも「腕を上げる」といった方がよいことに気づくね。これについては、ウィトゲンシュタインが次のような言い方をしている。

> そして、起こってくる問題は、わたくしが自分の腕を上げるという事実から、わたくしの腕が上がるという事実を引き去るとき、後に残っているのは何なのか、ということ。（ウィトゲンシュタイン 一九七六、六二一節）

謎めいた言い方で、ウィトゲンシュタイン自身の議論の意味を問い始めるときりがないからやめるけど、一つ一般的に言えることは、ここで彼のいう引き算をした残りは、「意図」(intention) だ、というのが最も素朴な答えだね。つまり、志向性による説明は、自然現象ではなくて、人間の意図による説明だということだ。ピュシスとノモスの区別がここに現れているわけだ。

†事実と規範への問い

似たことは、デアール君とベッキーさんにも言える。いやいや、誤解しないで、別に君たちのことじゃあない。事実と規範という、この講義全体で主題としている対比のことだ。あれ、でも、なんで、君たちの名前がこの主題に対応しているんだ。偶然なのか、作為なのか。汗……ごめん、わざとらしい独り言だった。

ともかく、例を挙げると分かりやすいね。時速五〇キロ制限の道路をだれかの車が七〇キロで走行していたとしよう。速度違反だ。検問に引っかかって切符を切られても文句は言えない。いずれにせよ、この場合、事実として、七〇キロで走行していたの「である」、わけだ。だけど、だからといって、時速五〇キロ以内で走行すべき「べき」だ、という規範やルールがキャンセルになってしまうわけではないよね。そんなこと、自分の行うことがルールになると宣言するような独裁者ならともかく、ありえないよね。

そして、ここでの事実と規範の区別——つまり「である」と「べき」の区別——ここにもピュシスとノモスの区別が遠く尾を引いていると考えられる。「である」の世界はピュシスに対応し、「べき」の世界は、自然に内在しているわけではなく、人間が制定するものなので、ノモスの領域に属するというわけだ。

確かにこうした区分はすごい説得力がある。行政をとりまとめる「べき」責務を負う「総理大臣」とか、授業を真剣に聞く「べき」学生（?）とか、そういう「べき」を付加された身分って、自然の中に根拠があるわけじゃないでしょ。私たち人間が決めるものだ。けれども、こっからが考えどころだ。ここで、今回の講義全体の核心の前触れにもなることに触れておきたい。なるほど、事実と規範の区別はすごく分かる。

だけど、事実の中には、純粋に「である」だけのことなんて実はあまりなくて、たいていは「べき」を背負っているんじゃないの。逆に、規範やルールだって、その根拠には「である」として記述される事態があったり、規範自体が事実として成り立っているという、「である」で表されるべき事実、が強調される場合もあるんじゃないのかな。

ジョン・サールというアメリカの哲学者は、オースティンの言語行為論をさらに推進した哲学者として有名だけど、彼が提示した二つの事実概念が参考になるよ。サールは、「である」として記述される事実には、「生《なま》の事実」(brute facts) と「制度的事実」(institutional facts) の二種類があると主張したんだ。たとえば、「二物体は、両者間の距離の二乗に反比例し、かつ、両者の質量の積に比例する力で引き合う」という記述は「生の事実」に属する記述であるのに対して、「グリーンは窃盗罪で起訴された」という事実記述は「制度的事実」に当たる、と述べている（サール一九八六、八八—八九頁）。

たしかに、窃盗罪で起訴されたというのは、私たちは「である」の事実として扱うけれど、それは自然の現象つまりピュシスに根拠があるわけじゃないよね。それどころか、たとえば検察の立場だったら、グリーンが将来もし再犯をした場合、グリーンに対してそういう起訴歴を考慮す「べき」だということにもなるだろうね。

逆に、たとえば、私たちが一般に受け入れている規範の一つ、つまり「べき」の領域の一つである、近親相姦に対するタブー視は、明らかに、血が近い者同士の生殖は遺伝的に危険「である」という事実に根拠があるでしょう。それと、親は子を養育す「べき」という規範は、親のさまざまな行動に事実として影響するよね。その場合、「養育すべき」と理解しているという事実が、「である」として、何か因果的影響力を持っているというように解される。

先に触れた、因果性と志向性だって、実は同じなんだ。未来を志向する意図が現にあって、因果的影響を及ぼしている、という意味では、志向性は因果性に包摂されてしまうだろう。

†責任概念の介入

以上のようなことを考えると、因果関係の問題を、死刑論に絡めた因果応報の話から始めたことに一定の筋が通っていることに気づいてもらえると思うんだ。因果関係が事実としての「である」に関わっているのに対して、因果応報は「報い」という私たち人間が作った制度にまつわる「べき」の世界の話で、両者は異なるんではないか、というのが想定した疑問だったね。でも、いま検討したことで、「である」と「べき」はそうすっぱりと区分けできるものではないことが、なんとなく浮かび上がってきたわけだ。だったら、現象の間の因果関係と、因果応報だって、無関係じゃないんじゃないか、ということが推測される。そもそも、同じく「因果」と銘打っているんだから、違わないんじゃないか、ってね。

ここは思想の分岐点だ。この両者を、違うとする捉え方も可能だし、同じとする考え方も可能だし、あるいは「因果」という言葉には複数の意味がある、というように多元論へと至る道も可能でしょう。だけど、私は、言葉の同一性ってすごく大きいんじゃないかって思うんだね。どんなに違って見えたとしても、同じ言葉があてがわれているってことは、同種だってことなんじゃないかと。チワワとセントバーナードを思い起こしてみて。ちょっと見じゃあ、同じ「犬」には見えない。まるっきり大きさが違う。でも、危険性を別にすれば、チワワとセントバーナードで（人工授精などを介すれば）繁殖できる。同じ「犬」だからだ。

おんなじようなことが、現象の因果関係と「報い」の因果応報の間にも成り立っているように思える。少なくとも、二つは同種だと想定して考察してみようという試みは、最初に行うべきだと思うんだ。そういうわけで、私は、現象間の因果関係と、「報い」としての因果応報は、因果性として同種である、少なくとも基本的性質を共有している、とさしあたり仮定して論じてみたい。ちょっとかっこいいかな、自分。いや……。

えへん、実は、しかし、こうした仮定を支持する別な傍証もあるんだよ。一つには、言葉の問題がある。ギリシア語に「アイティア」という言葉がある。これは「原因」と「責任」の両方を表す言葉だ。なぜ「原因」と「責任」が同じ言葉なんだ、と思う人は、やや先入観に毒されすぎていないだろうか。原因は自然現象に属し、責任は人為的評価の問題だ、という先入観に。

反対に、なんとなんと、日本語にも「アイティア」とぴったり対応する言葉があるんですな。それは、「せい」（「所為」）という言葉だ。「大雪のせいで渋滞した」という場合、明らかに「せい」は「原因」の意味で使われているね。でも、「あいつのせいで負けた」

(口には出さないけど団体競技などでこう思っちゃうことはあるね) というときはどうかな。
間違いなく、この「せい」は「責任」の意味だね。つまり、日本語だって、「原因」と「責任」は同じ言葉で表現しているんだよ。英語でも実は同じことが言える。英語でも、'cause' と 'be responsible for' は交換可能だ。さっきの大雪の例を英語にすると、

'Heavy snowfall caused the traffic jam.'

だね。でも、これはこうも言える (ネイティブの人に確かめてあるよ)。

'Heavy snowfall was responsible for the traffic jam.'

最初に感じられたほど、原因という概念はピュシスだけに特化したものではない、少なくともノモスの語法とつながっている、ということが分かるね。

†因果と応報

もう一つだけ、オーストリアの法哲学者ケルゼンが著した「因果と応報」という論文に

触れておこう。これは、最初一九四一年に、アメリカの科学哲学会の雑誌 Philosophy of Science に発表された、すごい論文だ。ケルゼンはまず、ギリシア自然哲学のなかに、自然を因果的に理解するという私たち人間の基本的図式の源泉を見て取っていくんだけど、それは「応報」の概念だという。ケルゼンは「応報」を端的に「善には善をもって報い、悪には悪をもって報いる」(ケルゼン一九七五、一六四頁)と規定してる。

君たちは、ギリシア自然哲学が「万物のアルケー」を問うことから始まったことはシッテルンだよね。「アルケー」は「根源」って訳される。タレスはそれを「水だ」と言ったわけだ。けれど、ぜひ注意しておいてほしいのは、「アルケー」というギリシア語は日本では「根源」と訳されるけど、本当は「統治者」とか「支配者」っていう意味があるってことだ。これはね、いまの英語にもちゃんと生きている意味だ。「モナーキー」というのは、イギリスのような君主制のことだね。それは'monarchy'とつづる。そう、それは「一つの」とか「一人の」を表す'mono'に「アルケー」が付いた言葉だ。だから、一人の支配者がいる体制、つまり君主制だ。あと、「アナーキー」(anarchy)も同様だよ。「なにもない」という否定辞の'a'と「アルケー」がくっついて、支配者が誰もいない、つまり無政府状態、という意味になるわけだ。事ほどさように、古代ギリシャの自然理解は、そもそもからして、ある種の擬人的な色合いを帯びていたんだ。

だから、いわゆる自然現象についても、支配者に逆らったので、その「報い」としての復讐を受けている、といったある種の「罪と罰」の語法で語られていた。たとえば、ケルゼンの出している例ではないけれど、火山が噴火すると、天の支配者を怒らせるので、その山はスコールに見舞われる、といった具合だね。だとしたら、支配者に逆らう事象と、その報いとの間のつながりは、報いを受ける「べき」だ、という規範的結びつきということに当然なるでしょう、罪と罰なんだから。これが因果的理解の原型だ、というのがポイントだ。

ケルゼンは、ヘラクレイトスの名を挙げながら、世界に対する応報的理解、そしてそれに基づく因果的理解、の核心についてこんな風に言ってるんだ。「因果法則の不可侵性、即ち太陽が軌道を外れない理由を正義の女神の強制、即ち法律が自然に課した義務という規範的必然性に求めている点にある。普遍法則の不可侵性とは、事実として常にその通りのことがあることではない。太陽も矩《のり》を踰《こ》えうる。それが不可侵である所以《ゆえん》は法違反が常に例外なく罰されるところにある。普遍法則とは制裁を定める法律である」（ケルゼン 一九七五、一六四頁）。たぶん、自然現象の因果的理解と因果応報とを異質だと素朴に考えている人にとっては、意表を突かれる見方でしょう。

†原因の先行

でも、これは実に含蓄が深いし、なかなかに筋も通っているんだよ。因果関係というと、後でヒュームを引き合いに出すときにも触れることだけど、たとえば、原因は結果に対して時間的に先行する、といった性質が思い浮かぶかもしれないね。要するに、過去は変えられない、ってことだ。で、応報思想を見てごらん。罪と罰で、罪が時間的に先に起こる、っていうのは当たり前だよね。罪を犯していないのに罰は与えられない。

確かにまあ、性犯罪歴のある人などの、犯罪を犯す可能性がある人をすべて監禁してしまえっていう、ちょっと乱暴な（実際どっちが乱暴か冷静に考えてみて）議論が提起されることがたまにあるね。「保安処分」などという法学用語で呼ばれているやり方だ。でも、これは非常に物議を醸す考え方で、一般的に承認されているとは到底言えない。やっぱり、刑罰は、罪を犯した人に科するものなんだ。女の子を持つ親などは、娘の安全を考えて、性犯罪歴のある人を監禁してほしい、と思うかもしれないけど、そして私もその気持ちには完全に同調したいけれど、いろいろな観点から考えて、そういう対応は難しいんだ。そういう制度は権力による乱用の恐れもあるしね。

だから、やっぱり、罪を犯した人を罰する、というのが基本だ。それじゃあ、危険人物を野放しにするのか、と思う人がいるかもしれない。別に野放しにするわけじゃないだろうけど（犯罪予防策は当然とるでしょ）、罪に先立って罰することは、やっぱり弊害が大きい。だから、つまり、私たちの社会っていうのは、犯罪に遭遇するリスクがゼロにはならない、ってことだな。実際、極端な仕方で、犯罪を犯す「可能性」のある人はすべて罰する、としたら、私たち全員刑罰の対象になっちゃうね。精神病理学者の小田晋はかつてこう明言していたんだ。「人間性の中に犯罪をおかす傾向性そのものが存在している」（小田一九八八、二六六頁）。誰もが犯罪の被害者になりうるだけでなく、加害者にもなりうる。それが人間だ、ということだな。この辺り、冷静に観念していくしかない。

†応報と必然性

ともあれ、応報思想を振り返ると、こんな風に、意外や意外、因果概念とピタリと照応していることが分かっちゃう。もう一つ例を挙げると、因果的必然性というのがある。たとえば、崖から身を投げたら、「必ず」落下する、というときの必然性だ。多くの人は（とくに哲学者に多いんだけれど）、こういう必然性を前提して因果関係を論じるように思える。本当は、「必ず」なんてことは、「である」の事実としては言えないんだけどね。だって、事実としての「必ず」って、未来永劫ずっと成り立っているっていうことでしょ。なんで、そんなことシッテルン？　神様じゃあるまいし。明日突然に、身を投げたら上空に上昇するように、自然法則が変わっちゃうという可能性を、どういう根拠で否定できるの？　この辺は、「決定論」とも絡む話で、後で何回も蒸し返していくつもりだよ。

ともあれ、おうおうにして、とくに哲学者に関して、因果関係は必然性と結びつけられる場面がある。でも、このこともまた、応報思想に基づくと、うまく説明できちゃう。罪を犯した人は「必ず」罰を受ける「べき」だ、というわけだ。びっくりするほど、説明力があるでしょ。しかも、「である」の事実として必然性を説明するのはかなり困難だという、いま触れた難点も簡単にクリアできる。事実としての「必ず」じゃなくて、そうすべき」の必然性がここでの問題になるわけなんだから、だ。いや、言い方を換えよう。因果関係について、事実としての「必ず」など最初からない
ので、「べき」としての必然性、つまり規範性としての必然性に、ことがらの核心があるんだということを、応報思想は的確に暴き出すんだと、そう述べておこうね。

†原因指定の多様性

さて、ケルゼンにもう一度戻ってみようか。ケルゼンは、時代が進むにつれて、自然の因果的理解から応報思想が徐々に剝ぎ取られていったとしている。どういう風にだろうか。

たとえば、応報思想では、無限の要素の連鎖の中から二つの事象をピックアップして、これがまさしく原因で、これこそその結果だ、と見なすことになる。けれども、もっと冷静に現象を眺めて、「いかなる事象も一原因のみに依存するものではない」（ケルゼン 一九七五、一八三頁）という事態を率直に受け止めるという態度が成熟してきた。

確かにそうだよね。居眠り運転による交通事故を考えてみて。原因は居眠りだ、というのは自明のようだけど、ちょっと掘り下げると意外に複雑だ。より細かく調査するならば、運転手がストレスや病気で不眠症だったり、前夜子どもの夜泣きで眠れなかったり、運転中にラジオでリラックスできる音楽をたまたま聴いていたりと、そもそも居眠りを誘う条件がさまざまに浮かび上がってくるものなんだ。じゃあ、どうしてそういう条件や要因が原因だとされちゃあいけないのか。いけない、と答えるのはいかにも独断的だよね。

こういう問いは、どんどんさらに過去に遡っていける。前夜子どもが夜泣きをして居眠りしてしまったとき、そもそも、怖い話を寝る前に聞いてしまったことが夜泣きの条件になっていたということもあるかもしれないし、じゃあなんで怖い話を聞いたのかっていうと、上の子が怖い話が好きで弟妹に聞かせたからかもしれない。こんな風に条件の分析はどんどん前に遡っていくし、実際そうすることが事態の厳密な解明にとっては絶対ベターだと思えるよね。実際、情状酌量をするなど、量刑を決めるときには、事態の厳密な解明が必要だ。いずれにせよ、こうして、条件分析を導入することで、因果関係の理解から応報思想が引き剝がされていったんだ。

　さらにケルゼンが触れるのは、第1章で触れた量子力学のような世界理解が現れると、ある事象と別な事象の間の因果関係が必然的なものではなく、確率的なものになり、「べき」の規範性を軸としていた応報思想が背景へと退いていく、という点だ。けれど、こうした事情にもかかわらず、ケルゼンは、現代に生きる私たちの世界理解が応報思想から完全に離脱しているわけではないと考えているようなんだね。「近代科学においても厳格な因果律は維持されえた。但しそれが規範と考えられた限りにおいて……この規範の性格は何か。それは現実に観察可能な事象間に因果関係を見出すべきことを求める認識論的要請であり、その名宛人は人間の認識である。人間の認識はこの要請を百パーセント実現することはできないが。そのことはこの要請が例外を持つことを意味するものではない」(同、一九〇―一九一頁)。

　要するに、どんなに精緻な条件分析が試みられ、確率概念が利用されようとも、最終的には、ある事象Eが別の事象Cによって引き起こされたとして説明あるいは理解することが目指されているのであり、そこに応報思想の強固な名残がある、というわけだ。まあ確かに、経済学などの社会科学では、最終的に二者間の因果関係を見出すことが少なくとも目指されていると言えるね。ぴたりと言い当てられるかどうかは別にして。不況の原因は何か、についての経済学者たちの議論を思い起こしてみて。説明とか理解って、これこれのゆえに、こうなった、という形に結局はなるものなので、あるいは、そういう形にしようとしているものなので、そこに応報思想の核心が生き残っている、というわけだ。

ただ、ケルゼンはどうも確率的理解は応報思想になかなかなじまないと考えているようだけど、必ずしもそうとは言えないと私は思うね。やっぱり、確率を使って期待効用（各選択肢の正負の価値とそれが実現する確率を乗じたものを比較して、その値が最大の選択肢を選ぶことが合理的だとする考え方）などを求めて意思決定をするときには、期待効用の大きいやり方を選ぶ「べき」とされているわけだから、規範性はやっぱりつきまとうよ。それに逆らって失敗したら、やっぱり非難、つまりはある種の罰を、受けるわけだしね。時間通りに二〇キロ離れた場所まで行くのに、自転車、車、電車、などの選択肢について、疲れ具合、必要経費、快適さなどの価値や効用、そして交通事情や天候などを加味して推定される、時間通りに着ける確率、そうした、価値・効用と確率との二要素を考慮して決めるわけだ。自転車が一番ましという状況の時、車で出かけて渋滞に巻き込まれて遅刻したら、非難されちゃうでしょう。

そういう意味で、規範性は確率と無縁じゃあないはずなんだ。そして、あえていえば、規範性と必然性の強い連関に照らせば、確率と必然性も無縁ではないだろうね。ラフな言い方を許してもらえば、合理性を目指す限り（それはつまり後で後悔しないようにするためだ）、確率を考慮した期待効用が最大の選択肢を「必ず」採用すべきだ、という思想が確率には含まれていると言えるんじゃないかな。確率と必然性、対極に見える二つの概念も実は手をつなぎ合ってる。びっくりかもしれないけどね。いずれにせよ、にもかかわらず、確率と規範を分離するケルゼンの思想の根底には、「決定論」の問題が絡んでいるので、後でもう一回触れよう。

†三種の必然性

さてさて、「世界のきまり」を因果関係にからめて、これまで論じてきた。そこで明らかになってきたことは、因果関係には、どうしても「べき」という「規範性」と、そして規範性と連動した形で「必然性」が、どうもまとわりつく宿命にあるってことだ。この、規範性と必然性の関係って、現代の英米哲学ではどうなっているんだろうか。

顕著な例を挙げてみよう。イギリス出身でアメリカで活躍するキット・ファインという哲学者が、「必然性の多様」という論文を書いている。そこでファインは、必然性には、「形而上学的」、「自然的」、「規範的」の三種があって、それらは相互に独立で、どれか一つに還元できない、と論じている。「形而上学的必然性」とは、「赤いものは赤い」といった論理的必然性(それを否定したとき矛盾が発生するもの)を一部として含む、広い意味での事物の同一性に基づく必然性だとファインは言ってる。ちょっと難しい言い方だけれど、「私はパーソンである」というのは、「私」の概念が「一人のパーソン」として定義されている場合には、「私はパーソンである」は、たとえ論理的必然ではなくとも、形而上学的に必然だ、ということになると理解すればよいかな。

この場合、「どうしてそうだと知れるのか」という、「知る」にかかわる問い、つまり認識論的問い、をスルーして、事柄そのもののありようをダイレクトに取り上げているので、「形而上学的」と呼ばれているのだと思うよ。こういう、認識論と独立である、という意味での「形而上学的」という表現は、ソール・クリプキが使用したことによって一般的に広まったんだ。クリプキ、名前はみんな知ってるよね。

さて、ついでファインは、物理法則などに見られる自然的必然性を取り上げて、それが果たして形而上学的必然性の一つとして捉えられるか、という問題を論じる。伝統的には、自然的必然性は形而上学的に必然ではなく偶然であると捉えられてきたのに対して、クリプキは、独自の視点から、すべての自然的必然性は形而上学的必然性に包摂されるという方向の議論を展開していたんだ。詳細は省くけど(クリプキの『名指しと必然性』にトライしてみてね)、こういうクリプキの議論に対しては、自然的必然だけど形而上学的必然ではない、という例が見つかれば反論になるはずだね。

ファインはたとえば、ニュートン的法則が成り立っている世界と、非ニュートン的法則が成り立っている世界とを想像してみよ、という。ファインは「可能世界」という用語を使っているけど、それについてはここでは深入りしません。ともあれ、こういう二つの世界を想定する。けれど、法則という概念には、それが適用される物体が存在しなければならないという要求は含まれていないね。だとすると、二つの世界のどちらも、何も物体が存在しない空虚な世界だと考えることもできちゃう。しかしそうすると、二つの世界は、形而上学的必然性という意味では同等だということになる。何も対象が存在しないという点で同じだからね。けれど、それぞれの世界で成り立っている自然法則=自然的必然性は二つの世界で異なるわけだね。ということで、自然的必然性と形而上学的必然性とはいつも合致するわけではないことが示せると、こう言うんだ(Fine 2002, pp. 262-263)。

うーん、なんか。こういういわゆる思考実験に基づく議論って、騙されているような気になっちゃうことは否定できないな。それに、もっと簡単に言えるような気がしちゃう。すぐ思いつくのは、科学的法則っていうのは、その時代時代で異なってるでしょ。自然界の物体群は異ならないのに。フロジストン(「燃素」という古い概念)で燃焼を説明したときと、酸化・還元で燃焼を説明するときとで、世界の形而上学的必然性は同じはずだ。でも、自然的必然性は異なると、少なくとも私たちには理解されてるはずだ。だから、その二つの必然性は違う、と。どうだろうね。あるいはもしかしたら、形而上学的必然性は認識論と独立だけれど、自然的必然性には認識論がまとわりつく、っていうところに違いがあるって言っちゃってもいいような気もするね。

†規範的必然性

さて、もう一つ、規範的必然性の件があったね。ファインが挙げる例は「いかなる状況の下であろうとも、すべての戦争は悪い」(Fine 2002, pp. 267) というものだ。根本的平和主義の思想とも言われてるね。こういう根本的平和主義者の主張は、善悪に関わっていて、しかも例外を認めないものなので、規範的必然性の例になると、ファインは言ってる。

必然性が例外を認めないことだというのは語感としてすとんと腑に落ちるでしょう。「必ず」というのは、例外がないことだっていうのは、そりゃそうだよね。「必ず返すから」といってお金を借りていって、音沙汰なし、なんてえずるいやつ、たまにいるでしょ、という雑《ま》ぜっ返しはやめようね。それは「必ず」が「例外なく」という意味だということとの反例にならないんだよ。なぜって、そういう人に対して「ずるいやつ」

とか「まずいんじゃない」って感じること自体が、まさしく「必ず」が「例外なく」を意味することを立証しているからだ。例外なく履行すべきなのに、履行しないのだから、非難されるというわけだ。しかも、この「必ず」は、「例外なく」といっても、事実として「例外なく」を意味しているわけではないことも分かるね。約束を破る人がいても、べつに、それで「必ず返す」という約束が反故《ほご》になるわけじゃあない。こういう「必ず」は「「規範的」必ず」だ、といえそうでしょ。借りたお金を返す「べき」だ、という含みがあるわけだからね。

でも、善悪に関わることが規範性に結びつくっていうのは、どういうことなんだろう。そう疑問に思うかもしれない。この点は、リチャード・マービン・ヘアというオックスフォードの倫理学者がすぐれた分析を提示して、学問の世界に貢献している。ヘアは、「よい」(good)や「悪い」(wrong)という評価語には、その語で表現される事態を勧めたり勧めなかったりする命令法的な働き、すなわち、「指令的」(prescriptive)な働きが伴われる、と論じたんだ。

たとえばヘアは、こんな風に言ってるね。論理学者は「言語の中の「よい」という語の機能を研究している。そして彼は、この研究を望む限り、この語が言語の中で持っている機能、すなわち勧めるという機能を認め続けなければならない」(ヘア 一九八二、一二二頁)。「借金を返済することはよいことだ」を考えれば、よく分かるでしょ。よいことだということは、それをすべきだ、といっているに等しいわけだ。だから、「よい」「悪い」は「べき」という規範性に関わっていくと言えるんだよ。

さて、ファインだけど、こういう規範的必然性がまず自然的必然性の一つとして解釈されることはない、とあっさり断定している。自然的必然性に規範概念が含まれないというのは合意されてるからだ、って言うんだ。おやおや、どうにも。これは、私とは違う立場だね。まあいい。ともあれファインは、もう一つの可能性を検討する。つまり、規範的必然性は形而上学的必然性の一種だ、とする可能性だ。少し端折《はしょ》っていうと、ファインは、規範的必然性を持つ「よい」を、なにかこの世界内に隠れて実在する自然現象の機能的性質だ、と解釈する可能性を取り上げている。ちと難しいね。

要するにだ。「よい」っていうのは、自然現象そのものの一部ではないけれど(だから自然的必然性ではないけれど)、自然の中に存在する何かのあり方だ、という考え方だ。そして、この自然の中に存在する何かのあり方の同一性によって規範的必然性が説明できるなら、形而上学的必然性の定義からして、規範的必然性は形而上学的必然性の一つになるわけだね。「借金を返済すること」のよさ、っていうのは、「借金を返済すること」という、現象に似た何かがあって、その現象に似た何かのあり方に根拠を持つって言うんだ。フホーっていう感じでしょ。哲学者って、ぶっ飛んでるよね。

でも、こういう考え方は受け入れられないとファインはいう（というか、すでについて行けない、と言った方がいいかもしれないけど）。なぜか。規範的必然性で問題になるような倫理的判断の根底には、外部の自然現象とは別の、したがって普通の意味では観察されないけれど、しかし内観的な意味では観察できる、経験的な内実が一部含まれていて、さっきのぶっ飛んだ形而上学的必然性説は、そういう内的な認識状況を捉えきれないからだ、っていうんだ。規範的必然性には、私たち自身が「こうであるべきだ」と内的・主観的に抱く信念、それの認識が含まれているっていう主張だ。まあ、もともと形而上学的必然性の本質的な特徴が、認識論と独立である、という点にあるんだから、内的経験の認識が規範的必然性に必要だとしたら、それは形而上学的必然性と親和しないよね。こうしてファインは、必然性の三つ、つまり、形而上学的、自然的、規範的必然性はそれぞれ独立で、互いに還元できないと論じるのであります。

やれやれ疲れるね。私がファインに言及したのは、一つには、「必然性」が、「べき」を表す「規範性」と結びつく場合、つまり「規範的必然性」という概念が現代の英米哲学でも検討され、考察されていることの具体例としてだった。それは達成できたと思う。もう一つは、現代の分析哲学の一例として、そして私自身が反論したい例として出したんだ。

どうやって反論していくか。それが全体のテーマだね。今日はここまでだ。長すぎた。ちょっと飲み物を飲もう。

【質疑応答の時間】

シッテルン博士「ふう。まあ必然性っていうのは、異様に難しいテーマだ。とても話しきれてないし、話しきることなんてできない。必然性と規範性、その微妙な結びつき、いやあ苦労するよ。でも、哲学の講義の狙いは、難しさを肌で感じてもらうことさ。うまくいったんじゃない。なーんてね、自己弁護だけど」

デアール君「ぼくも疲れましたけど、興奮もしました。だけど、先生は、必然性と応報、必然性と確率、こういう一見相容れないような二つのものが実は結びついている、というような趣旨のお話をしたとぼくは理解しましたけど、それ本当に説明になるんでしょうか。とくに、確率との関係が釈然としません。いまぼくが机をたたきます。すると、音がします。ここには、普通、因果関係があると理解されるはずです。たたいたことが音の原因だった、というようにです。で、確率はどう関わってるんですか。たたいて音がしたことはもはや確定していて、いわば必然的な出来事ではないですか。実際、普通、たたいたら必ず音がするわけですから、必然性が強く読み取れます。そこに確率概念が働く余地はないように思えます」

シッテルン博士「的確な質問だね。二つに分けて答えよう。たたいたら音がするのは必然的だ、というのは厳密には但し書きが必要だ。音がすると予想する「べき」だ、という必然性はたぶん認められる。それを認めないと、打楽器のレッスンは成立しないもんね。でも、必ず音がするの「である」、は留保が必要だね。誰が分かるの、っていう質問に答えられない。未来には反則はないんだ。

もう一つ、デアール君の質問は、過去にすでに生じたことは必然であって確率とは無関係だ、という前提があるようだけれど、その点はどうかな。過去に発生したことは確定はしているかもしれないけど、それって必然とは違うでしょ。サイコロ振って5が出た後で、5が出るのは必然だった、という考え方は、まあ、決定論と関わっているけど、ちょっと慎重さが必要だと思います。それと、過去のことはすべて確定していて確率が関わらないかというと、それもなにか過去というものの特定の描像に依存しているように感じますね。邪馬台国が九州にあったか出雲にあったか畿内にあったか、それぞれの証拠に照らして確率を割り振ることに問題はないんじゃない。どうでしょうか」

ベッキーさん「私は、「よい」という言葉が人に何かを勧める指令的なものだ、という話に質問があります。別に、人に何かを勧めるわけでなく、単に事実を表現しているような場合もあるんじゃないでしょうか。たとえば、「この霜降り肉はよい」なんて場合です。これは単に、霜降り肉の基準に照らして、質のよいものだという事実を表しているだけで、人に勧めているわけではないのではないでしょうか。ベジタリアンの人にこういう発言をしたときのことを想定してください。勧められるわけがありません」

シッテルン博士「ヘアの議論のことだね。確かに多くの批判がされているね。ただ、私は大まかには説得的だと思っているよ。「この霜降り肉はよい」という場合、確かに直接対話相手に霜降り肉を購入したり食べたりすることを勧めているわけではないけれど、霜降り肉の善し悪しの基準はこれこれだ、ということに対する決定を、そしてそれへの承認を暗に求めているんじゃないのかな。この発言を聞いた人が承認しないときには、すぐに反論が来るでしょう。「まさか、こんな肉がいいはずないでしょ」ってね。そして、こうした決定と承認要求は、将来的にどれかの霜降り肉を選ぶ状況になったときに、この霜降り肉と似たものを選ぶことを間接的に勧めていることになると思うよ。

ヘアは、こういう側面のことを「原理の決定」という項目のもとで実際論じているんだ。「価値判断をするということは、原理を決定することだ」(ヘア 一九八二、九四―九五頁)って言ってるね。だとすれば、もちろん、それは、強弱は別にして最終的には、「べき」という指令を聞いている人に押し出していることになるんじゃないかな。

いずれにせよ確かなことは、「よい」が当該対象を勧める指令的な働きを持つとしても、それは別に、それを拒絶したり承認しなかったりすることが不可能だということを意味しているわけじゃないよね。遵守す「べき」法律があっても、違反をする人がいるのと同様だ」

第2話 ないけど肯定される因果

†「異」「同」の二面作戦

さてさて、前回は三つの必然性の話で終わったね。キット・ファインのいう、形而上学的、自然的、規範的必然性の三つだった。ファインは、この三つの必然性はそれぞれ異なり、一つに還元あるいは集約できないと論じてたんだったね。ふーむ。私はね、こういう問題には二面作戦で臨むのがベストだと思うんだ。つまり、一方で、ファインのように、細かな分析をして、異なるものは異なる、っていう内実を明らかにすることだ。これは大切だし、混同されてごっちゃになっちゃってるようなものをくっきりと区分けするのは重要なことだ。

たとえば、変な例だけど、死刑の話を前回したのでそれに引きつけて殺人の例を出すと、首を絞めて殺すことをよく「絞殺」っていったりするよね。そして、その中には、日本での死刑執行方法である、首つり刑つまり絞首刑も含めて意味している場合もある。でも、首を絞めて殺すっていっても、絞首刑のように体重でもって首を絞めて、その結果死ぬことは「縊死《いし》」と呼ばれるし、手で首を絞めて殺すことは「扼殺《やくさつ》」と呼ばれて、厳密に言うと、「絞殺」っていうのは、紐とかネクタイとかコードなんかで首を絞めて殺すことだ。縊死させられること、扼殺、絞殺、これらを区別することが重要な文脈（捜査一課の警察官になったと想像してみて）もあるので、正確さは役に立つね。

　けれども、逆に、共通性があるものは共通性があるって、その同種性を見極める必要があるときもあるよね。私は柴犬が好きで、「牛若」って名付けた子と暮らしていた。とても癒やされる。死んじゃったけど、いまでもいつも近くにいるような気がしてるよ。それで、実は、猫もいる。ロシアンブルーの「みや」ちゃんだ。牛若とみやは、それほど親密じゃなかったな。みやはいまも元気だ。私の後を付いてくる、かわいいやつだ。さて、犬と猫。違うよね。犬は前足を左右に広げられないけど、猫にはそれができる、とか。でも、内臓の構造はとても似ているし、ＤＮＡも似ている。哺乳類っていうのはそういうもんだ。のどの下をなでてやるとうっとりしちゃうのもそっくりだ。なにより、家族の一員としては、まったく同じだ。

そう、犬と猫は、哺乳類として、そして家族として、共通なんだ。このことも、文脈によってはとても重要性を帯びてくる。たとえば、何か災害があってみんなで避難するとき、区別せずに一緒に連れて行くんだ。そうしたい、絶対に。

私は、おんなじことが必然性についても言えると確信している。少なくとも、両面作戦を最初は採る必要がある。三つの必然性について、単に三つとも異なる、といってしまって終えてしまうのは、犬と猫は違うよ、といってしまって、哺乳類というカテゴリーの研究はしない、といってしまうのと同じだ。あるいは、柴犬とヨークシャーテリアは違うよ、といって、犬とは、という問いを立てないのと同じだ。どう考えても、足りなくない？

ということで、私は、ファインのいう三つの必然性について、それぞれ違うとしても、ではなぜ「必然性」という同じ概念でくくられているのか、何か共通な性質があるのではないか、さらには、そうした「必然性」の多様に共通する性質は規範性とどう関係しているのか、ということを考えていこうと思う。ファインの展開したような議論に対して、いわば補完的な議論になるんじゃないかと思っているよ。

†子の原因は親

それで、まず焦点を当てたいのが因果的「必然性」だ。まあ、そもそも因果関係の話を主題としているからなんだけど、それだけじゃなくて、因果的必然性はファインのいう三つの必然性のどれにも関係するからなんだ。たとえば、「子の原因は親である」(命題P)という、伝統的に因果というと決まって引き合いに出される例について考えてみて。これは、普通の意味でほぼ論理的に成り立っている真理だね。だって、「親」っていう概念は、「子」をもうけた者のことだものね。したがって、形而上学的必然性の例であると言える。

けれども、命題Pを「子の原因は父の精子と母の卵子である」(命題SE)と、もっと細かく表現してみたらどうだろうか。これは、意味として命題Pと同じと考えられるね。でも、今日では、クローン技術や人工子宮などが発展してきていて、子が誕生するのに理論的には必ずしも両性が必要だとは言えなくなってきている。それどころか、iPS細胞作製技術を使うと、男性の細胞から卵子を、女性の細胞から精子を、作製することも理論上可能で、そうなると父・母という概念自体が揺らぐことになっちゃうね。だとすると、命題SEは、かりに一般的に必然性を表す命題として理解されるとしても、それは形而上学的必然性とは言えずにせいぜい自然的必然性だと言えるにとどまるでしょう。

さらに、「子の原因は、祖父母ではなく、父母である」(命題FM)というように明示化すると、子の養育義務などの問題が浮上したときのことを考えると、そう考える「べき」という意味での、規範的必然性が表れてくると言えるね。

こういう意味で、因果的必然性を主題とすると、多様な必然性も一括して論じることができるようになると思う。ただね、哲学っていうのは、そんなにたやすくない。因果関係ってそもそも必然的なの、っていう疑問がまず頭をもたげてくるでしょう。ていうか、この疑問が浮かんでこない人は、よい意味ではなく、なにか哲学の因果論に毒されてしまって、冷静に事実を見られなくなってしまっているふしがあるよ。伝統的に、哲学の因果論は、必然性を込みで論じられてきたからね。カントなんかその代表でしょう。

でもね。よく考えてほしい。第1章の第4話で出した例の繰り返しになるけど、「喫煙は肺がんの原因である」っていう主張は認められますか。私たちの通念では、そして医学的な大部分の理解としても、認められるでしょう。でも、喫煙をすると「必ず」肺がんになるんだろうか。むしろ、「必ず」とは言えない、という理解こそが常識でしょう。喫煙量にもよるし、別の原因で先に死んじゃう人もいるだろうし、喫煙しながら長寿の人もいるし、ね。だから、実は哲学の伝統に反して、私たちの常識的な因果関係の理解っていうのは、必然性とは結びついていないんだよね。私の前の話を聞いてた人は、びっくりはしないんじゃないですか。

ただ、ときどき哲学の特定の議論に没頭すると、この平明な事実が隠されてしまうんだよ。不思議だね。いずれにせよ、この理解の事実を決して見逃してはいけない。それをスルーして、因果的必然性だけを主題としても、実はとても空虚な議論になってしまうよ。それどころか、もっと驚くことに、因果関係なんてそもそもないんだ、という衝撃的な議論を展開した哲学者がいるんだ。デイヴィッド・ヒューム、その人だ。

†「によって」という関係

最初に言っておこう。私はアンチ・ヒューミアンだ。理論的にも、そして感覚的にも、ヒュームにはどうもなじめない。すべてをぶちこわして、そのままはないでしょ、っていうか、責任とってよ、っていう思いをいつも抱いてしまうんだよ。その意味では、ヒュームの議論に危機感を抱いて、なんとか反ヒュームの議論を構築しようとしたカントに、心情的には同意できるところがあるね。私が進もうとしている方向は、カントとはほとんど関係ないけどね。でもね、ヒュームという哲学者は高々と立ちはだかる巨峰だ（ぶどうじゃないけど）。アンチ・ヒュームといったって、そう簡単にこのジャイアントを乗り越えることなどできない。うーん、つらいところだ。どうもおかしいと思っちゃう。でも、完璧には論破しきれない。

でも、挑戦なくして成功なしだ。私の抱く疑問を言語化するためにも、ヒュームに立ち向かってみようか。やれやれだ。ともかく、まずヒュームの因果性に関する着想から確認していこう。この着想それ自体については、私はほぼ同意している。哲学史に刻まれる、天才的洞察だと思ってるんだ。

例を出してみよう。お酒を飲むと、変化が起こるよね。顔が赤くなったり、饒舌になったり、説教をはじめたり、抱きついてきたり。こういう変化の原因はお酒だ、とそう思うのは当たり前だ。つまり、「お酒を飲んだことによって、顔が赤くなった」というわけだね。これは、典型的な因果関係の主張だ。

さて、では、こういう因果関係の主張の根拠は何だろう。はあ? なんのこと、って言わないでね。ここが、議論の核心なんだから。つまり、こういうことだ。Aさんがお酒を飲んで、その直後に顔を赤くしていた場合、私たちは「お酒を飲んだことによって、顔が赤くなった」と理解している。でも、その場合、厳密に言うと、Aさんがお酒を飲んだところは確かに目撃しているし、Aさんの顔が赤くなったのも目撃しているけれど、その二つの目撃された現象が「によって」という関係で結ばれているところは目撃したんですか、っていう疑問がここで提起されているんだよ。「によって」、が問題なんだ。

どうも言ってることが分からない、と思う人がいるかもしれない。丁寧に重ねていこう。鉢にピーマンの種を蒔《ま》いたとしよう。水をやる。すると、何日かの後に、芽が出てきました。うれしいね。いいですか、このとき、水をやったのは間違いないし、芽が出てきたのも間違いない。「水をやったことによって、芽が出てきた」と言いたいよね。実際、水をやらなかったなら、芽は出てこなかったと思われるし。

でも、ここで問題にしているのは、そしてそれはヒュームが着目した根本的な点でもあるんだけど、「によって」という部分について、私たちは目で確かめたんですか、っていう疑問なんだ。芽が頭を出したところを見たよ、って言っても答えたことにならないよ。それは要するに、芽が出てきた、という現象を知覚したということであって、「によって」自体の知覚にはなっていないからだ。

ここで最大のポイントは、この「によって」こそが、因果関係そのものだっていうことだ。そして、もし、この「によって」が目で確かめたり、触って確かめたりできないとしたなら、一体全体、因果関係ってどこにあるの、そもそもそんなものあるの、っていうことになる。

†因果関係なんてない

そうなんだ、ヒュームは、要するに、因果関係なんてものはどこにもない、どこにも知覚されない、ということに気がついたんだよ。これはものすごい気づきだ。

そんなばかな、って思うかな。お酒を飲んで赤くなったり、ピーマンの種に水をやって発芽させたりは、確かにちょっと時間はかかるけど、その過程をもっと細かくしていけば、あれが生じてそしてこれが直ちに生じた、っていうように確認できるんじゃない、ってね。お酒を飲むと、胃にアルコールが入って、アルコール脱水素酵素が働いてアセトアルデヒドができて、一種の毒素として交感神経を刺激し、脈拍と血圧が上がり、顔が赤くなる。この一個一個のプロセスは時間的に連続的で、因果関係に疑いを挟む余地なんてないんじゃないか。ピーマンの発芽だっておんなじだ。細かく過程を分析していけば、時間ギャップのない、確かな因果関係にたどり着けるはずだ。

だいたい、因果関係がないとか、知覚できないなんて、珍説だ。ぼくたちは、年中因果関係を知覚している。ドラムをたたくと音が出る。これについて、音が出た原因はたたいたことだっていうのは、明らかに分かるでしょ。文字通り、眼と耳で知覚しているでしょ。だいたい、この因果関係について、そんなものはないって言うんだったら、何が原因で音が出たっていうのさ。ああ、ばからし。ってね、こんな声が聞こえてきそうだ。

この辺り、哲学の思考法の急所だね。ヒュームの気づきっていうのは、時間ギャップをなくして、どんなに二つの出来事を近づけて分析しようが、そこで知覚されているのは、単に二つの出来事であって、「によって」はどんなことをしても金輪際現れることはない。へへ、「金輪際」っていうのは、私が教えを受けた大森荘蔵先生の口癖なんだけどね。ともかく、見たり触れたり聞いたり、知覚できるのは、この出来事と、そして別の出来事、この二つのみ。

そうじゃないっていうなら、どこに「によって」があるのか、示してみて、ってヒュームは挑戦してくる。ドラムだって、たたいた、音がした、それだけでしょ。二番目の出来事が生じたのが、最初の出来事のどんなに直後だって、どんなに「によって」の関係が自明に思えても、ないものはしようがない。「によって」をあるものにすることはできない。「ならぬものはならぬ」。会津日新館の什《じゅう》の掟だね。私のルーツは会津なので、こんなことまでシッテルンだ。

†夫婦関係との類比

こうやってヒュームの気づきを示してくると、あることに思い至ってくるんじゃないかな。デアール君とベッキーさん、どうですか。知覚できない関係って、別にとりたてて「によって」という因果関係だけじゃないんじゃない、ってことですよ。

たとえば、「夫婦である」といった関係だって、知覚できないでしょ。そりゃあ、いい感じに年齢を重ねたお年寄りのカップルが手をつないで歩いているのを目撃したら、仲のよい夫婦だな、って感心するかもしれないけど、そのカップルが「夫婦である」というのは推定でしかないよね。別に「夫婦である」という関係性自体を目撃したわけじゃない。いや、そもそも目撃できないよね。そのカップルのDNAを調べたって、「夫婦である」という関係性は知覚可能にはならない。

もちろん、市役所に行って戸籍を見れば（普通は勝手に見られないけど、ここは見られる立場の人を想像してみて）、夫婦であるということを文字通り目で確認できるじゃないか、っていう反論が必ずや出るでしょう。でもね、やっぱり困難があるんだよ。戸籍を見たときに見てるのはインクのシミじゃないか、っていう素朴な点を指摘したいんじゃない。そういう素朴な指摘は、そもそも意味って何、という根本的なことに関わるので、ここでは保留しておきたい。ここで言いたいのは、戸籍が真実かどうか、どうやって分かるのっていう点なんだ。結局、根拠は国家の「権力」でしょ。そして、「権力」そのものが知覚できないっていうのは、納得してもらえるんじゃないかな。

つまりね、前に触れたピュシスとノモスという対比ね、あの対比でいうところのノモスに「夫婦である」という関係性は関わっているからピュシスに属するもののようには知覚できない、っていうことだね。実際、自然現象として「夫婦である」などというものがあるはずがない。配偶者の遺産相続の権利なんてものが、自然現象としてある、などと思う人はいないでしょ。手をつなぐ、ってのは自然現象だとしてもね。

さて、すると、もしかして、因果関係も、それ自体として知覚できないなら、ピュシスではなくノモスに属するということなのかな、と思われはじめてくるんじゃないかな。そうなんだ、そういう思いはおおよそ確かに的を射ている。因果応報の観念に因果関係の理解はその起源を持っているわけだから。前回論じたことを想い出してください。

†すべての関係性はノモス？

さてさて、ここまで議論が進むと、もっと先まで見通せてくるんじゃないかな。つまり、「関係」って、実はすべて、そのものとしては知覚できないのであり、したがってノモスに属するのではないか、ってね。これは、恐ろしく壮大な発想で、いまここで結論的にどうこう言えないな。ただ、事のついでなので、二つだけ述べておこう。

一つは、もし関係性というものがすべて因果性に還元できるならば、つまり因果性として捉え直すことができるならば、そして、因果性がもしノモスに属するものであるとするならば、すべての関係性はノモスに属する、という主張は成立するということだ。二つの「もし」が付くけどね。

でも、関係性がすべて因果性に帰着するなどということが果たしてあるんだろうか。確かに、条件関係なんかは因果関係に翻訳できそうな気がしなくもないね。「もしこのボタンを押したならば、全部リセットされる」、というような場合は、条件関係は因果関係になるでしょう。でも、「もし哲学科の学生ならば、哲学研究室の図書を借りられます」ってのはどうだろう。因果関係と言えるんだろうか。ちょっと疑問。

それに、とても因果関係と思えないような関係性などざらにありそうだね。目的・手段の関係、それから同一性とか推移性（aならばb、bならばc、ならばaならばc）とかの論理的関係、そういうものが因果関係だとはちょっと思えないね。ただし、私たちの理解の順序みたいのを考えると、ちょっと違って思えるかもしれない。「aならばb、bならばc」って思った、そしたら「aならばc」って思えた、って捉えたら、ちょっと因果関係っぽくなるね。この辺りから、「関係」って何、という根本的な問題が浮かんできます。

もう一つ、実はヒューム的な、因果関係なんてない、っていう思想には重大な前提があるんだ。それは「原子論」と呼ばれる考え方だ。すなわち、この世界は、出来事であれ観念であれ、個別の一つ一つから成り立っていて、それら一つ一つは互いに独立である、という前提だ。いわば、世界は細切れの断片から成り立っているとする、モザイク世界観だね。冷静に考えてみると、こういう前提をとった場合、個別の単位事象の間の関係性がないとされるのは、なんというか、論理的に成り立っちゃうことが見えてくるね。だから、こういう前提をとる限り、ヒュームの議論は鉄壁の説得力を持つことになる。

でも、これって本当に受け入れられる前提なんだろうか。第1章で私が話したことを想い出してみてほしい。一つは、知覚対象の観念には条件文的な性質が伴われているという論点だ。「キュービズム」に言及しながら話したね。「もし右を向いたら、これこれのように見えるだろう」というような、条件文込みの情報が私たちの感覚や知覚には本質的に入っているんじゃないかっていう、例の論点だ。もう一つは、観念などの知覚対象は、それ単独で独立に成立しているんじゃなくて、知覚する主体、心、みたいなものと連携しているという論点だ。だとすると、とても原子論は受け入れられないことになるね。この二番目の点について、少し説明しとこう。

†因果的効果性

前にも触れたホワイトヘッドは、ヒュームのように、「ここいま」に直接的感覚として現前するものだけに注目するやり方を「提示的直接性」(presentational immediacy) と名付けて、その重要性と明晰性を認めつつも、自身の有機体の哲学の観点から、次のように考えたんだ。すなわち、何かを知覚するという事態は、身体を通じた、過去に順応し未来を含意する、それ自体に本来的に因果的機能を含み込む（身体の感覚器官と知覚内容、過去と現在、現在と過去、そうしたものの間の因果関係を含む）行為なのだ、と。

こういう知覚の様態のことをホワイトヘッドは「因果的効果性」(causal efficacy) と呼んだ。

そんなに難しいことじゃない。「ドラムをたたく」ということの知覚を考えてみて。これをいままで一つの知覚として扱ってきたけど、よく考えてみたら、手の運動の知覚であって、本当は結構複雑な要素からなっている現象だ。運動っていうのは、一定の方向を向いてこの位置に見えたものが、その結果として次の瞬間にあそこの位置に見えるだろうし、そしてドラムをたたく手の下にもう一つの自分の手を入れたらぶつかるだろう、などといった内実をもっている、あるいはそうした内実込みで一つの知覚として立ち上がっている、ということだ。これはいろいろな意味での因果関係が組み込まれていると言ってよいでしょ。これがホワイトヘッドの因果的効果性というもののあり方だ。

そしてホワイトヘッドは、実はヒュームの議論にも、もしかしたら無自覚的にかもしれないけど、こうした因果的効果性という世界のあり方は暗黙裏に組み込まれていた、と指摘している。特定の哲学者の議論を超える内容を、その哲学者のテキストに読み込もうという姿勢だ。なかなかエキサイティングな議論展開でしょ。まあ、一旦著者の手元を離れたテキストは、それ自体としての生命を持ち、著者の原意図にはなかった含意を持ちうるものなんだから、不思議ではないんだけど。私が君たちに「注意して聞いてね」っていったら、別に他意はなくても、次の部分が試験に出るんじゃないか、って解釈されることになるみたいのとおんなじだ。

ともあれ、ホワイトヘッドは、ヒュームの次のような発言を取り上げる。「もし目によって知覚されるなら、それは色のはずだし、耳によってなら、音のはずだし、口蓋によってなら、味のはずだ」(ヒューム 一九四八、四六頁)。ホワイトヘッドはこう問いかける。「「目によって」とか「耳によって」「口蓋によって」という場合の「によって」はどのような意味だろうか? すなわち彼の議論は、提示的直接性において機能している感覚所与が、因果的効果性において機能している「目」や「耳」、「口蓋」によって「与えられて」いる、ということを前提しているのである。さもなければ彼の議論は、悪しき後退におちいってしまう。なぜならその場合には、再び目や耳や口蓋について議論が始まらねばならない」(ホワイトヘッド 一九八〇、六一頁)。

鋭い人は、こういう因果的効果性の様態って、前に出た「知覚の因果説」と同じなんじゃないと思うかもしれないね。でも、それは違うよ。知覚の因果説は対象と感覚器官あるいは心は、それぞれ別個で独立だと規定されていた。それに対して、ホワイトヘッドのいう因果的効果性は、対象と感覚器官とが一体となって相互的に現出している様態だ。

変なたとえでいうなら、釣り糸を垂れて魚が食いついてくるのと、最初から魚が付いている釣り糸を垂らして釣りという行為を行うのとの違いだね。最初から魚が付いていたって、引っ張り上げれば魚が浮かんで来るのは同じだね。ただし、カントなどのアプリオリズムとの違いをいうために（カントのいう因果性だったら、釣り糸にくっついた魚は絶対にはずれない）、釣り糸に付けられた魚ははずれることもありうるようになっていて、釣り方次第では、途中から魚がはずれて逃げちゃう、という条件を付けておこう。身体の使い方次第だ、ということだね。まあ、うまいたとえではないけど。

ともかく、こういう因果的効果性の議論などを踏まえると、ヒュームの原子論は怪しくなってきちゃう。そしてそうなると、因果関係なんてない、っていう彼の衝撃的な議論も、そのインパクトを失ってしまう。

†段取りを重ねる

ただね、私はね、原子論ってそんなにダメな議論だとは思わないんだ。私たちは、ホワイトヘッドの因果的効果性が表すような、周辺のものごとがベターッとシームレスに、つまり切れ目なくつながっているような仕方で世界を理解しているかっていうと、してない、というか、そうはできないと感じるからだ。なぜって、人間の理解力っていうのは、いろんな制約を受けているからだ。たとえば、空間的・時間的に過大な広がりを一挙に見通すことはできないとか、あまりに細かな違いは識別できないとか、そんなことだけどもね。だから、いろんなものがいろいろな濃淡で相互に結びついているということを、濃度の程度までも含めて一挙に把握することはできない。どうしても、区切るというか、段階を踏んで、理解を進めていくしかない。

誤解しないでほしいが、私は、空間的な意味でのモザイク世界観、つまり点描画的に世界を捉える、という原子論を擁護しているのではないんだ。そうではなくて、私たちは物事を理解するときに、むしろ時間的に、あるいは通時的に、段階を踏んで進んでいくのであって、そういう段取り段階という意味で、区切りがあり、それを重ねていく、その限りで原子論的な発想には一分の理があると感じるんだ。まあこの捉え方は、逆に、一つ一つの段階それ自体に一定の幅があって、その幅内に因果関係が内包されているとするなら、ホワイトヘッドのいう因果的効果性の概念とも折り合う考え方なんだけどね。

運転技術を理解するという場合を考えてみて。エンジンをかける、サイドブレーキを解除する、ハンドルを握る（クラッチを踏む？ 古いかな）、アクセルを踏む、という一連の段取りの重なりでしょ。これをすべて区別せずに、一挙に、一つの行動として体得することは、初めての場合、できないんじゃないでしょうか。ピタゴラスの定理の理解みたいな数学の場合でも同様だ。一つ一つの証明の段取りを重ねて、理解にたどり着くわけだね。

要するに私は、いわば、共時的なモザイク世界観としての原子論に対する、通時的な段取り段階世界観としての原子論、それは受け入れるべきだと考えているんだ。ということは、ヒュームの、原子論に依拠する因果関係非存在の主張にも、汲《く》むべき点がある、ということを意味するね。

†ないけれど否定されない

さて、歴史的に有名なヒュームの因果論だけど、ちょっと根本のところで難しい点があるんだ。ヒュームの着想の基本は、因果関係なんてない、っていう因果関係非存在論なんだけど、そしてそれゆえに、多くの哲学史の教科書で、ヒュームは因果関係を否定した、なんて記述がされることになるんだけど、しかし他方でヒュームは、私たちが物事を因果関係のもとで眺めていることは全面的に承認し肯定していて、その上で、それはどういう機序によって成立しているのか、って問いを立ててるんだ。だから、ヒュームは因果関係を否定した、っていう記述は、私は端的にミスリーディングだと確信しているよ。

正確には、ヒュームは、因果関係というのは、対象としてリアルに実在しているわけではないんだけれども、私たちのものごとの理解のなかで核心的な働きをしている、そのことの解明を目指した、と言うべきだね。いくら、因果関係はない、といったって、ドラムをたいたことによって音が出た、という理解の仕方を否定するとしたら常軌を逸してる。だからヒュームは、こういう理解の仕方を分析しよう、という作戦を立てたわけなんだ。

前に指摘したように、因果関係にはノモスの匂いがしている。「原因である」というのは、「夫である」っていうようなノモス的関係に似ていて、対象としてそういう関係性が世界に実在しているわけではないんだけれど（ある女性の夫の生理的条件をいくら検査しても、その女性の夫であることを示すエビデンスは出てこない）、それを否定することは決してできないよね。夫婦関係なんていう関係性それ自体存在しない、だってそんなの知覚できないんだから、と述べることがいかに馬鹿げているか、みんな分かるでしょ。夫婦であることが、どれだけ人生に大きなインパクトを与えるか、計り知れないんだよね。実感……むろん、いい意味でだよ。キッパリ。実際、夫婦関係については、同居義務や扶助義務などの法的な規制とか、財産相続の規定とか、そういうリアリティあふれる案件が実体をなしている。対象としてないとしても、夫婦関係は否定されないんだ。考えてみれば、当たり前でしょ。

だから、まったく同様に、因果関係が対象としては実在していない、とヒュームが言ったからといって、ヒュームは因果関係を否定した、と記述するのは、とんでもない間違いだ。私に言わせれば、ヒュームの因果論っていうのは、夫婦関係って何、という問いに向かうことにとても似ているってことだ。

†ヒューム因果論の発想

さて、ヒュームの議論だ。これは、一年間かけて話すほどのずっしり感があるんだけど、ここでは要点だけにしとく。ほかに話したいことがあるんで。いま言ったように、ヒュームは、因果関係を私たちが理解しているという事実からはじめる。では、現に理解されているときの、因果関係の特徴は何だろうか。ヒュームはまず二つを挙げる。原因とされている現象（ヒュームの用語では印象とか観念のことだ）と、結果とされている現象とを吟味して、

（1）原因と結果は時間的空間的に接近している

次に、

（2）原因は結果に時間的に先立つ

この二つだ。

けれども、この（1）と（2）の二つだけでは因果関係だけをピックアップできず、別の関係も拾い上げてしまう。コンピュータの「S」のキーを左手で押した、そしたら私の部屋の窓を風がたたく音が聞こえた、としてみましょう。しかも、なぜか同じことが何度

か続いた、ともしてみよう。十分ありえることでしょ。これって、現象の時空的構造（やや！　思わず難しい言い方をしちまった。つまり右の（1）と（2）という意味だよ。分かってね）という点で、知人宅玄関のインターフォンを押した、そしたらチャイムの音が聞こえた、という場合とほぼ同じだね。

では、二つの場合はまったく同じですか。まさかね。これを同じだと思う人は、結構生きるのが大変だと思うよ。たいていは、コンピュータと風の場合はたまたまで、インターフォンとチャイムは原因結果の関係にあると理解するんじゃないかな。だとすると、上の（1）と（2）だけでは、私たちが理解している因果関係のあり方を抜き出すのには十分じゃない、ということになるね。

そこでヒュームは、因果関係の理解の鍵はもう一つの特徴にあるとして、「必然的結合」ということを言い出すんだよ。つまりだ、コンピュータと風はたまたまの偶然的な結びつきであるのに対して、インターフォンとチャイムは必然的な関係だ、というわけだ。必然性っていうのが、因果関係に関してはあやしい特徴づけだってのを一旦脇に置けば、さしあたり納得できる言い分だね。ちと偉そうな言い方だけど。ヒュームさん、ごめん。

じゃあ、必然的結合って何なの、ということになる。ヒュームは、必然的結合に当たる対象はどこにもなくて、知覚しようがないと断定する。まあ、ここがホワイトヘッドとの決定的な違いなんだね。じゃあ、なんで私たちは、コンピュータと風の場合とは違って、インターフォンとチャイムの関係はとりあえず必然的結合、あるいは私の議論に沿ってもっと正確な言い方をするならば、ずっと強い結びつき、を見出すんだろうか。不思議だよね。

もっとも、こういう問いを出すと必ず出てくる反応があるんだ。インターフォンとチャイムというように、ざっくりとしすぎた、大雑把な出来事の切り方をするから、結びつきがないかもしれないように見えるだけで、もっと厳密に細かく切り分けていけば、二つの出来事が結びついていることが自明に分かるんじゃないか、ってね。前に、お酒を飲むと顔が赤くなる、に関して言及したのと同じ反応だ。つまり、インターフォンの電気回路を順にたどっていけば、インターフォンを押したことからはじまって、電気が回路を流れて、チャイムが鳴るメカニズムへと時間的・空間的に連続して結びついていることが分かる、要するに、必然的結合があることが分かる、そしてその点で、コンピュータと風の場合とは区別できる、ってわけだ。確かに、インターフォンを押す場所と、チャイムが鳴る場所は離れているので（時間的にはほぼ近接しているとしても）、それが理由で結びつきがないように見えるだけじゃないのか、という理屈だね。

この辺り、なんでしょうね、哲学の議論がどこまで理解できるかってことなんだけど、出来事の切り方とか単位をいくら精密にしたって、そもそも因果関係として語っている関係の構造が「これ」と「あれ」というように二つの項の関係になっている以上（実際そうじゃないと因果関係にならないよね）、ヒュームの抱いた疑問はどこまで行っても当てはまってしまうんだよ。大雑把とか、精密とか、そういうことには関わりなく、原因・結果となる二つの項があるんであって、その間には、二つを結びつける関係性として知覚できるものはない、ということだね。ちょっとここで一旦切りましょう。

【質疑応答の時間】

シッテルン博士「やれやれ、因果関係っていうのは、何回話しても難しいな。だからね。ときどき、因果関係として理解するっていう、その理解の仕方そのものに根本的な問題性があって、本当はそういう理解なしでもサバイバルできるのかな、とさえ思っちゃうときがあるくらいだ。いろいろ疑問を出してみて」

デアール君「話を聞いていて、とても混乱してしまいました。因果関係はない、という議論は仰天ものです。ただ、夫婦関係と似ているっていう話を聞いて、ちょっと分かったような感じがしたといえばしました。

でも逆に、じゃあ動物はどうなんだ、って疑問を感じました。先生と同じく、僕も犬と暮らしています。彼女と、いや雌犬なのでそう呼ぶんですけど、彼女といろいろと遊ぶ時間が大好きです。でも、彼女はお調子者なので、ときどき度が過ぎて、いたずらに走っちゃう。かじっちゃいけないものをかじったり、とか。そういうとき、だめっ、って言って怒ります。何度か同じように怒られると、ちゃんと聞き分けるようになります。これって、いたずらをする→怒られる、っていう因果関係を犬も理解しているってことなんじゃないでしょうか。でも、犬に、夫婦関係のようなノモス的なものを当てはめることはできないんじゃないでしょうか」

シッテルン博士「いやあ、いい質問だね。視野がぐっと広がる、ほれぼれするような問いだ。哲学の質問は、こうでなくちゃっね。にしても、ワンちゃんの話、微笑ましいですな。私もまったく同じ経験をしたことが何回もあるよ。さてさて、質問への答えだけど、確かに犬に法制度のような意味でのノモス的なものは当てはめられないでしょう。でも、間違いなく、犬やその他の動物には、鳴き声とか羽音とか、それぞれ特有の言語的なものが備わっていて、同種同士で互いにコミュニケーションを取っているし、推論能力もそこそこあると考えられる。そして、言語や推論は、一定のきまりをもとにしているという最小限の意味では、ノモス的だと言えるんじゃないかな。

ただ、こういう路線で考えると、必ず、人間と他の動物とのノモス的なものの相違は程度問題で、人間が最高度の位置にあって、順に下がっていく、というヒエラルキーを説く人が出てくるけど、私はそうは思わない。犬からすると、人間の方が劣っていると見えているかもしれないよ。確かに、科学技術という面では人間の方が優位にあるように見えるけど、そういう評価それ自体、人間の側からの価値づけにすぎないからね。実際、確かに、道徳的な次元で言ったら、犬の方が人間より遥かに優れていると思うよ。戦争はしないし、環境破壊はしないし、嫉妬から他者を陥れるようなこともしないし、ね。ときどき、かみつき合いのけんかはするけれど。ともかく、少なくとも私には、犬は人間より遥かに高潔な存在に思えるよ。その意味で、私は「犬儒派」だ。望むらくは、犬みたいに生きたいな」

ベッキーさん「先生、犬の話はやめましょう。興奮しすぎる傾向がありますよ」

シッテルン博士「こりゃ失礼。でも大事な論点なんだよ」

ベッキーさん「それは分かります。だけど、どうして犬になっちゃうのか、そこが私は腑に落ちないんです。猫じゃダメなんですか。うちの猫ちゃんだって高潔なんだと思いますけど」

シッテルン博士「あっ、そういうことか。ごめんごめん。私は猫とも暮らしているし、馬も大好きだ。犬は、動物の一つのサンプルとして言及してるだけだと理解してください」

ベッキーさん「分かりました。いいです。それより、ちょっと気に掛かることがあります。先生は、原子論について、時間的な段取りを経てものごとを理解することだとしていると私は捉えましたが、そういう考え方は、突き詰めると、時間を点のようなものとして考える議論になるんじゃないかな、と想像しました。それは一つの時間概念になると思うんですけど、他方で、なんか変なことも発生するように感じられます。まず、「持続」っていうことが言えなくなるんじゃないでしょうか。それと、時間の一つの点と別の点との間はどう考えればいいんでしょうか。なにもない、というならば、実は点と点は連続しているということになり、点と点の区別はなくなってしまいますし、すき間がある、ということならば、そのすき間は時間なのかどうか分からなくなっちゃうような気がします」

シッテルン博士「いやいや、ベッキーさん、もはや一人前の哲学者だね。驚くよ。私の話なんて聞くより、ベッキーさんが講義した方がいいくらいなんじゃない。まあ、私の段取り段階的原子論が、点時間の考え方へと論理的に至るのかどうかは別にして、ベッキーさんの挙げている問題点は時間論と呼ばれる分野の主題の一つだね。ここで深入りはしないけど、原子論ということが、必ず「点」の概念につながるとは、私は考えていない、ということだけは答えておきます。単位的な区切りがある、ということを意味しているだけなんだ。そしてそれは、時間そのものがどうこうというよりも、私たちの理解の仕方、その言語的表現が、区切りを要請している、ということを指摘したいんだ。そういう意味での原子論なんです。まあ、質問に直接答えたことになってるか分からないけど、ベッキーさんの質問のおかげで、私の言いたい原子論の意味がはっきりしてとてもよかったと思います」

第3話　ランダム性、そして混沌

†ランダム化比較試験

　さて、前回はヒュームの因果論の発想について話したね。今日は、その中身を検討したいんだけど、その前に、ちょっと述べておきたいことがあるんだ。因果関係っていうのはかなり基本的な問題で、それを主題的に扱う学問は哲学に限らない。なかでも、疫学、計量経済学、統計学、などで論じられる、データ分析に基づく統計的因果推論についての研究は目立ちますね。要するに、いわゆるビッグ・データをどのようにして利用すれば因果関係を突き止められるか、っていう問題を論じる分野だ。

　たとえば、P4Cと呼ばれる活動がある。それなに、って思うでしょう。P4Cとは、"philosophy for children"の略称で、一〇歳以下ぐらいの子どもたちに哲学的問いを与えて考えさせようっていう活動のことだ。たとえば、六歳ぐらいの子どもたちに、死んだらどうなるのとか、時間ってなに、なんて疑問を考えさせたりするんだ。近年国際的に盛んで、日本でもぼちぼち試みがなされている。けれど、当然誰もが抱く疑問は、それって意味あるの、どういう効果があるの、ってことだろうね。何か教育的効果をデータとして取り出せるだろうか。P4Cを体験した子どもたちは、成績がアップするとかね。普通に考えれば、P4Cを促進しようとしている方々は、思考力の改善につながるだろうという、因果的結びつきを期待していると思われるんだ。私は個人的印象としてはP4Cは思考力・理解力の促進をもたらすと感じてはいるけれど、どうもはっきりしたことは、まだ言えない。

かつてアメリカで、子ども一人一人にパソコンを与えれば、教育の質が向上するだろうという因果関係が想定され、パソコンの無償支給というのを実行したことがある。けれど、後にその因果関係は否定された。その否定の根拠は、「ランダム化比較試験」(Randomized Controlled Trial, RCT)というものだった。つまり、パソコンを支給された生徒と、支給されなかった生徒とを比較して、成績の相違が見出されなかったのだよ。

「ランダム化比較試験」とは、このように、ある事象の原因だと予想される要素を実際に施した一群のグループ(treatment group, 介入グループ)と、そういう操作を施さない別の一群のグループ（control group, 比較グループ）とを、ランダムな仕方で分けて比較して、因果関係を確定するという方法のことだ。伊藤公一朗が挙げている実際の例を見てみよう。それは、電力価格を上げると節電が促される、という因果関係の検証なんだ。日本の北九州の一般家庭の方々をランダムに介入グループと比較グループに分けて、介入グループの家庭だけに電力需給が逼迫《ひっぱく》する数時間だけ価格上昇しますというメッセージを与えて、実際に価格上昇を経験させる、っていう段取りだ。結果としてどういうデータが出てきたか。価格上昇が施された家庭の電力消費量は、明らかに、上昇した時間帯において、減少していたんだ。まあ、なんとなく自分のこととして考えても、そうなるだろうなという結果が、データとして裏付けられたんだね。

むろん、どんな因果関係についてもランダム化比較試験を行えるわけではない。費用や準備がいる大がかりな方法だからね。でも、できるだけランダム化比較試験に近い形で因果関係を確証しようとするというのがセオリーだ。言い方を換えれば、ランダム化比較試験を行えれば、原因結果の関係を確定できる、という考え方が根底にあるわけだ（伊藤二〇一七、第二章）。

†ヒュームの疑問を免れているか

実際、これはすごい方法だ。政策決定などの場面では、絶大な説得力を持つエビデンスになるね。実際的場面での効用や効果について、私はこの試験に一片の疑いも持たない。ただ、問題は、このランダム化比較試験は、ヒュームの疑問を免れているかどうかってことだ。一応哲学の講義なので、そこが気になるね。

まず、最初に述べてしまいたいのは、このランダム化比較試験を施しても、たとえば、「電力価格上昇を知る」という出来事と、「節電する」という出来事との、二つの出来事が知覚対象として認識されているだけであって、その間に「によって」という関係性があるのかどうかは、少なくとも知覚対象としては認識されていない。というより、認識できない。ヒュームが論じたケースとまったく同様なことが依然として成り立ってしまっている。むろん、考察の余地はあるな。節電する本人の視点からすれば、電力価格が上がる「ので」節電しよう、という強固な結びつきとして二つは捉えられているんじゃないか、ってね。ここは難しいです。単に因果関係というだけでなく、「推論」が入ってくるからね。

ただ、(a)「価格が上がる」という認識、(b)「だから節電しよう」という意識、という通時的な(a)(b)二段階を経た現象として捉えることはできる。その限りでいうと、やっぱり、二つの出来事のつながりそれ自体は知覚されていない、と言えるんじゃないかな。実際、(a)を認識したとしても、なぜ(b)にならなければならないのかは、よく考えると分からないんじゃない。（a）を認識した後で、「だから高い電気を使う感覚を味わってみよう」という願望が出てきてはいけない、ということはないでしょう。わざわざ高いワインを飲む人がいるくらいなんだから（これちょっと嫉妬が入ってるかな……）。

これに対して、（a）と（b）の間に「価格が上がっても電気を今のまま使いつづけると電気代が高くなる、高額な電気代は払いたくない」という隠れた小前提が入っていて、それを考慮すれば、（a）と（b）は強固に結びつく、と反論してものれんに腕押しだね。（a）の認識の後に、（c）「価格が上がっても電気を今のまま使いつづけると電気代が高くなる、高額な電気代は払いたくない」という認識が後続すると決まっているわけじゃあないことは、同様だからです。けれど、（c）は、少なくともその前半部は、（a）から論理的に帰結するのではないか、という反論があるかもしれない。ここは論理的必然性、論理的規範、あるいは数学的ルールという問題が絡んでくる、相当に困難な問題だ。後で論じます。

†ランダム性と規則性

もうひとつ、「ランダム」という概念自体が問題になる。そもそもなぜ「ランダム」な仕方でグループ分けをしなければならないかというと、そうしないと分け方に偏りができてしまう可能性があるからなんだ。たとえば、伊藤の挙げる例で言えば、「エアコン所有数」などが節電意欲に影響を与えると考えられるので、介入グループと比較グループとで、「エアコン所有数」の偏りがあったのではデータも均質にはならない（伊藤二〇一七、六七―七〇頁）。同様な要素、一般に「交絡変数」と呼ばれる、主たる要素以外にデータに影響するであろう要素は多数あるので、それを均質化しなければデータの公正性を獲得できない、というわけだ。

ここで哲学が問うべき問題は、一体全体、「ランダム」って何なんだろう、ということだね。たいていは「乱数表」を使って集団を割り振っていくことになるわけだけど、「乱数表」ってどうやって作るんだろう。実は、この問いそのものが問題含みなんだ。「ランダム」あるいは「乱数」ということで一般に考えられているのは、「でたらめ」(haphazard)、「予測不可能」(unpredictable)、「規則性がない」(irregular)、「偶然的な」(by chance) といった状態のことだ。それは、もう少し厳密に、現代確率論の創始者である、ロシアの数学者コルモゴロフの言い方を使うならば、「圧縮不可能性」(imcompressibility) という状態、だと表現される。だけど、ある特定の状態をまさしく以上のように形容される状態となるように構成するのは、一体どうすれば可能なんだろうか。あるいは、そういう状態であるとどうやって判別するんだろう。

問題は、非常な素朴な直観として、「作る」とか「構成する」という以上、「やり方」があるはずだけど、「やり方」って、ある種の規則性のことじゃないの、っていう疑問がわいてきてしまうことなんだ。

実のところ、「乱数」はコンピュータを使って作ることになるんだけど、厳密に言うと、コンピュータで「乱数」を作ることはできないんだ。なぜなら、ある長さの乱数を作るにはそれと同じ長さの数列をプログラムとして入力しなければならないことになるけど（そうじゃないと圧縮可能となってしまって乱数やランダムの定義に反してしまう）、しかもその数列それ自身も圧縮不可能な乱数でないといけない（そうでないと、やはりできあがる乱数は圧縮可能になってしまう）、かくして、どうあがいても、コンピュータで「乱数」を作ったり判別したりすることはできないことになるんだ（杉田二〇一三参照）。

本当に「ランダム」とか「乱数」というのは、考えはじめるとやっかいで、イギリスとオーストラリアで活躍しているアントニー・イーグルはこれを哲学的に精査していて、「結果ランダム性」（product randomness）と「過程ランダム性」（process randomness）とを分けた上で、確率概念や偶然概念との連関を考察して、「結果ランダム性」の方がより基礎的であること、しかしそうしたランダム性は必ずしも偶然性には還元されないこと、かくして「ランダム性を識別する、いかなる効果的で、正的で、決定的な試験も存在しない」（Eagle 2016, p. 456）と述べてる。

いやいや困りもんだね。ただ、一般的には、それほど理論的に突き詰めることなしに、「疑似ランダム性」（pseudorandomness）という、便宜的な次元でのランダム概念が使用されていて、しかも、「疑似」とはいえ、相応に数学的にも整理された概念が流通しており、それで実用上は何の問題もないわけですけど。

どっちにせよ、「ランダム」という概念は落ち着きが悪いことはどうも否定できないようだね。かりに一定の数列が圧縮可能性がなくてランダムとしか言いようがないとしても、規則性がないと言えるかというと、それは難しいでしょう。2745650928467という数列がもし圧縮不可能でランダムだと感じられたとしても、27456509284672745650928467という規則性の一部だと見なしうることは全否定できるはずもないでしょ。これは後でクリプキについて取り上げるときに触れる論点でもあります。いずれにせよ、圧縮不可能性と不規則性という、ランダムを規定するはずの二つの概念相互がどうも折り合いが悪いように思うんだ。

†隠れた偏り？

それに、電気代上昇と節電の話に戻ると、かりにランダムに介入グループと比較グループとを分けてデータを取って、両グループのエアコン所有数や冷蔵庫所有数などの交絡変数候補の率を調べたら同等だったので、（疑似）ランダム化は正当化される、と論じたとしても、なぜエアコン所有数や冷蔵庫所有数がチェックされるべき交絡変数候補となるのかは、すでに特定の因果関係を先取りしてしまっている感じが否めない。電気代上昇と節電の因果関係を公正な仕方で確証しようとするときに、エアコン所有数が節電に因果的に関わると前提してよいのかどうか、どうももやもやする。

　加えていうと、両グループでいろいろな変数が（疑似）ランダムに均質化されているといっても、もしかしたら、思いもかけない部分で偏りが生じていて、それがデータに影響している、という可能性はどうも直観的に消せないように感じてしまうんだ。たとえば、たまたま、片方のグループの方が中世史愛好家が有意に多いとか、ドイツ滞在経験者が有意に多いとか、哲学好きな人が多いとか、靴のサイズが大きい人が多いとか、そういう可能性はやっぱりあって（普通は調べようとも思わないけど）、それが節電行為にまったく関わりがないとは断言できない、という可能性だね。むろん、真にランダムな分け方ならば（そういうものがあるとして）、そういう変数についても均質化が達成されるだろうと思うけど、疑似ランダムしか適用できないならば、隠れた偏りが生じる可能性は理論的に否定できないと思うんだ。

言っておくけど、私はランダム化比較試験にケチをつけてるわけではまったくないんだよ。哲学者なんかでも、データを無視して、飛躍や憶測や比喩で物を言ったり、データ上での少数の例外的事象を一般化しちゃったりする論者が多いのに辟易《へきえき》しているので、ランダム化比較試験のような、理論的に誠実で透明な手法には諸手を挙げて敬意を表したいと本心から思ってる。それを実行している研究者には頭が下がります。私が論じているのは、単に、根本概念に不可避的に漂うもやもや感、混沌感なんだ。

さらに述べておくと、ランダム化比較試験には、公的に認識されている根本的な弱点がある。これはなにもランダム化比較試験だけに限ったことじゃあなくて、経験的な知識全般に言えることなんだけど、データを取って得られた結論が、他の地域（節電の例だと、北九州以外の地域）でも当てはまるかどうかは、データ解析からは確言できないし、さらに一〇年前とか一〇年後とか、通時的な軸での他地点でも妥当するかも分からないという点だ。この辺り、伊藤は、たいへん真摯な筆致で「外的妥当性の問題」として言挙げしている（伊藤 二〇一七、二四二―二四九頁）。この点は、「帰納」の問題に関わるので、次回のテーマとして話します。

そのほかにも、RCTを実行するに際しての実際上の問題はある。介入グループと比較グループの間で交渉が起こっちゃうような問題だ。因果関係の知識への到達とは、事ほどさように、まことに困難な道のりなんだね。

†浮動的安定

さてさて、ヒュームに戻りましょう。コンピュータのSのキーを押すと窓ガラスを風がたたくという場合と、インターフォンを押すとチャイムが鳴るという場合とで、後者のみを因果的結びつきとして抜き出すためには、原因結果の時空的接近（因果接近）、原因の結果に対する時間的先行（原因先行）、だけでなくて、因果的必然性が必要だ、というのが前回の議論の流れだったたね。この点に関してヒュームは、実にあっさりと、因果関係とされる現象についてどんなに精査しても、因果接近と原因先行の二つだけしか見出すことはできず、これ以上一歩も前に進めない、というんだ（ヒューム 一九四八、一三一頁）。だから、因果的必然性についての直接的な調査は断念して、因果関係のまわりを、もしかしたら何か見つかるかもしれないという希望を抱きつつ、迂回的に探るしかない、っていうんだね（同、一三三頁）。

まあ、この言い方からしてすでに、因果的必然性っていうのは現実世界に実在としてある何かではなくて、私たちの理解の中に現れるだけの、（世界の側の実在ではないという意味で）虚構的な何かだ、というニュアンスが伝わってくるでしょ。これ、すごく衝撃的な議論なんだよ。ドラムをたたくと「必ず」音がする、って思うよね。でも、その「必ず」っていうのは、何か確固とした根拠があるわけじゃないってことだ。まさか、そんな馬鹿な、って思うかな。いつも音がするじゃない、って思うかな。でも、いま言ってるのは、「いまこれから」たたいたときに「必ず」音がするか、っていう問題なんだ。「すでに」出てしまった音は、さしあたり、もはや問題じゃない。次の瞬間が問題なんだ。

私は、この辺りの感覚、よく分かるな。次の瞬間、世界のすべてがどんでん返しのように変化して、自分の体が膨張したり、突然見たこともない星に降り立っていたり、そういうSF的なことが絶対にないとは言えない、っていう感覚ってない？　私はいつもあるよ。瞬きをした瞬間、何もかもなくなってた、っていうような可能性の感覚だ。なんにも根拠なんてない。確固たる基盤なんてない。ふわふわと浮いている感覚。けれども、だ。あるいは、だからこそ、だ。安定している。なぜって、それが自分の生きてきた、生きている世界のあり方だからだ。

自然現象、人為現象、すべては本当に決着したことなんてないんじゃない。いつもふわふわと、どっちつかずに漂ってる。宇宙の膨張、環境の変化、人口減少、生殖の仕方の変容、過去の事件の責任問題、みんなそういう世界のあり方の反映だ。だけど、そういう形で、むしろ安定している。無常に安らいでいる。無常だからこそ、悲しいことやつらいことがあっても、一瞬のことだと観念できるし、嬉しいこと喜ばしいことも、まさしく一瞬のことだからこそ切なく尊いと思える。

そして、痛みや苦しみ、そして喜びやしあわせは、単純に身体的なことだけでなく、就活の成功のような制度的なものも含めて、私たちにとってのまさしくリアリティだ。生の不変的な核だ。たとえいまが夢の世界だとしても、それらがリアルであることは変わらない。苦しいことは苦しいし、嬉しいことは嬉しい。すぐにシャボン玉のようにはかなく消えてしまうような、うたかたの、たまゆらのものだとしても、ね。

だから、リアリティとは、そういう浮動だ。私は前に、こうしたことを「浮動的安定」と呼んだんだったね。覚えているかな。

†恒常的連接と斉一性の原理

じゃあ、ヒュームはそうした浮動的安定をつかまえようとしたんだろうか。因果的必然性の直接的な調査を断念して、因果関係に関する経験の周囲を探索した後、ヒュームは、知らず知らずに新しい関係を発見したと述べるんだ。わくわくするね。それは、「恒常的連接」(constant conjunction)という関係だ。つまりだ、たとえば、ある石を空中で支えなしにする→落下する、別の石を空中で支えなしにする→落下する、さらに別の石を空中で支えなしにする→落下する……っていうように、ある種の出来事と別種の出来事とがいつも相伴っているという経験だ。これを発見した、というんだな。

でも、冷静に言って、ここから「必然的結合」という第三の新しい観念が見出されるわけじゃあない。「恒常的連接」というのは、さしあたり、過去の「である」に属する事実であるにすぎないわけだからね。実際、過去の「である」は未来についての情報をなんら理論的に含意しない、とヒュームは論じてる。そして、過去事実が未来予測に有効になるには、「自然の動きは条件が同じならばつねに同じである」という原理、すなわち「自然の斉一性の原理」(the principle of the uniformity of nature) が要請される、とくる。

いやあ、哲学だね。ヒュームが二〇代の時の議論だけど、こうした論の運びはまさしくプロです。私はアンチ・ヒューミアンだけど、ヒュームの哲学的才能については一も二もなく認めています。

さてさてヒュームは、せっかく斉一性の原理を提起したのに、この原理は理論的には正当化されえないというんだ。まず、この原理を破る事態はいくらでも想像可能だ。だから、斉一性の原理は論理的に成り立ってはいない。論理的に成り立っている主張、たとえば「日本人の女性は日本人である」のような同語反復について、それを破る事態、つまり反例は想像できないよね。いや想像できるって。日本人の女性でも英語がうますぎる人がときどきいるよ、って。まあ、その種の反論は決して無意味ではなく、「論理的」ということへの反省材料にはなりうるんだけど、いまは措《お》きましょう。ともかく、同語反復は否定されえない。

じゃ、経験的に斉一性の原理が獲得されるかっていうと、それもダメだ。なぜって、経験的に知識を導き出すのって、どうやるのか考えてみて。それは、あるときにaならばbだった、別のときにもaならばbだった、さらに別のときにもaならばbだった……だからいつでもaならばbだろう、っていう具合だとさしあたり想定しよう(本当は経験的知識のプロセスはこんなに単純じゃないけど、いまはヒュームの論に沿いましょう)。

なにか気づくかな。そう、こういう経験的知識の獲得の仕方っていうのは、自然の動きはつねに同じだ、っていう前提のもとに成り立っているね。あれ、その前提って、斉一性の原理じゃないの。その通り。ということは、斉一性の原理を経験的知識として獲得しようとするのって、論点先取になっちゃってるんだ。つまりね、斉一性の原理を経験的に獲得するっていうのは、「あるときに斉一性の原理が成り立っていた、別のときにも斉一性の原理が成り立っていた、さらに別のときにも斉一性の原理が成り立っていた……よって斉一性の原理はつねに成り立ってる」っていう論証をしようっていうことで、この論証自体が斉一性の原理を前提しているので斉一性の原理を導く論証にはならない、ってことだな。

ヒュームは、このことを「同じ原理が他の原理の原因であると同時に結果であることは不可能である」（同、一五一頁）と表現してるね。AさんとBさんはいとこ同士なので似ている。なぜ似ているかと言えば、いとこ同士だからである。これとおんなじような論法になっちゃってるということだね。

†因果関係はクセになる

じゃあ、どうなるんだろうか。恒常的連接という過去の事実から未来にまでわたる因果的必然性を理論的に導けないけれど、現に因果的必然性を感覚している感じがするならば、それは理論の問題ではなくて、想像（imagination）の問題なんだ、というのがヒュームの論じ方だ。つまりね、先の例をもう一度使うと、私たちが「石を空中で支えなしにする」と「石が落下する」という二つの事象の恒常的連接の経験をすると、私たちは、連接していた一方の側の現象を知覚したときに、他方の側の現象の知覚を想像してしまう、ということなんだ。いままさに手に持っている石を離そうとしていると想定してみて。そのとき、おのずと、ああ落ちちゃうな、って思うでしょ。落下をまだ知覚してないのに、そう明確に想像しちゃうでしょ。逆も言える。石が落下してくるのを見たら、その上で石が支えなしの状態になったんだな、とまず間違いなく思うはずだ。

ヒュームはこのことを「習慣」(custom) という言葉でも表現してるね。要するに、私たちが恒常的連接の経験をすると、私たちの心の中に、一方の側の現象を知覚したときに、他方の側の現象を想像する習慣ができる。つまり、そういう「クセ」ができてしまう。これは強力なクセなので、逆らえない。いわば強制的に、そう想像するよう決定づけられる。そして、こうした習慣の力はものすごく強いので、想像される内容も力強い生き生きとしたものになる。ヒュームはこれを「信念」(belief) と呼んだ。

つまりこういうことだ。恒常的連接の経験をすると、一方を知覚したときに他方を生き生きと思う信念を抱くクセができてしまう、と。そして、こうした「クセによって決定づけられてしまう」という、私たちの心の中に生じる感覚、ヒュームは感覚ではなくて印象という言い方をするんだけど、この印象、いわば強制感、これこそが「必然的結合」という観念の正体なのだ、と論じ及ぶんだ(同、二四二頁)。ひょー、なんだか、推理小説の最後に真犯人が暴かれるみたいだね。痛快だよ、まったく。

†ヒュームとカント

以上のような、恒常的連接に基づく強制感としての因果関係の理解は、とりわけ、恒常的連接に力点を置く見方は、一般に「因果の規則性説」(the regularity theory of causation)と呼ばれてる。かなり強力な議論だし、ヒュームの名前を哲学史に燦然《さんぜん》と輝くように銘記させた最大の功績だ。そして、まことに衝撃的な議論だ。

前にも名前を挙げたドイツのカントは、ニュートン力学の成果を大層尊敬していて、それによって世界の実際のあり方が解き明かされたと理解していた。けれど、ヒュームの議論を受け入れちゃうと、ニュートン力学に則って解明される自然の法則性の大部分が、私たちの思考の「クセ」にすぎない、ってことになっちゃう。ええ、そんなばかな。自然科学が解き明かしたものは、客観的妥当性(いやあ哲学っぽい言い方だな!)をもつものであらねばならないのじゃないか。これを「カントにおけるヒューム問題」といいます。

カントは、結局、前にも触れた「コペルニクス的転回」の発想に沿って、因果的必然性を含むところの、私たちの悟性のカテゴリーという、一種のメガネのような媒介を介することによって、つまり、いわばカテゴリーという網を、それだけでは理解不可能な、裸の世界へと投げかけることによって、理解可能な世界という現象が現れてくるのだから、そもそも私たちが理解している世界の現象が因果的必然性をまとっていることはアプリオリに(経験によって確かめる必要なしに)正しいのだ、と論じたんだ。すごいねえ。壮大だねえ。

ただ、問題は、その、悟性のカテゴリーをどうやって導いて正当化できるか、ということになるね。カテゴリーの演繹、っていう作業だ。結局カントは生涯、このカテゴリーの演繹に頭を悩ませることになる。そしてたぶん、成功に至らずに亡くなってしまった。私の先生の一人の廣松渉《ひろまつわたる》は、この点を指して、「哲学はヒュームのところで袋小路に陥ってしまって、いまもそこから抜け切れていない」と評したんだよ。懐かしいな。熊野純彦《すみひこ》と並んで座って、必死にノートを取って廣松の講義を聴いていたことを想い出すよ。いずれにせよ、カントは、バークリ、ヒュームと、よほどイギリスの哲学者にたたられる宿命だったんだな。

†立ち上がる疑問

しかし、たとえカントのような壮大なポスト・ヒュームの議論が成功しなかったとしても（カント研究者の中にはむろん成功したと捉えている人はたくさんいるでしょうが）、ヒュームの議論が盤石なわけじゃあない。むしろ、問題含み、問題のオンパレードだ、というべきだね。

一つ根本的な問題は、ヒュームが問題にした因果的「必然性」っていうのは、私が以前に展開した議論に従う限り、まずもって、これこれの事象が発生したらこれこれの事象が引き起こされると考える「べき」だ、という規範性の領域に入るはず、少なくとも「べき」の領域と連関するはずなんだけど、ヒュームの解答っていうのは、私たちが心理的に感じるクセの強制感という、濃密に「である」の領域に属する事実にのっとっている点だな。

実際ヒュームは、「である」の領域に考察を自覚的に限定していて、「べき」の世界に飛躍しないようにしていると考えられる。「is」と「ought to」を混同しないようにしなければならない、という議論をヒューム自身展開していて、それは一般に「ヒュームの法則」(Hume's Law) と呼ばれているんだ(ヒューム 一九五二、三三一三四頁)。

でも、それじゃあ、「必然性」の話はできないんじゃあないかな。「必然性」は根本的に「ought to」という規範性と結び合っているんじゃないかな。だったら、ヒュームの議論って、根本的に間違ってない? 変だよね。

ていうか、問題はもっと深い。つまり、たとえクセの強制感があっても、それに反することが発生することはいくらでも想像できちゃう。石が空中で支えなしになったとき、上昇してしまうなんてことは、いくらでも想像できる。ということは、石が「必ず」落下する、っていうのはそもそも成り立っていないんじゃあないかな。つまりだ、因果的必然性を、因果性の究極の基準として持ち出すという、ヒュームの基本的な問題設定がそもそもおかしいんじゃないかな。実は、覚えていると思うけど、因果的「必然性」という捉え方が問題含みであることは、喫煙と肺がんの例で、すでに何度か言及した点です。これは本当に大事なことなので、何度も蒸し返すよ。

†破綻しゆく恒常的連接

まだまだある。たとえば、恒常的連接っていうけど、一回こっきりの現象だって私たちは因果的に理解することがあるんじゃない？　連れが、名も知らない草を食べたら、突然具合が悪くなって泡を吹き出したとしてみよう。まあ、普通、草なんか食べないけど、犬や馬がうまそうに道草を食っているのを見ると、食べてみたいと思ったことはある。ごほん、変人だと思わないでね。まあともかく、そう想定しよう。これって一回こっきりの出来事でしょ。恒常的連接をなすほど繰り返し見てきたはずがない。でも、こういう状況だったら、草が毒物で、それが原因で具合が悪くなったんだって、間違いなく思う。こういうことって、いっぱいあります。これをヒュームはどう説明するんだろうか。

たぶん、恒常的連接をなしている具体的な事象が一般化されて適用されている、あるいは、毒物という一般的概念の理解を援用して因果関係を理解する、というようにするんでしょうね。悪いものを口にすると具合が悪くなる、っていう一般化だね。実際ヒュームは

「一般規則」というのを持ち出して、自分の議論をまとめている（ヒューム 一九四八、二六六―二七〇頁）。でも、そこのまとめもやはり「恒常的連接」を根幹としているので、本当に一回こっきりの因果関係についてはあまり主題とされていないと言えるかな。

たぶん、本当に一回こっきりの事象については因果関係は語れない、というのがヒュームの議論の本筋なんでしょう。ただ、そうだとすると、もしかしたら、私たちの適用している因果概念とは違うものをヒュームは論じているということなのかもしれないね。

それともう一つ、次回の話で触れるつもりの話題だけど、ヒュームの議論は、何もないこと、つまり「不在」が、因果関係の項になる場合のことをまったく説明できない。不況に陥っているのに政府が何もせず、国家が破産しちゃった、なんてときが例になる。このとき破産の原因は、普通は、政府が何もしなかったことだと理解される。

でも、そういう原因指定を、恒常的連接に基づかせることはとても難しい。一つには、何と何が連接しているのか、そもそも指定しにくい。第二に、理論的には、政府が無策でも、有能かつ富裕な同盟国が手を差し伸べてくれれば破産しなかったんだから、同盟国が何もしなかったことが原因だともいえてしまうけど、ヒュームの議論ではそういう問題を処理できるような概念装置が備わっていないね。正直、私は、因果関係の解明としての恒常的連接っていう話は破綻していると思うよ。

けれども、ヒュームの因果論最大の問題が実はまだ控えているんだ。そもそもヒュームの因果論って、ちょっと奇妙な構造になってたことに気づいた人はいるかな。石を放す↓落下する、という因果関係って、当たり前だけど、石が放されたという事象と落下するという事象との間の関係だよね。でも、ヒュームの場合、この因果関係が確立する決定的契機は、その二つの事象を知覚している人の心の中の強制感にあったわけだ。つまり、因果関係の核心が、原因結果とされている事象の外側の、それを知覚している人にある、っていう議論なんだ。あれ、なんか変、て思わないかな。因果関係というものが、本来の場所の外側にはじき出されているっていうのかな。さらに、その強制感のもとで特定の対象を思う信念が発生してくる、というのがヒューム因果論の骨子だった。

だとすると、疑問はさらに広がる。恒常的連接の経験から信念が発生してくるって、それも因果関係なんじゃないの。だとしたら、ヒュームの議論って、どういう構造になってるんだろう。まず、石を放すことと石が落下することとの間に因果関係が申し立てられる。これは基本だね。でも、そういう因果関係が成立するためには、石を放すことと石が落下することとの恒常的連接と、その二つの事象のうちの片方の（現前していない方の）事象

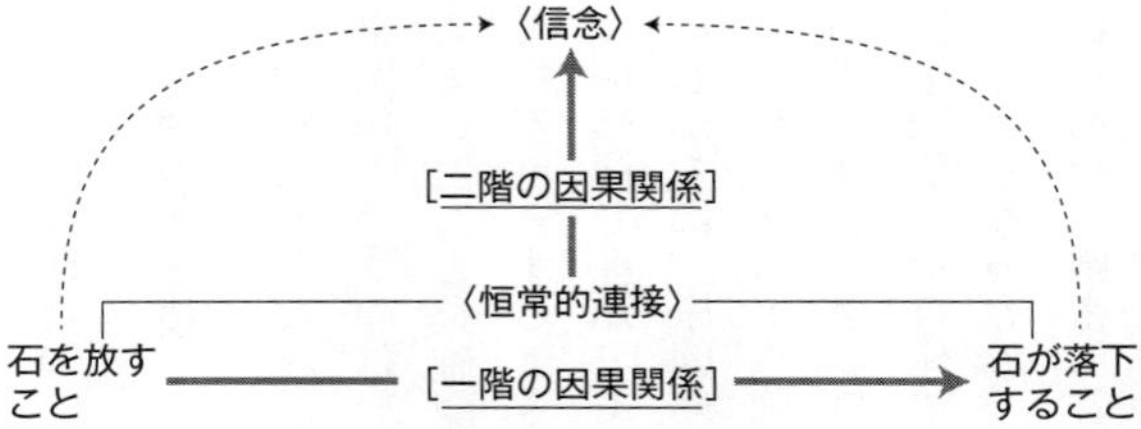

図４

を強く思ってしまう信念との間の、別の因果関係が組み込まれていなければならない。いわば、石を放すことと石が落下することとの因果関係を「一階の因果関係」と呼ぶとするなら、「二階の因果関係」、それが組み込まれていなければならないということだ。図示してみよう（図４）。太線矢印が因果関係だ。

実際、ヒューム自身の議論がこの構造を支持しているんだ。こんな風にその事情を吐露している。「この事柄全体において、現在の対象、そしてわれわれがその対象と連接させるのに慣れていた他の対象の観念への習慣的移行とを除くならば、そうした強力な想念の原因となるものはほかに一体何があるというのか」（ヒューム二〇〇四、四九頁）。ここで原因と言われているのは、恒常的連接・習慣的移行だね。じゃあ、結果となるものは何かな。信念だね。押さえてほしいのは、ここで言われている因果関係って、石を放すことと石が落下することのような、対象的な事象間の関係ではない、っていう点だな。少なくとも、ここでいう因果関係の原因は、対象ではなくて、恒常的連接という事態なので、石を放すこと→石が落下すること、とは異なることは明らかだ。で、それが何の問題なの、っていう突っ込みがありそうだね。

†因果的超越の暗闇

問題大ありなんだ。大事な点なので、丁寧に説明していきますよ。まずヒュームが、因果関係というのはいかなるものに関しても適用できる関係性であり、一種類しかないと考えていたことを確認したい。「外的存在にせよ内的存在にせよ、原因又は結果と考えることを不可とするような存在は一つとしてない」（ヒューム 一九四八、一二八頁）。「すべての原因は同じ種類である」（同、二六三頁）。

しかるに、原因結果の関係は、ヒュームの場合、徹頭徹尾、恒常的連接に基づくものだったね。そこから強制感という意味での因果的必然性が生まれ、信念がはぐくまれ、因果関係の理解に至るのだった。しかも、そういう恒常的連接から因果的必然性に至る経験は、因果関係の項自体ではなく、それを知覚する別主体の中に生成するんだった。実際ヒュームはこう言ってる。「物質についてであれ心についてであれ、なんらかの作用の必然性というのは、厳密に言うなら、その作用主体の性質なのではなくて、その作用を考察しうるなんらかの思考する、つまりは知的な存在者の性質なのである」（ヒューム二〇〇四、一六

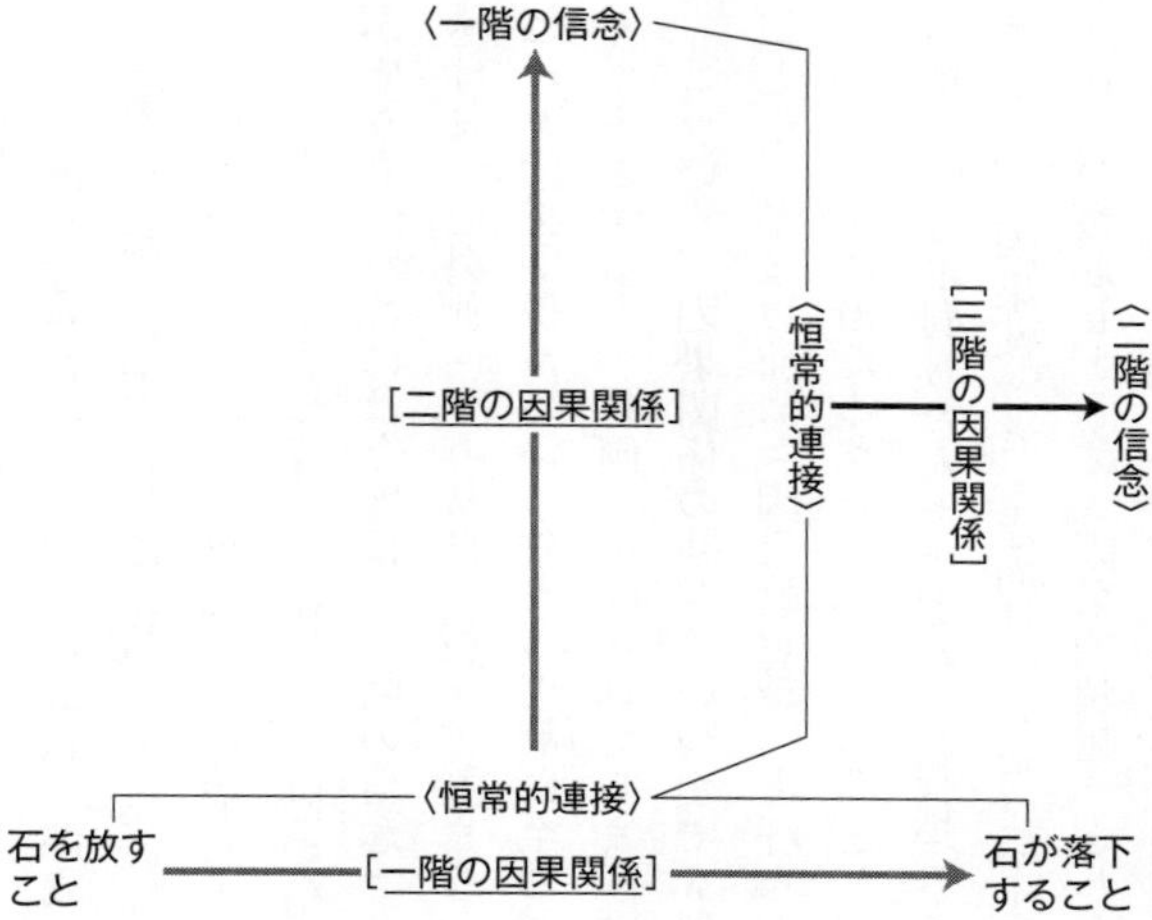

図5

二頁)。

ということは、図4でいう「二階の因果関係」もまた、それを知覚する別の外側の主体の、恒常的連接の経験に基づく、いわば「二階の信念」として成立しているということになるね。つまりだ、「三階の因果関係」が成立していなければならないということだ。またまた図示してみよう(図5)。

もう分かるね。こうして、「一階の因果関係」を理解するっていうことは、二階の、そして三階の、さらには四階の、五階のと、無限に続く「高階の因果性」が成立していないと決着しないということになるわけだ。「信念」が生まれてはじめて、因果関係が成立するわけだから、

「一階の因果関係」が成り立つためには「二階の因果関係」を通じて「一階の信念」が生まれなければならず、「一階の信念」が成立するためには「三階の因果関係」を通じて「二階の信念」が生まれなければならない等々、ということだね。

言い方を換えれば、因果関係を理解しようとすると、いつも理解の根拠が、(原因結果とされている事象) 全体の外側に「一階の信念」が生まれなければならず、「一階の信念」が成り立つためには今度は「二階の信念」が生まれなければならず、というように、いつもするっと外側へすり抜けて行ってしまうってことだ。ということは、私たちは、いつも、これが因果関係だという確たる理解に至ることは決してできない、ということだ。つかまえようとすると、外側に逃げられてしまう。

こういう、因果関係の基盤にいつまでも到達せずに、外側へ外側へと逃げていく様子のことを、私は以前に「因果的超越」と呼んだんだ。まあ、オーストリアの哲学者でフッサールの師匠に当たるブレンターノの語として有名な「志向的内在」という用語、それと対比的にそう名付けたんだけどね。「超越」と「内在」は伝統的な対比だし、以前も触れたように、「因果性」と「志向性」も哲学でよく出てくるコントラストだ。だから、「志向的内在」の裏返しとして「因果的超越」としたんだよ。

いずれにせよ、つまり、ヒュームの因果論は、こうした「因果的超越」の様相に陥る理論であって、それはつまり、私たちが世界に対面しているときに、本質的にいつも不安定にならざるをえない、そういう暗闇に置かれる、ということを意味すると思う。いってみるなら、世界は不安で充満している、というような見方ですね。

ヒュームは、因果関係を核とする世界理解のことを「宇宙のセメント」（ヒューム二〇〇四、一六一頁）と呼んで、その決定的な不可欠性を言い立てている。だとしたら、因果関係がいつまでも決着しない以上、私たちは宿命的につねにふわふわと不安定な状態に居続けさせられるってことだ。キルケゴールやハイデガーだったらいいかもしれないけど、私はこういう世界を不安が取り巻く混沌と見なすような考えは受け入れられない。私の出発点である「浮動的安定」とは決定的に対立する見方だからだ。

私の生活実感からすると、たとえ瞬間的ですぐに浮動的に揺れ動くのだとしても、安定感と安寧を感じるときが確かにあるよ。犬と触れあっているときなど、その最たる瞬間だ。おそらく、そういう生活実感を捉えきれなくなっちゃうのは、恒常的連接に因果関係理解の根拠を求めるというヒュームの論立てそのものが、無理にかつ恣意的に選択された不自然なやり方だったからなんじゃあないかと、私は疑っている。つまりだ、ヒュームが（たぶん自覚的にではなく事実上）提示した「因果的超越」というあり方は、私が前に「浮動的安定」に対する様相として言及した「選択的不自然」の一例になってるんじゃないかと思ってるんだよ。そういう意味で私は、根本的にアンチ・ヒューミアンであって、ヒュームの洞察と哲学的天才を認めつつも、ヒューム哲学に全面的に同意することはできないんだ。ただ、もしかしたらヒュームは、こういう不自然な不安定性をこっそりと含意させる、ということを意図的にしていたのかもしれない。そうすることで、因果関係の理解に重大な謎があることを、いわば暗号として忍ばせたのかな。だとしたら、まさしく策士だね。「皮肉屋ヒューム」(ironic Hume) という呼び方があるけれど、本当にその称号にふさわしいことになるかもしれないな。まあ、今日はこのくらいにしておこう。

【質疑応答の時間】

シッテルン博士「ごめんごめん、長広舌になっちゃったな。でもね、因果論ていうのは哲学の核心中の核心だ。なにしろ、認識にも倫理にも深く関わっていて、それでいて、神が世界を創造するなんていう場面にもしかしたら源泉をもつかもしれない問題系で、そういう意味で形而上学にも関わってる。因果性は哲学的問題の王様みたいなもんだね」

ベッキーさん「先生、私はランダム化比較試験の話がとてもおもしろかったです。とくに、「ランダム性」をコンピュータなんかで規則的に作り出すことはある種の語義矛盾で、原理的にできない、という話はとても印象的だったし、納得しました。ただ、そういう議論を聞いていて疑問に思ったのは、そもそも「不規則性」っていうのは空虚な概念なんじゃないかってことなんです。これが不規則性だとした途端に、何らかの規則性を見て取っていることになっちゃうように思うんです。だとしたら、そもそも不規則性なんて、意味をなさない概念だということになっちゃうんじゃないかって」

シッテルン博士「ベッキーさん、相変わらずいいとこ突いてくるね。ものすごくいい質問だよ。これはおそらく、「否定」ということがどういうことかっていう、普遍的な問題に関わっているね。たとえば、「無限」だ。「有限」を否定したものが「無限」だけれど、「無限」は対象として表象できないよね。あるいは、「現在」でも「過去」でもない、として規定される「未来」だ。未来は文字通り「未だ来てない」という否定概念だよね。でも、未来を対象として表象することはできない。表象できた途端に「現在」になってしまうからだ。要するにこうだね、全体に関わる性質を「否定」するっていうのは、定義的に表象したり想像したりできないことであって、そもそもそんなことが有意味に成り立つのか、っていう疑問だね、ベッキーさんの疑問は。

私は二つの答え方があると思うよ。一つは、「不規則性」とか「無限」とか「未来」とかの、そしてたぶん「不可能性」や「無」や「不在」も入ると思うけど、そういう本質的に否定的な概念は、真には空虚で無意味だ、として拒絶してしまうという考え方だ。

もう一つは、表象可能性とか想像可能性とかを判定基準にすること自体を止めて、「不規則性」、「無限性」、「未来」、「不可能性」のような概念は、表象できなくても、イメージできなくても、別の意義のもとで有意味に成立している、って考えるやり方だ。私は、どう考えても、二番目の考え方の方に分があると思うけどね。

ただ、「別の意義のもとで」っていったとき、どういう意義のもとなのかということが当然問題になる。ここで展開するほど煮詰まってないんだけど、あえて言えば、そういう本質的に否定的な概念や語が持つ響き、そしてその響きが誘導する空白感とでもいおうか、ああどうしてもつかめない、ていう真っ白な感覚、その真っ白さに立ちすくむ感覚、そういうものがそういう否定的な概念にはつきまとっているって感じるんだ。まあ、ともかく、なんらかの圧力を伴う概念として現に生きてる、っていうことだね。たぶん、「死」なんかも同類だと思うよ。死体は知覚できても、「死」そのものはなんだか分からない。真っ白だ。それでも「死」は、強い圧力をかけてくるものでしょ。「不規則性」もそうなんじゃないかな。突き詰めて考えると、なんだか分からない。真っ白だ。でも、規則性がない、っていう言葉が持つ響きには、なにかおののきを感じざるをえないんじゃないかな。いやいや、どうも、まだ言葉が足りなくてもどかしいんだけど。まあ、いのまところは、こんな感じだ」

デアール君「先生がアンチ・ヒューミアンだとしていることの意味が少し分かって、おもしろかったです。かなり大がかりな議論構成のもとで、アンチ・ヒューミアンと自称しているわけなんですね。ただ、ということは、有機体の哲学の立場から「因果的効果性」の概念を提示したホワイトヘッドの立場、先生が以前言及していたヒュームとは発想を異にする立場ですけど、そのホワイトヘッドの立場に賛同する、ということなんでしょうか」

シッテルン博士「的を射た質問だね。正直、ちょっとドキッとした。部分的に図星のところがあるように思うからだ。たしかに、私の見方は、因果関係の理解を経験を積み重ねて獲得していく、というヒューム的発想は薄くて、どちらかというと、私たちの世界理解そのものに最初から因果関係理解が込みになっている、というホワイトヘッド的見方に親和的だと思うよ。ただ、ホワイトヘッドの見方は、あくまでも有機体の哲学の立場が基になっていて、その意味で、身体的・生理的な次元が重視されてるね。私はそうではなくて、もっとノモス的・規範的な契機というか、それは典型的には言語使用なんだけど、そういう要素との兼ね合いで因果関係理解が生成してくる、って考えているんだ。

飛行機の整備士が点検を怠って、その飛行機が事故を起こしたとき、因果関係はものすごく多様に考えられるでしょ。飛行機の部品間のメカニカルな作用に原因を見取ることもできるし、飛行機整備会社の規律の不適切性とか、その整備士の生理的状態とかに原因を求めても理論的にはまったく正当だよね。それらの条件がなければ、事故は起こらなかったと推定されるとしたらね。でも、私たちは普通、飛行機の整備士の点検ミスに原因を求める。そこに、なんらかのノモス的な取捨選択基準が介在してるって、私は考えてる。

むろん、そうした因果関係理解が立ち上がる前提として、事故を起こした、っていう事実の認定が必要なんだけどね。そういう意味で、因果関係に代表される世界のきまりっていうのは、ピュシス的なものとノモス的なものとの、つまりは「である」と「べき」との、絶妙な絡み合いなんじゃないかな」

第4話　確率から条件分析へ

†決定論の登場

前回は、私のアンチ・ヒューミアンの立場について話したね。うまく伝わったことを祈ってるよ。ただね、私はアンチ・ヒューミアンだといっても、ヒュームが示した、因果関係はない、っていう洞察には大いに感じ入ってるんだ。だけどね、なんでヒュームは、そこまで見取っておきながら、「因果的必然性」なんてことを持ち出したんだろうね。そこが不思議だ。ないんだったら、まして必然性なんかとは因果関係は無縁だとするところだと思うんだけどね。

こういうヒュームの考え方の大もとには、いわゆる「決定論」(determinism) の見方があるんだ。決定論っていうのは、大まかに言って、「すべての事象は、宇宙開闢《かいびゃく》以来、そのように必然的に起こるようにすでに決定されていた」という考え方だ。アメリカの哲学者リチャード・テイラーの教科書から、もっと精確な定義を引いておこう。「すべての存在するものに関して、それらが存在として与えられている以上、ほかのように存在することはできないとする先行的条件が、現に認知されているかどうかにかかわらず、存在する。これが、決定論という形而上学的テーゼについての厳密な言い方である。もっと緩やかにいうと、決定論の言明とは、すべての原因を含む万物は、なにかの原因または諸原因の結果である、すなわち万物は単に決定されているだけでなく、因果的に決定されているのである。その上、この言明は、時間に対する斟酌《しんしゃく》はない。過去だろうと未来だろうと、妥当する」（Taylor 1992, p. 36）。

このことは、逆に言うと、偶然性などというものは、この世界には真には存在しないのであって、偶然に見えるものは私たちが必然的なメカニズムに無知だということの言い換えにすぎない、ということになるね。

†決定論は信仰？

実際ヒュームは、こう明言している。「いかなるものもその存在の原因なしに存在することはできないこと、そして、偶然性というのは、厳密に吟味されたときには、単なる消極的な言葉であって、自然界のどこかに存在する何らかの実在的な力を意味することはないこと、これらは普遍的に承認されている」（ヒューム 二〇〇四、八四頁）。

みんな、これ正しいと思うかな。私の意見を言っていいですか。これって、断言してるんだったら、傲慢だよね。すべてが決定されているなんて、なんで分かるの。しかも、未来にわたってそれが妥当すると、神ならぬ生身の人間が断定するなんて、正気ですかって言いたくなる。決定されているように見えないのは無知だからって言うんだったら、私たち人間は、未来のことに対して無知なんじゃないの。未来に決定論が妥当するなんて、そんなことを言えるという自信はどこから来るんだろう。実をいうと、過去とは違って、未来に関しては何が起ころうと反則じゃない、とヒューム自身示唆しているんだ（同、三一頁）。だったらなおさら、未来にまでわたる決定論なんて、なんで断定できるんだろう。

結局決定論っていうのは、なにか根拠があるわけじゃなくて、一つの世界観、もっと言えば一種の信仰なんだよね。言っちゃえば、テイラーがいみじくも見越しているように、形而上学的立場なんだよね。形而上学っていうのは、つまり、経験を超えた学問のことで、神の存在とか魂の不滅とか自由意志とかを論じる領域だ。だけど、ヒュームは、形而上学を忌み嫌った人として有名だ。形而上学の本など火に投ぜよ、とまで言ってる（同、一五四頁。ただし、私自身は形而上学という領域そのものの価値はかなり肯定的に見てるよ、念のため)。

どうも、この辺り、私はヒュームを読んでると戸惑っちゃうんだよ。恒常的連接が因果的超越をもたらすという点では、私の立場である「浮動的安定」の安定性は欠いているとしても、浮動性というところには対応してるかなって思ってたのに、決定論のところでは不可思議な安定性を打ち出して、逆に、浮動性が欠けちゃってる。悪いけど、私はヒュームにはちょっとついていけないように、どうしても感じてしまうんだ。次の瞬間に、法則的必然性(んなものがあるとして)から完全に外れたことが起こるかもしれないっていう、骨の髄からの感覚が私にはあるせいかな。ヒューム研究はいま世界的に盛んなので、ぜひ、私の戸惑いを解いてくれるような研究を期待しているよ。

†決定論的誤謬

私が思うに、これまでも別の箇所で述べてきたことなんだけど、人が決定論に簡単に乗ってしまう事情があるように思うんだ。それはシンプルな誤解に基づくので、私は「決定論的誤謬《ごびゅう》」(deterministic fallacy)と呼んでいる。それは三段階からなると私はにらんでいるんだ。第一は過去の出来事に関する次の命題だね。

（1）起こってしまったすべての事柄はすでに確定してしまっている。

この命題は、過去の「確定性」（fixity）という事態についての命題だね。簡単に言えば、起こっちゃったことはもう確定しているので変えられない、っていう意味だ。本当はこれにも疑問を差しはさむ余地があるんだけど、まあ、ここまでは大筋認められるでしょう。普通に考えて、過去は変えられないもんね。けれども、これが誤解を誘引してしまう。過去の出来事が確定しているということは、それらの出来事が決定されていたということとは違うんだけど、「確定性」と「決定性」（determinacy）とは外面的にとても似ているので、その混同が起こってしまうんじゃないかな。

サイコロを振って5が出たとしましょう。5が出たということは確定してしまったよね。でも、冷静に考えれば、5が出たというのは確率的なことであって、サイコロを振る前から必然的に決定されていたというように私たちは考えていないでしょう。単に、六分の一の確率の事象が実現しただけだ、と。でも、確定したことなので、決定されていたことと結果的に変わらないようにも見えちゃう。いや、5が出ることも偶然的ではなく決定論的に決まっていたんだ、と論じる人もいるけど、それだと、さっき見たような独断的な決定論信仰になるだけで、話は平行線だね。

まずは、サイコロの目の出方は、数学の教科書に載っているように、確率的な事象だと常識的に想定しましょう。しかし、過去の確定性と決定性は似ているので（別のありようにすることができないという点で）、すると次のような考えが誘導されがちだ。

（2）起こってしまったすべての事柄は決定されてしまっていた。

そして、ここから、なぜか、次のような無時制的な（そして結局は現在形の）一般化がなされてしまうんじゃないだろうか。

（3）すべての事柄は決定されてしまっている。

こうして「決定論」は誕生するんじゃないだろうか。この場合、かりに（1）を確認した時点に視点を置き戻して、振り返って（3）を論じるような後の時点を再び眺め返すと、（1）から（3）まではすでに過去になってしまって確定しているのに、（1）の時点からすると（3）は（本当は現在だけど）未来に当たるので、なおさら、過去のみならず未来に対しても確定性が、つまりは決定性が、当てはまるように感じられるんじゃないかと思う

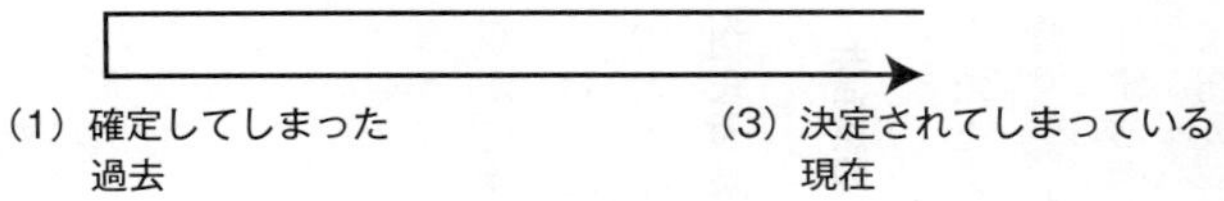

図6

んだ。私はこれを別の箇所で「ブーメラン決定論」と呼んだんだけどね。図6みたいな感じかな。

かくして、無時制的な決定論が出現してしまう。しかし、これは確定性と決定性を混同した誤謬だ、というのが私の理解です。

†確率的因果の考え方

では、それじゃあ、決定論から離れた因果性理解ってのはあるんだろうか。あるんだな、これが。喫煙が肺がんの原因になる、という、何度も出した例に戻ってみよう。これはどういう意味だろうか。これも何度も確認したことだけど、喫煙をすると「必ず」肺がんになる、という意味じゃあないよね。九〇歳を超えてもタバコを吸いながら元気に農作業をしているおじいさんがいても、まったく不思議じゃないしね。じゃあ、どういう意味なんだろう。ごくごく常識的に考えて、喫煙をすると肺がんにかかりやすくなる、ということだと理解できるね。言い方を換えると、喫煙をすると、喫煙をしない場合に比べて、肺がんにかかる確率が上昇する、ってことだ。

一般にこうした観点から捉えられる因果関係を「確率的因果」(probabilistic causality)と呼ぶ。一番ベーシックな定式化（P式と呼ぼう）は次のようだ。

［P式］ P(E|C)>P(E|〜C)

つまり、Cが発生したという条件のもとでEが発生する「条件つき確率」(P(E|C))が、Cが発生していないという条件のもとでEが発生する「条件つき確率」(P(E|〜C))よりも高い場合に、「さしあたり」CはEの原因であると推定される、という考え方だ。ここで大事なのは「さしあたり」っていう点だね。だって、この式に当てはまるだけじゃあ、到底因果関係だと断定はできないからね。

†共通原因

たとえば、私がよく挙げる例なんだけど、電車の運転士が電車好きの四歳の息子を（内緒でね。本当はやっちゃダメだよ）運転台に連れて行ったとしよう。お父さんがレバーを操作する。息子は背が小さくて操縦台がよく見えないし、レバーを操作することの意味がよく分かってないとしましょう。お父さんが操作をすると、息子のほほにかすかな風が当たる。そしたら、電車が動き出す。それが何度も繰り返されるとしよう。むろん、お父さんが耳を掻《か》くときも手を動かすので、かすかな風が当たるし、そのときは別に電車は動き出さない。お父さんが頭を掻くときもね。つまり、恒常的連接はない。ここポイントね。だけど、少なくとも息子の理解の中では、風が当たるときの方が、風が当たらないときよりも、圧倒的に電車が動き出す場合が多いとしましょう。十分に想定可能な状況だね。

　すると、Aを「かすかな風が起こる」、Eを「電車が動き出す」とおくと、

$$P(E|A)>P(E|\sim A)$$

が成り立ってるわけだね。ええっ。だとすると、さっきのP式そのものじゃん。ということは、「かすかな風が起こる」ことが「電車が動き出す」ことの原因になるってことだ。こりゃおかしい。かすかな風が発生して、それが電車を動かすなんて、魔法じゃあるまいし。だからP式はそのままで原因を確定できる訳じゃあないことが分かるね。この場合、実は、「レバーを操作する」ことが、一方で「かすかな風が起こる」を引き起こし、他方で「電車が動き出す」も引き起こしている、と考えるのが常識だ。つまり、図7だ。

　運転士の息子が経験した、風が当たると電車が動き出す、っていうのは（点線部分）、

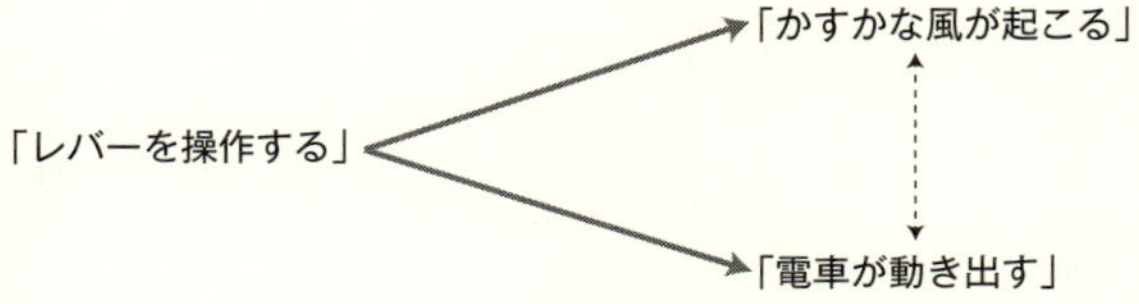

図7

因果関係ではなくて、単なる「相関関係」と呼ばれる関係だったんだ。因果関係は、太線の部分にある。この場合、「レバーの操作」は、「風の生起」と「電車の発車」との「共通原因」とよばれる。別な言い方をすると、確率的因果の議論では、多くの条件のもとでデータを取ることに基づいて、「電車の発車」にとって「風の生起」は「にせの原因」と呼ばれることもあり、「レバーの操作」という「真の原因」は、「電車の発車」という結果から、「風の生起」という「にせの原因」を「スクリーン・オフ」すると記述されたりするんだよ（一ノ瀬二〇〇一、二〇四頁）。

ちなみに付け加えておけば、ヒュームの規則性説でも、この共通原因の問題は発生するね。ただ、ヒュームの議論からは、恒常的連接が成り立つ限り、これを解決する妙案は引き出しにくい。その点、確率的因果の議論は、ともかくもこれを解消しようとする方向性は出している。しかも、決定論という、とんでもない前提をとっていないという点でも、確率的因果はヒュームの規則性説より説得力があるんじゃないだろうか。

†「真の原因」の謎

でもねえ、この「確率的因果」の議論にも、ちょっとあやしいところがある。いま太線部分の発端を「真の原因」と述べたけど、それってどうして分かるの、っていう疑問が出てしかるべきだよね。もしかして、太線の部分もまた、その根拠はP式にあるんじゃない？　確かに、恒常的連接はないわな。だって、メカニックっていうのは故障することがあったり、そもそも停電したりすることがあって、レバーを操作しても電車が動かないことはあるわけだから。だったら、太線自体もP式によるしかないことになる。うーん、なんかあやしいな。もしかして、「レバーの操作」と「電車の発車」も実は、なにか別の共通原因の二つの結果で、単なる相関関係にすぎない、なんて可能性はないんだろうか。これが、あるんだな、そういう可能性が。

たとえば、運転士さんは、どこかのランプが点いたのを合図と捉えてレバーを操作しているとしましょう。十分ありうるね。しかし、実は、電車運行全体を統括している集中制御室で電車の発車はすべてコントロールしていて、この電車の発車を促すスイッチを押すと運転士のところでランプが点く、っていう風になっているかもしれない。少なくとも、そんな風に考える余地がある。だとしたら、集中制御室で電車の発車スイッチを押したことによって、運転台のランプ点灯を介して、レバーが引かれるけど、実はレバーとは無関係に電車が動く、という次第になっていると考えられるわけだ。

むろん、別にこうでなくてもいい。実は見えない神様がいて、レバーを操作するという意志を運転士に起こさせると同時に、電車を発車させている、というオカルト的想定でもいいんだ。これね、オカルトって言ったけど、一七世紀のフランスの哲学者マルブランシュが考えたことで、「機会原因論」なんて呼ばれてる、哲学史上有名な議論の一つ（の応用）なんだよ。恐れ入るよね、いたずらっぽい神様を登場させるなんて。

いずれにせよポイントは、さっき「真の原因」って言ったけど、実はそれはあやしくて、やっぱり単なる「にせの原因」であって、因果関係だと思ってたものは相関関係にすぎない、っていう可能性は理論的には消去されないっていうことなんだよ。この点は、ずっと前に言った「ランダム化比較試験」にも当てはまる。ランダム化比較試験は、壮大な検証のもとに、精緻さを極めて達成される信用性の高い方法なんだけど、とどのつまりは、なんのことはない、やっぱりP式に根拠を持つやり方なんだ。

どうしてこんなことになっちゃうんだろう。答えは簡単だ。因果関係はない、からだ。ないんだから、話を一つに確定できない。確定する根拠がないんだから。ヒュームの洞察は、ものすごく執拗に絡みついてくるんだねえ。ため息をつくしかない。ふう。

†結果の生起確率を低める原因

それにね、「確率的因果」の議論は、一見当然のことを言っているように思えるけど、私たちが因果関係として理解している事例を説明できていない、という反論もずっと前から出されている。とりあえず二つ典型的なものを紹介してみよう。一つは、因果関係だと認められているにもかかわらず、原因が結果の生起確率を低めている場合がある、という議論だ。ローゼンという女子学生（彼女がこの議論を出した当時だよ、もちろん）が出したゴルファーの例がよく取り上げられる。

あるゴルファーがドライバーでボールを打とうとしたとき、少しミスしてスライスをかけてしまい、ホールの右にそれちゃった。これは明らかに、ホールインワンの確率を下げている。けれども、まことに偶然に、ボールは樹に当たって跳ね返って、カップに落ちた。つまり、このゴルファーのスライス打ちはホールインワンの確率を下げたにもかかわらず、ホールインワンの原因となっている、というんだな（Hitchcock 2004, p. 404）。あはは、おもしろいね。テニスなんかでもときどきあるよね。ミスショットしてネットのポールにボールが当たって、それがたまたま相手コートの中に入ってポイントを得る、みたいな現象だ。一種の珍プレーだ。この場合、ミスショットがポイントを引き起こしたんだけど、どう考えても、ミスショットはポイント獲得の確率を下げてた、っていう話だ。

いろいろと言いたくなる反例だね。出来事をもっと細かく分けて考えれば、スライスがかかったボールが樹に当たったときの角度とか強さ、あるいはテニスボールがポールに当たったときの角度とか強さ、が問題になって、むしろP式に沿った理解がやっぱりできるんじゃないか、なんてね。しかし、そうは言っても、実際こういう場面に遭遇したなら、スライスボールやミスショットが、案に相違して、いい結果につながった、という実感は残るように思う。そのスライスボールやミスショットがなかったならば、そのよい結果は生じなかったはずだ、と感じられるんじゃないかな。でも、そのよい結果を起こす確率は最初から高かったとは思えないよね。

私は別の箇所で詳しくこの問題を論じたことがある（一ノ瀬二〇〇一、第四章）。そこでは、予想していなかった事態になったときの「驚き」が問題の発端で、そこから遡及的に因果関係が構成されていく、そういう過去に視線を戻していく作用に問題の核心がある、と論じたんだけどね。いずれにせよ、ここではP式に対するありうる反論として紹介だけして、深入りしないけど、この問題は案外と因果性の問題の深層に届く問題だと思ってる。

†原因になるはずだけど原因ではない

さて、もう一つのP式に対する反論は、先の第一のケースと逆で、別事象の生起確率を高めているけれどその別事象の原因とはならない事象がありうる、という議論だ。アメリカの哲学者ジェームズ・ウッドワードが具体例を挙げている。C_1とC_2という物質は、それぞれ独立に、胃がんが生じる確率を高めると想定する。その両方の物質を持っているマウスが胃がんになったとする。このとき、たとえば、実はその胃がんはC_1だけによって引き起こされたのであって、C_2によっては引き起こされていない、と考えることは可能である。だとすると、その場合、C_2は胃がん発生の確率を高めているにもかかわらず、胃がんの原因ではない、ということになりP式の反例となる、っていうんだ（Woodward 1994, p. 366）。

これ、十分にありうるよね。機械の部品がすり減ってるのと、機械の中に虫が入っちゃったのと、両方とも故障する確率を高めると考えられるとき、たまたまその両方の条件が同時にそろってしまって、そしてまさしく故障した、っていうような場合だ。その場合、実際は部品がすり減っていることが故障の原因となっていて、虫の混入は無関係ということは大いにありうるね。ということは、虫の混入は故障の確率を高めているけど実際の故障の原因ではない、ということだ。

うーん、これ反論として、どういう趣旨なのかな。たぶん、P式をそのまま受け取ると、実際に結果Eが生じる生じないにかかわらず、結果の生起確率を高める事象は原因として指定されてしまうと読めそうだけど、実は、P式がそんな意味だとしたら、非常に奇妙な主張だ、という点を暴露しているんじゃないだろうか。前段のローゼンの議論の場合と同じように、P式が意味を持つのは、あくまで結果Eが生じてしまった後で、過去に遡及する形で因果関係を論じる場合だけなんじゃないだろうか。そういう理解が浮かんでくるね。現代の因果論では、こういう実際に発生してしまった事柄についての因果関係のことを「現実因果」(actual causation) と呼んでいます。

†反事実的条件分析の導入

さて、以上、決定論と確率的因果について論じてきたけど、「世界のきまり」の根幹をなす因果関係については、どうしてももう一つ落とせない議論がある。ある意味で、ヒュームの恒常的連接に基づく「因果の規則性説」と双璧をなす、もう一つの有力な考え方だ。それは、現代アメリカ哲学を代表するデイヴィッド・ルイスによって強力に推進された「因果の反事実的条件分析」(counterfactual analysis of causation) だ。

これはどういう考え方かというと、実は、ほかならぬヒューム自身によって最初に示唆されている見方なんだ。『人間知性研究』でヒュームは原因という概念についてこう言ってる。「次のように定義できるだろう、すなわち、原因とはある対象であって、それの後に続いて別の対象が生じる、そしてそこでは第一の対象に類似したすべての対象の後に続いて第二の対象に類似した対象が生じる、と。あるいは、言い換えて、そこでは、第一の対象がなかったならば、第二の対象は存在しなかったであろう、と」（ヒューム 二〇〇四、六九頁）。

言い換えの前の部分が「因果の規則性説」だね。そして、言い換えられた部分こそ、歴史的に、「因果の反事実的条件分析」の発想がはじめて明示的に語られた部分なんだ。だけど、ヒュームはこの発想をこうやってほのめかしただけで、これ以上追求しなかった。まあ、「因果の規則性説」とは異なる眺望が開けるとは思っていなかったんだろうね。

実際、反事実的条件分析は長いこと詳しくは展開されず、規則性説の方が支配的だった。まあ、そもそも「反事実性」というのが、現実になっていない可能性というものに言及するわけだから、とてつもなく不明瞭で、その内容を確定するのが困難だと思われていたからだと思うよ。それに実際的な風穴を明けたのがルイスなんだ。

彼の議論は、いわゆる「可能世界」の概念に基づいている。可能世界とは、文字通り、現実世界とは別の、現実世界とは違う、可能的な世界のことだ。私がシッテルンという名前じゃなくて、シッテルンダという名前で暮らしているような世界、それが一例だね。けれどね、ルイスは、こういう多数の可能世界が実在するという、強い可能世界実在論の立場をとったことでも有名だ。私が、シッテルンダ、という名前で暮らしている世界は、実在するっていうんだ。面白すぎる考え方なんだけど（シッテルンダという男はもう一人の「私」なのか？　同じときに寝ているのか？）、ここでは深追いはよしましょう。まあ、ルイス以外の人は、可能世界の概念を、単なる思考の便利な道具にすぎないと捉える場合もあるね。

ともあれ、ルイスの議論のポイントは、反事実的条件法を使うとき、その反事実的条件が示す事態が成り立っているような可能世界を考えて理解していこう、という点にあるわけだ。

いずれにせよ、ルイスの議論の最大の特徴は、可能世界のそれぞれを、現実世界との「類似性」（similarity）によって階層を与えている点だ。これによって、反事実的条件文の真理条件（真となるのはどういうときかを示す条件）を与えようとする。「可能世界意味論」ってやつだ。

「意味論」っていうのは、文と世界との関係を扱う分野のことで、基本的に、真とか偽という、真理値を問題にする分野のことだよ。なんでこんな、もってまわったやり方をしなければならないかというと、反事実的条件文というものの性格によるんだ。事実に反することを条件文の前件（「もし何々ならば、これこれである」というときの「何々」を前件、「これこれ」を後件と呼ぶ）にするんだから、前件が偽の条件文になるでしょ。もしそのことをそのまま素直に受け取ると、どんな反事実的条件文もつねに真になっちゃう（この辺りは、論理学の教科書で各自勉強するように）。それだと、さまざまな反事実的条件文の役割や意義をあぶり出せないね。だから、特別な意味論が必要だとされたんだよ。

ルイスは、現実世界と、その他の可能世界との相違について、どこかの局所的な部分で法則を少し侵犯する「奇跡」(miracle) が介入して相違が発生する、という考えを導入した。そういう奇跡の規模の大小が、世界相互の類似性を語る基準の一つになるんだね。

まあ、ルイスの可能世界の概念はかなりぶっ飛んでいて、それはそれはエキサイティングなんだけど、そして、哲学者にほとんど無限のインスピレーションを与える代物なんだけど、ここでは深入りしません。一つには、ルイスの可能世界実在論や、類似性の概念には、かなり多くの批判が寄せられていて、標準的な哲学理論というところにはまったく達していないこと、もう一つは、ここで主題としている因果関係の問題に反事実的条件分析を適用するという議論は、ルイス固有の可能世界意味論にコミットしなくても展開したり理解したりできるという点、それらが深入りしない理由だよ。ともかく、因果関係についての反事実的条件分析について見てみよう。

†反事実的条件分析の効力

たとえば、一般的な意味で、因果関係の典型的な例だと思われる、「ドラムをたたいたら音がした」を考えてみよう。これが単なる出来事の連続的生起ではなくて、因果関係だと考えられているということは、一体どういうことなんだろうか。そう問うたとき、有力な考え方として出てくるのが、「もしドラムをたたかなかったら、音がしなかっただろう」という、事実に反した仮定をした文、つまり反事実的条件法の文が十分に説得的だ、というものじゃないだろうか。

このことは、因果関係ではないと一般に思われている例と比較するとよく分かるよ。「ポケットに手を入れたら百円玉があった」はどうだろう。「ポケットに手を入れなかったら、百円玉はなかっただろう」。はあ、変だよね。マジシャンじゃあるまいし、何もないところから百円玉を作り出せるわけないじゃない。それができるんだったら、苦労しないよ、まったく。ほんと、それができたら、わかめ入りたぬきそば大盛りが五杯ぐらい食べられるのに。やや。ごほん。

まあ、バークリ的な徹底した観念論だったら、百円玉があった、ということを百円玉に触れたときの触覚的観念と解釈して、ポケットに手を入れることとの因果関係を言い立てられそうだけど、そしてそういう論の進め方には魅力もあるんだけど、いまはそれは脇に置きましょ。ルイスと同じくらい、ぶっ飛んだ話になっちゃうからね。

†原因と必要条件

ただ、こういう反事実的条件文で引き出される関係って、いわゆる因果関係だけじゃないんじゃないか、っていう疑問が出てくる。たとえば、「空気がなかったならば、音がしなかっただろう」は正しいでしょ。でも、普通、空気の存在が、ドラムの音の原因だ、とは言わないだろうね。そういうのは、普通、必要条件と呼ぶんだ。

こういう疑問に対して、反事実的条件分析の側からは、二つの答え方ができると思う。一つは、必要条件だって場合によっては原因と見なされる、という答え方だ。宇宙空間に浮かんでいる宇宙飛行士がドラムをたたいたとき、バンバンっていう音がしたらびっくりするよね。あっ、空気があるんだ、てなるでしょ。つまり、空気の存在が原因として抜き出されることは確かにあるんだ。実は、ルイス自身、ある場合には、「誕生が死の原因だ」という因果関係が認められることを示唆している（Lewis 2004, p. 101）。反事実的条件分析のもともとの発想にのっとれば、こういう風に考えるのが筋でしょう。

もう一つの応答は、やっぱりルイス自身が提起していることなんだけど、反事実的条件文による原因の規定を一方向だけでなく、別方向でも行う、というやり方だ。ルイスは、因果関係と言わずに「因果的依存」(causal dependence) という言い方をするんだけど、それは二つの反事実的条件文が真であることによって成立するとしている。ルイス自身の表記を使って示してみよう (O式と呼ぼう)。

O(c)□→O(e) and ~O(c)□→~O(e)　(Lewis 1986, p. 167)

O(c)というのは、「cが起こる」という意味だ。そして、□は、ルイスの可能世界論に基づいた反事実的条件を示している。つまり、cがeの原因である、言い換えるならば、eはcに因果的に依存する、というのは「もしcが起こったならばeが起こるだろう、そして、もしcが起こらなかったならばeも起こらなかっただろう」という文が真なときであり、そのときに限る、ということを意味している。

これを素直に受け取ると、空気の存在と音に関しては、前半が成り立っていないと解釈できる。なぜなら、(宇宙空間のように、空気が存在していないという状況下で)「もし空気が存在していたなら音がしただろう」とは言えないからだ。だって、空気が存在していても、ドラムをたたかなければ音はしないわけだから。この点、ルイスは、反事実的条件文による因果的依存の規定のところでは直接言及していないけど、私はそう理解してる。いずれにせよ、現実世界でcもeも成り立っていて、「もしcが起こるならばeも起こるだろう」が言えるというときには、eがcに因果的に依存するのは、「もしcが起こらなかったならば、eも起こらないだろう」という反事実的条件文が真となるとき、そしてそのときに限る、ということになるね。

面白い議論でしょ。こうした因果関係の反事実的条件分析は、実験的に因果関係を確証しようとするという自然科学的・社会科学的な作業ととても相性がいい。実際、前に触れた「ランダム化比較試験」と似ている面がある。たとえば、人体においてビタミンDがカルシウム吸収の原因になるかどうかを確認しようとするとき、当然、何らかの操作を加えてビタミンDがない場合を実験的に作って、カルシウム吸収の様子を調べるわけだ。同時に、ビタミンDがあっても、普通はそれと同時にありそうな要素を、たとえば亜鉛だとか、そうしたものを操作的に取り除いて、カルシウム吸収の様子を追跡してみる。こういう作業を繰り返して、ビタミンDとカルシウム吸収の間の因果関係を見て取っていく。これは因果関係の反事実的条件分析にほかならないね。

一つ注意しておきたいのは、反事実的条件分析っていうのは、因果関係とは何か、という疑問に答える議論ではない、っていうことだ。そうではなくて、私たちがすでに持っている因果概念についての理解をあぶり出す議論なんだ。cとeは因果関係にあるので「もしcが起こらなかったならば、eも起こらないだろう」という条件を満たす、ということを前提した議論だからね。しかも、たいていは、反事実的条件文が真か偽かという点は、実験などを介さずに、常識的に判断される。ポケットの百円玉の例を思い出してみて。実験なんてしてないでしょ。そういうときには、因果関係が何であるかは前提されてるんだ。そういう意味で「ランダム化比較試験」とちょっと違う面があるね。

これに対して、ヒュームの規則性説は、うまくいってるかどうかは別にして、因果関係とは現象の恒常的連接のことなんだとして、因果関係を因果関係以外の現象によって説明している。つまり、因果関係とは何か、という疑問に答えようとしている議論だと整理できる。

ちょっと難しい用語を使うと、規則性説は「還元的」(reductive) な議論で、反事実的条件分析は「非還元的」(nonreductive) な議論だと言える。確率的因果は、この区分で言うと、原因を確率によって規定しているわけだから、一種の還元的な議論だ。もっとも、ルイス自身の反事実的条件分析に限って言えば、可能世界という、因果関係以外の概念を用いているので、還元的な議論だと言うべきだけどね。

だけど、なんというか、因果関係っていうのはとてつもなく難しいので、反事実的条件分析にも多くの反論が向けられてしまったんだ。ルイスの可能世界論に固有に向けられる批判については、前にも言ったけど、深入りしない。そうじゃなくて、「もしcが起こらなかったならば、eも起こらないだろう」という反事実的条件分析の骨子の部分に関して一般的に当てはまる反論がいくつか考えられちゃうんだ。

†因果的先取の問題

一番有名なのは「因果的先取」(causal preemption) というやつだ。ルイス自身は、こんな風に言ってる。「c_1が生じて、eを引き起こす。そしてc_2も起こるけど、それはeを引き起こさない。けれど、もしc_1が不在だったならば、c_2がeを引き起こしていただろう、という場合を想定してほしい。このとき、c_2はeの潜在的な代替の原因だけれど、現実の原因であるc_1に先取されている。これは、c_1とc_2がeを過剰決定しているけれど、非対称的な仕方で過剰決定している、と言えるかもしれない。では、果たしてどういう相違によって、c_1はeの原因なのに、c_2はeの原因ではない、ということになるのだろうか」(Lewis 1986, p. 171)。

なぜこれがことさら問題になるんだろうか。それは、c_1がeの原因であると明らかに思われるのに、反事実的条件分析の「もしc_1が起こらなかったならば、eも起こらないだろう」という公式に当てはまらなくなっちゃうからなんだ。だって、「もしc_1が起こらなかったならば、c_2が発生しているので、eはやっぱり起こるだろう」という状況になっているわけだからね。ルイスは、こういう因果的先取を、自身の反事実的条件分析にとって重大な困難と捉えて、詳しく検討している。

†早い・遅い因果的先取

具体例を考えてみよう。ルイス自身は、神経システムの例を上げてるけど、ちょっと小難しいので、別の、ちょっとありえそうなのにしましょ。

どこぞの国の独裁者を暗殺するため、対抗勢力側に二人のスナイパー頼朝と尊氏が雇われたとしてみて（ごめん、日本の中世史のファンなので、こんな名前になっちゃうんだ）。二人とも、ゴルゴ13なみの狙撃の腕前だ。あるイベントに独裁者が極秘で現れるという情報をキャッチした。二人はそのイベント会場が見渡せる、隣接ホテルのうってつけの部屋を確保することに成功する。時間が来て、独裁者が護衛付きで現れた。二人ともが銃を構えた。頼朝が間なかなか狙撃チャンスが訪れない。しかし、瞬間、独裁者までの空間が開けた。頼朝が間髪容れず撃った。次の瞬間、独裁者に命中し、倒れた。少し離れた場所で構えていた尊氏は、頼朝が撃った瞬間、無駄撃ちは止めた。頼朝が腕っこきのスナイパーであることを十分すぎるほど知っていたからだ。こうして暗殺に成功した。

ささて、この場合、独裁者の死の原因は何だろうか。頼朝の狙撃だ。疑いようがない。けれども、これを反事実的条件分析でうまく説明できるだろうか。「もし c_1 が起こらなかったならば、eも起こらないだろう」という考え方は、この場合、「もし頼朝が独裁者を狙撃しなかったならば、独裁者の死は生じなかっただろう」ということになる。でもでも、驚くことに、この反事実的条件文は成り立たないように思える。だって、頼朝が狙撃しなかったならば、間違いなく、尊氏が狙撃していて、そして尊氏の射撃の腕前からして、独裁者の死をもたらしていたと考えられるからだ。

えーと、つまり、頼朝の狙撃が独裁者の死の明白な原因であるということを、反事実的条件分析はうまくすくい取れないことになってしまうんじゃないか、ってことだ。尊氏の視点からすると、自分が原因となって独裁者の死をもたらすはずのことが、先取りされてしまって単に潜在的な原因にすぎなくなってしまっているので、「因果的先取」と呼ぶんだ。これは、ルイスら反事実的条件分析論者にとって、困った事態だと思われるね。

実は、これには別バージョンもある。この、尊氏が狙撃をする前にその原因になるポジションが先取りされてしまっている状況を「早い因果的先取」(early preemption) と呼ぶ。

それに対して、尊氏が狙撃をしてしまった後で、原因としてのポジションを先取りされるバージョンもありえるね。それは「遅い因果的先取」(late preemption) と呼ばれる。「遅い因果的先取」のシナリオは、いまの例を続けて使用すると、こんなかんじだ。

さっきまでと、頼朝が実際に狙撃するまでは同じだ。頼朝が撃った。しかし、その直後、〇・五秒後ぐらい、尊氏も独裁者めがけて撃った。尊氏は、頼朝の狙撃の成功を確信していたけれども、雇用された身としての自分の義務感からあえて撃ったんだ。むろん、万々一頼朝の狙撃が外れたときには、目的遂行の確度を高めることにもなるので、尊氏の狙撃行動は十分に合理化できる。で、どうなったか。頼朝の弾が案の定命中して、独裁者が倒れる。独裁者が倒れるやいなや、独裁者の頭が位置していた空間を尊氏の弾が正確に通過していった。いや、時間差がほとんどないので、通過したのではなく、独裁者の髪の毛をかすめていった、と記述した方がいいでしょう。結構リアルに想像できる状況だよね。

さて、この場合も、「もしc_1が起こらなかったならば、eも起こらないだろう」は成り立っていない。先の「早い因果的先取」よりも、思いっきり成り立っていない。なぜって、「早い因果的先取」の場合よりももっと確かに「もし頼朝が独裁者を狙撃しなかったならば、独裁者の死は生じなかっただろう」という事態は不成立だからだ。なにしろ、尊氏の弾が独裁者の頭の位置に正確に届いていたんだから、頼朝が狙撃しなくても、あるいは頼朝の狙撃が外れたとしても、独裁者の死は生じてしまうんだよ。かくして、反事実的条件分析は大きな壁にぶつかる。

†因果連鎖

果たして、反事実的条件分析はこの難関を越えられるだろうか。ルイスたちは、いくつかアイディアを提示している。一つは、「因果連鎖」(causal chain) という考え方だ。ルイスが因果関係を「因果的依存」によって捉えていたことは前に示したね。ある事象cが起きた場合と起きなかった場合の別事象eに関する反事実的条件文、つまり238頁の○式、を満たすとき、eはcに因果的に依存する、という。ルイスは、このことをcからeに向かって因果的な連鎖がある、ともいうんだ。直観的な言い方をすると、eの原因がcに限定されるとき、cからeへの因果連鎖がある、ということだね。

これを素直に踏まえると、実は「早い因果的先取」は、反事実的条件分析に対して、そんなに重大な反例にはならないのではないかと思えてくる。なぜそう思えるか。頼朝の狙撃と独裁者の死との間にはルイス的な意味で因果連鎖が成り立つ、といえそうだからだ。尊氏が撃たなかったという制限のもとなので、$\sim O(c) \Box\!\!\rightarrow \sim O(e)$ は実は成り立っていると論じ抜けることができるからなんだ。

まあ、ちょっと疑問が残るけどね。頼朝が狙撃しなかったならば、あるいは外したならば、そのことは、尊氏が自分の判断で狙撃することを促し、結局は、独裁者の死がもたらされるように思えるからだ。ただ、そういう場合は、すでにして「早い因果的先取」という事態に当てはまらないようになってしまっている。単に、尊氏の狙撃と独裁者の死との間に（頼朝の狙撃とは）別の新たな因果連鎖が成り立つ、という事態に変容してしまっている。「早い因果的先取」として論じる限り、やはり、頼朝の狙撃と独裁者の死の間には因果連鎖があるというべきでしょうね。

†「脆さ」と「影響」

でも、「遅い因果的先取」の場合はこうは言えない。独裁者の死は頼朝の狙撃に因果的に依存する、つまりは頼朝の狙撃と因果的に連鎖している、とは言えないんだ。尊氏が撃ってしまっているので、~O(c)□→~O(e) が完全に不成立になってしまっているからなんだ。

そこで登場するもう一つのアイディアが、「脆《もろ》さ」(fragility) という考えだ。これはつまり、頼朝が独裁者を狙撃して暗殺する事態を厳密に捉えるならば、尊氏が独裁者を暗殺する場合とは、命中する時刻、銃弾の速度、銃弾の入射角度、独裁者の倒れ方など、さまざまに異なっている。なので「頼朝の銃撃による暗殺」という出来事は、ちょっと条件を変えれば別の出来事になってしまう「脆さ」を持つ出来事であって、それの原因は頼朝の狙撃以外にはありえず、頼朝の狙撃がなかったならば尊氏の狙撃が同じ出来事を引き起こすだろうとは言えない、という理屈だね。

ただ、ルイスはこの考え方は結局受け入れなかった。描写を細かく厳密に特定化することで、独裁者のその特定の死は、狙撃だけでなく、たとえば、特定の入射角度や、独裁者のそのときの特定の身体状態や姿勢などにも因果的に依存する、つまり、特定の入射角度や、独裁者のそのときの特定の身体状態や姿勢を原因と見なせる、という受け入れがたい含意をもたらしかねないとルイスは考えたからだ。「その特定の角度で入射しなかったならば、その特定の死に方はしなかっただろう」ということが成り立ってしまって、「その特定の角度」が原因になってしまいそうだ、ということだよ。これ、変でしょ。だって、角度が死亡の原因って言っちゃっているわけだから。いやあ、切れるね、ルイスっていう哲学者は。さすが、アメリカを代表する哲学者だ。

ルイスは、因果性についての反事実的条件分析を最初に提示した論文の十数年後に、新しい反事実的条件分析を改めて提起した。そこでの改訂点は、「影響」(influence) というキーワードを因果関係の主要な基準として持ち出したことだね。「脆さ」の議論の発想をちょっと利用したものだ。つまり、cに甚だしくない程度の「変更」(alteration)を加えた場合に、eにも変更が発生する場合、cはeに影響する、と規定した上で、cがeの原因となるのは、cからeへの影響の連鎖が存在する場合、その場合に限る、という考え方だ。

これを認めると、「遅い因果的先取」も処理できそうだと言うんだ。なぜって、頼朝の狙撃の仕方に若干の変更を加えた場合、独裁者の致命傷を受ける仕方も若干変更されるけど、後からの尊氏の狙撃の仕方を変更しても、独裁者の致命傷を受ける仕方には影響がない、と言えそうだからね。まあ、この影響論にもその後いろいろと反論が出てきた。もうしゃべりすぎたので、これ以上は追跡しない。興味のある人は自習してね(Lewis 2004参照)。

†現実因果、そして不在

私自身はね、この問題に関してちょっと違った視点を持っている。一つには、何度か出てきた論点だけど、原因概念は責任概念と同根なので、「何が原因か」という問題を考える手がかりとして、「何に責任があるのか」という問いを考えることが重要だと思うという、この点がある。

これで言うと、「早い因果的先取」はほとんど問題にならないよね。だって、尊氏は撃ってないんだから、責任を帰せられようがないでしょ。じゃあ、「遅い因果的先取」はどうか。これもね、尊氏の狙撃は的を外しているんだから、殺人未遂とか共謀罪にはなっても、殺人の原因にはなりっこない。こういうように、実際に起こった特定の出来事の因果関係を主題とすることを「現実因果」(actual causation)といまは呼ぶんだけど(さっきも言ったね)、原因責任同根説からすると、「喫煙は肺がんの原因になる」といった統計的な因果関係よりもむしろ、現実因果が問題の中心になってくる。私の関心もまずはこの現実因果にあるんだ。

もう一つの違った視点というのは、尊氏の側から事態を眺める、ということだ。まあ、どうでもいいけど、私は個人的に足利尊氏という武将をちょっと崇拝している。物に頓着せず、果敢な決断をしながら、朝廷から追討されそうになると突然後醍醐天皇への忠誠心を表すといった、人間味あふれる稀代の英雄だよね。弟直義《ただよし》や息子直冬《ただふゆ》との悲しい運命、その中でいくども野戦をしながら、政治を整えてゆく。なんとも胸が打たれる生涯だ。まさしく征夷大将軍らしい武将だ。あっ、やめよう。この話になるときりがなくなる。

ごほん。さてさて、「遅い因果的先取」に関して、尊氏の側からすると、自分の狙撃が「妨げ」(prevention)を受けたことになるね。ということはだ、因果的先取の議論で、もし頼朝の狙撃がなかったならば、尊氏の狙撃が命中しただろう、という反事実的仮定をしているときには、「妨げ」が「不在」(absence)である場合の因果関係について表象していることになってるんじゃあないか。つまり、なにかの意味で、「不在」がある事態を引き起こすだろうという理解図式が機能しているんじゃないか、と思うんだ。

実を言うと、この「不在」に関する因果関係、これが私が伝えたい本丸なんだよ。実際、因果関係はない、っていうのが私が少なくともヒュームの議論から汲み取りたい本質的な論点なんだから、不在や非存在っていうのは、因果関係にとって実はまことに重大な問題になるはずなんだ。次にはそれをいよいよ論じましょう。今日はここまで。

【質疑応答の時間】

シッテルルン博士「だいぶ疲労がたまってきたよ。原因結果の関係が「世界のきまり」の核心だけど、だからこそ、難問山積だね」

ベッキーさん「先生、私も疲れはしましたけど、因果関係の話、面白すぎて退屈しませんでした。因果的先取の話はとても刺激的でした。ただ、一つ気にかかったことがあります。先生は、決定論的誤謬のところで、過去は変えられないという点に関して、本当はこれも疑問があるんだけど、と言ったと思います。どういうことなんでしょう。過去を変えたいと私は何度も思ったことがあります。友だちに思わず言ってしまったことをキャンセルしたい、って。でも、できない。できないということが、この世の定めなんだって、諦めてました。けれど、必ずしもそうじゃない、っていう可能性があるんでしょうか」

シッテルン博士「そうですか、そこに引っかかったわけね。確かに、私たちの日常言語では「過去は変えられないと観念すべきである」だよね。でもね、哲学者たちは、必ずしもそうも言えない事例を挙げて、原因と結果の時間順序が逆転して、原因が結果の後に生じる事象について論じてきたんだ。「逆向き因果」(backward causation) と呼ばれる。物理学での「反粒子」など、実際の例もあるし、私たちの認知心理的な例もあるんだ。

分かりやすいのは「仮現運動」(apparent motion) かな。ある特定の距離で、ある特定の時間差で、二つの点を点滅させると、第一の点から第二の点に光が動いたように見える、という現象だ。パチンコ屋のネオンサインなど、町中至る所でお目にかかる現象だね。これは実際は、たんに、二つの点が時間差で明滅しただけなんだけどね。

問題は、第一の点から第二の点に至る運動が「いつ」感じられるのか、っていうことだ。条件からして、第二の点の点滅の後でしかないね。けれども、その運動は、知覚内容としては、第二の点の点滅の前にあったのでなければならない。第一の点の点滅→運動→第二の点の点滅、というようになってるはずだからね。ということは、第二の点滅の知覚が原因となって、それより時間的に前の（仮の）運動の知覚を引き起こす、ということだ。これはネルソン・グッドマンが『世界制作の方法』で挙げている例で、彼はこれを「遡及的構成」（retrospective construction）と呼んでる（グッドマン一九八七、一二九頁）。

これは確かに「逆向き因果」の例だね。そして、もし私たちの運動知覚には、これ以上識別できないという閾値《いきち》があって、そこの間隙を補塡して運動知覚をしているんだとしたら、その補塡に仮現運動の遡及的構成が発生しているとも考えられる。だとすると、私たちは、年がら年中、逆向き因果の知覚をしていることにもなるね。過去を作ってるってことだ。びっくりでしょ。まあ、友だちへの発言をキャンセルできる、というような意味での逆向き因果ではないけれど、残念ながら」

デアール君「先生の因果論、本当に面白いです。まあ、正直、因果関係というのがこんなに難しいものなのかと、ちょっとめまいさえ感じました。ふらふらです。でも、哲学で因果論を論じることが何をしていることになるのかについて、還元的と非還元的という整理をしてくれたのは、とても明快になった気がします。だって、因果って、あまりに根源的なので、それについて何かを使って説明するっていったって、説明それ自体因果関係を前提してしまうように感じちゃうからです。その点でぼくは、因果論は非還元的なものでしかないんじゃないかって思いました。先生は、ヒュームの議論や確率的因果は還元的だって言ってましたけど、本当にそうなんでしょうか」

シッテルン博士「いやいや、根源的な質問が飛びだしたね。難しい問いだ。私が言えることだけ述べてみよう。

まず、ヒュームの規則性説だけど、これはね、現象の「タイプ」を前提してはじめて成り立つものだね。Aタイプの事象（たとえば「火」）と、Bタイプの事象（たとえば「熱さ」）とが過去において、恒常的に連接していた、ということを基にしているわけだから。でも、「タイプ」のような一般概念はどう形成されていくかというと、ヒュームの場合も、類似の対象を同じ名前で呼ぶという言語使用の習慣によって一方の名を聞くと他方を想い出すという、因果の規則性説と同一の因果的構造によって説明されている。ということは、因果の規則性説には因果の規則性説が前提されているってことだ。これは、厳密に言うと、還元的な議論にはなっていないんじゃないかっていう疑いが出てくる。

また、確率的因果だけど、確率というのを「信念の度合い」(degree of belief) という主観確率として捉えたとすると、どうも変なことになる。主観確率は、たとえばイギリス・ケンブリッジ大学のラムジーによって展開された概念だけど、ラムジーは、「賭け」に関する、利益を得たいという欲求、どの程度利益を得られるかという信念、そして賭けるという行為を軸に立論したんだけど、なんと、そういう欲求・信念と行為との間を因果関係と捉えていたんだ（一ノ瀬 二〇〇六、四七頁）。ということは、厳密に言えば、少なくとも主観確率を基盤とする限り、確率的因果も、因果関係を前提しているわけであって、還元的な議論だとは言いがたいね。まあ、因果概念っていうのは、事ほどさように、あまりに根源的だってことだ。もっと難題があるんだよ。次の時間にまた述べていきましょう」

第3章

世界にすまう

第1話　因果にしみこむ不在性

†因果関係が問題になるとき

　さてさて、いよいよ私の話もまとめる時期が近づいてきたね。「である」を論じた「世界のすがた」、そして「べき」を基本に論じた「世界のきまり」、この二つの話を決着させるため、「である」と「べき」が交差する「世界にすまう」を論じよう。つまりだ、私たちがこの世界に暮らして日常を送っているっていうのは、「である」としての事実を踏まえて、「べき」としての規範やルールを作ったり、それに従ったりしていることにほかならない、っていう見方だ。

　電車に乗るときを考えてみて。電車のドアが開いた。これは「である」の事実だ。降りる人が先。これは「べき」としてのルールだね。ドアが閉まって車輪が駆動音を出す。これは事実だ。すると、電車は動き出す「べき」（はず）だ。これは因果的規範性だね。日常は、こういう風に、「である」と「べき」の交差の積み重ねなんだよ。

まあ、先の二つの話でも、ところどころで「である」と「べき」は交差することを何度も触れてはいたんだけどね。ここでも議論の手がかりとなるのは、またもや「因果」だ。まったく、因果な話だ。親の因果が子に報い〜♪ってやつだ。そんな話はもうイーンガ、なんて言わないでね。あっ。ごほん。

ああ、で、テーマが「世界にすまう」だから、ごく日常的な場面にあえて戻って考えてみよう。私たちが因果関係を問題にするときって、どういうときだろう。逆から言ってもいいかな。因果関係なんて問題にならないときはどういうときか。一心不乱に走ってるとき、なんかどうかな。どれが原因でどれが結果か、なんて意識するだろうか。あるいは、電車の椅子に座って眠くなってきたとき、因果関係なんて問題にならないんじゃないかな。一つのことに集中していたり、感情や生理に従っていたり、そしてそういうあり方がおのずと進行しているとき、因果関係の問いはまず現れない。

けれども、そういうスムースな進行が妨げられるときは、どうだろう。たとえば、一心不乱に走っているときに、急につまずいたとき、あれ、なんか踏んじゃったかな、なんて思うよね。つまり、何かを踏んだのでよろけた、っていう因果関係が現れてくる。眠りそうになって、それが妨げられるときもそうだ。がくって首が垂れて、自分のカバンに入っている水筒にゴチンと頭をぶつけたとき、あっ、て気づいて、頭が硬いものに当たって目が覚めたことを理解する。硬いものに当たったので目が覚めた、と。これは間違いなく因果的な理解だね。

†価値的にネガティブなこと

前にも言ったことだけど、「原因」の概念は「責任」の概念と実は同根だ。そして、たいていは、「責任」っていうのは、何か普通のことと違うことが起こったとき、何か異常が発生したとき、その源をどこかに帰する、っていうことにほかならない。まあ、「何々のせい」とか「誰々のせい」とか、責任を帰する、もっとズバッと言うと、責任をなすりつける理解の仕方っていうのは、その隠れた(いや明らかなと言うべきかな)前提として、何か価値的にネガティブなことが起こったということを含意しているよね。

子どもなんて、何か失敗すると、ママのせいだとか、パパのせいだとか、よく言う。大人だって、何かまずいことがあったときには、心の中で、他人のせいにしたりするもんだよ。そういう風にしないと、つまり、いつも自分に責任があるって心から真に思ってしまうようなメンタリティの人だと、精神的にまいっちゃうんじゃないかな。自分がくよくよしがちな性格だと自覚すると、親のせいだ、幼少期に親が厳しすぎたからだ、なんて心の中で思う。これって、むしろ普通のことなんじゃないかと思います。

ただ、それを口に出して他人に言っちゃう人と、心の中で思ってるだけの人っていう、違いは間違いなくある。「あいつを殺したい」と心の中で思っていても、一切実行に向けた行動をとらなければ、殺人未遂にもならない。けれども、「あいつを殺したい」と第三者に語って、凶器を準備したり、標的になっている人の家に忍び込んだりすると、殺人未遂に問われる可能性が出てくる。「語る」っていうのは、とっても大きなことなんだ。

だけど、刑法上のことは別にして、実のところ、心の中でだけ思うことも、その人のあり方に無関係ではない。思ってることは、意識しなくても、隠そうと注意してても、なんとなくおのずと現れてしまうものだからだ。だから、「誰々のせいだ」と誰かに心の中で責任をなすりつけたりすると、一切それを発話として言葉に出さなくても、長い目で見たときは、そう思う人の態度や行動ににじみ出てくるもんだね。

†言語行為の三つの様相

むろん、発話として言葉に出した方が社会や相手にダイレクトに影響が及ぶことは確かだ。なにかネガティブなことが起こったとき、「あのせいで、こうなった」って言う場合だね。これは、言葉を発するという現象一般に関わってくる問題だ。たとえば、「言語行為」（speech act）っていう考え方がある。言葉として発することは、単に事実を描写したり記述したりしているのではなく、他人に影響を及ぼす行為をしていることなんだ、少なくともそういう側面を持つ言葉の用法があるんだ、っていう捉え方だ。前にも触れたオックスフォード大学のJ・L・オースティンが最初に展開した議論だね。

これは革命的な議論だよ。普通、文章っていうのは、世界の中の事実を映し出す働きを持つ、って思うでしょ。「あそこの郵便局の隣に耳鼻咽喉科があります」なんてのは、建物に関する事実を描写している。けれども、「明日正午にここに来ると約束するよ」っていうのはどうかな。「約束している」という事実を描写しているのかな。ははあ、確かにそうも言えるかもしれない。だけど、「約束している事実」ってどういう事実なんだろう。時間的空間的に、これだ、って指摘できるものなんだろうか。少なくとも、耳鼻咽喉科がここにある、っていうのとはかなり違うよね。

そこで、一つの戦略として浮かんでくるのが、「約束する」は「耳鼻咽喉科がここにある」とは異なる働きをする言葉の使用だと、直観に従って認めることだ。オースティンは、単に事実を記述する発話を「事実確認的」（constative）発話と呼んだのに対して、こうした「約束する」のような、単なる事実を描写しているというより、社会的な影響を持つ行為をしていることになる発話を「行為遂行的」(performative) 発話と呼んで区別したんだ。

さらに、オースティンは、『言語と行為』において、パイオニア的な仕事を残した。言葉を発することが行為になる様相を三つに区分したんだ。「明日正午にここに来ると約束するよ」という例をもう一度使うと、おもにそういう音声を発することを「発語行為」(locutionary act)、そう発することでまさしく約束という行為を行うことを「発語内行為」(illocutionary act)、そう発することで事後的に何らかの結果をもたらすことを「発語媒介行為」(perlocutionary act)、という三つだ。

発語行為は比較的分かりやすいね。この様相は、声や音声が主な役割を担う。それに対して、発語内行為こそが、言語行為の中核だ。さきほどの「行為遂行的発話」というのは基本的にこの発語内行為のことを指している。それじゃ、発語媒介行為ってなんだろうか。それは、「明日正午にここに来ると約束するよ」って述べることで、たとえば相手が納得するとか、安心するとか、そういう影響を及ぼす行為という側面のことだよ。

鋭い君たちのことだから、気づいたかもしれないけど、実は、「事実確認的」発話も行為遂行的な働きをしている。事実確認的発話の例として出した「あそこの郵便局の隣に耳鼻咽喉科があります」という発話が発語行為であることは間違いないね。じゃあ、発語内行為としての側面はどうだろうか。これもむろん、あるね。場所を教える、というれっきとした実践的行為だ。そしてやはり、発語媒介行為の側面もある。この地域にはじめて越してきた、私みたいに花粉症のひどい人は、これを聞くと、「ああ近くに耳鼻咽喉科があってよかった」って安心するでしょう。オースティン自身も、結局は、事実確認的発話も言語行為なのだというように考えを進めていったんだよ。こういう仕方で言葉の使用を見ると、言語行為というあり方の普遍性が分かってくる。私が、冬の寒い日に、ちょっと開いてる窓の隣に座っているデアール君に向かって、「そこの窓開いてるね」って言ったとしよう。これは確かに事実を確認してる。でも、デアール君は、ははあ、「窓を閉めて」って僕に頼んでるんだな、って感じるでしょ。よっぽど鈍感じゃなければ、ね。ということは、つまり、発語内行為としての側面を持っているってことだ。そして、きっと、デアール君は、自分はマッチョな若者(?)なんで全然寒くないんだけどと思っても、年配者(?)の教授のためだと、気を利かせて窓を閉めてくれるでしょうな。そういう結果をもたらす発語媒介行為でもあるわけだ。おもしろいでしょ。

†音楽化された認識論

でね、言語行為の研究というと、どうしても発語内行為に焦点が当てられがちなんだけど、そしてそれは重要なことなので当然なんだけど、私はね、発語行為や発語媒介行為も、それに劣らず重大な問題領域を構成してると思うんだ。

詳しくはいまは論じられないけど、私は「音楽化された認識論」(epistemology Musical-ized) というのを展開しようとしている。知識や認識は言葉によって成立する、しかるに言葉は内語(心の中で語る言葉)も含めてすべて音のつらなりである、音のつらなりである以上リズムやメロディを(美的には別として)持っている音楽である、よって知識や認識は(比喩ではなく文字通り)音楽である、という発想を基軸にした認識論だ。これは、言語表現を自分の心の中で思っているだけの内語も含めて発話だと捉えた上で、その発語行為の側面に思いっきり最大のスポットライトを当てる、というプロジェクトなんだ。実際ね、人から話を聞いて知識を得るとき、話者の声のトーンとか声質とか声の高低とか、そういうのが無関係だと思うかい。私は大いに関係あると感じてる。私は、学部生の頃、加藤信朗の哲学史講義に出席してたけど、講義の最初に小さな声で「プラトンは」って言ったその声がいまも耳に残る。私のプラトン哲学の理解やイメージは、まさしくあの声に支配されてる。声や音として知識は生成している、これが「音楽化された認識論」の基本スタンスだ。

まあ、視覚的に得られる知識や情報を「俳句」のようなイメージで捉える認識論だとも言えるね。見た景色を「うっそうとした緑から太陽が姿をちらちら見せている」って表現するのと、「ケヤキの葉からキラキラと木漏れ日が差している」って表現するのと、同じ光景でも違って表現されるでしょ。そのボキャブラリーや表現の多様が知識の多様になる、という捉え方だね。おもしろすぎるけど、まあ、いまは踏み込まないことにしよう（関心のある人は、一ノ瀬二〇一三を見てね）。

それと、発語媒介行為。これもね、相当に重大だよ。私の理解では、言語行為の中核をなすと考えられている発語内行為は、実は発語媒介行為に、たぶん遡及的な仕方で、依存しているんじゃないかと考えている。「そこの窓開いてるね」っていう依頼の発語内行為は、実のところ、デアール君が実際に窓を閉めてくれることによって、確かに機能した、ということが分かる。約束の発語内行為もそうだ。相手がそれを聞いて安心したそぶりを見せたり、納得して帰ってくれたりしてはじめて、約束したという発語内行為が成功したことが分かる。もちろん、発語内行為が失敗したことも、発語媒介行為という、事後的な場面で分かるはずだ。デアール君が気が利かず窓を閉めてくれなかったり、約束するよと言っても全然納得してくれなかったり、ね。

以上のような言語行為論は、むろんのこと、因果関係の理解にもすべて当てはまるよ。パパのせいで失敗した、と文句を言う娘の発言は、濃密な意味で言語行為だよね。決して、単に事実を描写しているのじゃあない。明らかに非難しているんだ。そこに、甘えの感情もまたしみこんでいるんだけどね。やれやれだ。

†逸脱基底的

要するにだ、私が言いたいのはこういうことだ。因果関係の理解っていうのは、「何か通常ならざること」(something unusual) が起こったときに、あれ、なんか変じゃない、という思いとともに立ち上がる。何も異常がないときには、そういう思いが発生しないので、因果的理解はどこにもない。そう、どこにもないんだ。前に言ったでしょう、因果関係は知覚されない、よってないんだ、って。

たとえば、「時間の存在」の原因について疑問に思う人がいるかな。普通はいない。「時間の存在」なんて、あまりに自明なデフォルトだからだ。つまり、普通の生活の中で、「時間の存在」の原因について疑問に思ったり、理解しようとしたりする必要に迫られることはない、ひいてはそういう原因は、端的にないんだ。

あるいは、「いま核爆発がここで生じていないこと」の原因について、思い悩む人はいるだろうか。ベッキーさん、どうかな。まあ、「生じていないこと」っていうトリッキーな事象だけど、これの原因について疑問に思う人はいないでしょう。だからそういう場合も、そんな原因は端的にない。そもそも知覚できなくて、問題にもされないんだから、あるなんて言えないでしょ。それをあるって言うのは、まるで、「私の非局所性が為替酸化した曾祖父のかかり結び」があるって強弁するくらい、とんちんかんだと私は思う。はは。

いずれにせよ、この場合、「何か通常ならざること」というのは、何か不規則的なこと、驚くべきこと、ショッキングなこと、興味深いこと、などのことだ。まあ、典型的なのは、事故、事件、災害、犯罪なんかだね。お店で買い物をしてるときに突然ショウウインドウに車が突っ込んできたら、何なんだ、ってびっくりするよね、そして、何が起こったんだ、と事態を理解しようとする。つまり、事態を因果的に理解しようとする。運転手がアクセルとブレーキを踏み間違えて突っ込んで来ちゃったんだな、などと理解するわけだ。

でも、実は、「何か通常ならざること」は、こうした価値的にネガティブなこととは限らない。プロテニスのプレイヤーがドロップショットを放って、到底想像できなさそうな跳ね方をして相手が返せなかったとき、何が起こったんだ、って思うでしょう。自分のコートに戻ってきてしまうようなスライス回転のドロップショットはたまにあるけど、右に急角度で跳ねたりしたら、びっくりだよね。常人ではできないような手首の使い方をしたんじゃないか、などと理解して称賛するでしょう。これも因果的理解の典型だ。

つまり、「何か通常ならざること」には、価値的にポジティブな事態も含まれるんだ。そして私は、こうした通常ならざることを「逸脱」(deviation)と表現したい。通常のコース・通常の道行きからの「逸脱」だ。ということは、つまり、因果関係というのは「逸脱基底的」（deviation-based）であると言える。

†クアエリ原理

そして、こう考えると、実は、時間の存在だって、核爆発の不在だって、通常のコースからの逸脱だと考えられるならば、因果関係の射程に入ってくるということになる。哲学的に時間概念について考えはじめて、そもそも何で時間があるんだ、時間がなくたってよかったんじゃないか、という根本的な疑問がわき上がれば、その原因は当然問題になる。核爆発だって、隣国から核兵器が飛んでくるというニュースが入ったのに核爆発が起こらなかったら、なぜだ、ということになるでしょう。因果関係が問われてくるよね。

こういう風に、通常のコースってのは、そもそも浮動している。時間の存在がデフォルトだったり、疑問の対象になったりって、揺れ動くってことだ。だから、そこから因果関係理解が出てくるということは、浮動の中の、ある特定の瞬間の理解だということになるね。お分かりのように、「浮動的安定」の状態だ。逆に、たとえば青酸カリによる殺人事件の被害者について、青酸カリが死亡の原因だ、と確言してしまうことは、厳密に言うと、こうした因果関係理解の本来の有りようを侵犯する。青酸カリを盛ったこと、殺意を持ったこと、その前に人間関係のトラブルがあったことなどなど、死亡原因はいろいろに指定できる。にもかかわらず一つに因果関係を確定してそれに固執するのは、悪しき「選択的不自然」になりうる。

いずれにせよ、そういう「逸脱」があったとき、なぜだ、と問う。そこから、その応答として因果関係が立ち上がってくる。だから、まず逸脱が気づかれて、なぜだ、と疑問を発すること、そこに因果関係理解の本質があるんじゃないか、っていうのが私の言いたいことなんだよ。このことは、ずっと前に話したバークリのペルキピ原理、つまり「存在するとは知覚されることである」になぞらえて、次のように言うことができる。

「因果的であるとは問われることである」(To be causal is to be questioned.)

これを、「ペルキピ原理」の伝で、ラテン語を使って「クアエリ(quaeri)原理」と呼んでおこう。「quaeri」とは「問われること」という意味だよ。私はこういう因果関係の理解を「因果の逸脱基底的・疑問依存的理論」(the deviation-based, question-dependent theory of causation, DBQDT)と名付けたいんだ。

そしてこうした考え方は、このように、疑問を発することに基軸を置くので、先に見た

「言語行為」とおのずと結びついてくる。私の提示したいDBQDTは、したがって、因果関係理解というのを「言語行為」として押さえる、という考え方になるね。より正確に言うと、疑問を発するという言語行為によって、その応答としての因果関係理解という言語行為が促されてくるってことだ。まあ「コール・アンド・リスポンス」だね。

もっとも、ここでいう言語行為は、べつに誰か他者に向かって実際に音声を出して発話しなくたっていい。独り言でも、内語でもいい。「なぜだ」と、実際に声に出さずに、自分に心の中で語るだけだって、いいんだ。実際、それだって立派な行為だよ。自分自身に向かって問題を立てて、先に進むよう奮い立たせているわけで、発語内行為も発語媒介行為も遂行している。

†因果性の普遍的広がり

三つ指摘しよう。一つ目は簡単なことだ。疑問提起という言語行為に因果関係理解の基盤を据えるということは、徹頭徹尾、因果関係というものをリアリティとかけ離れたものとして、すなわち、真とか偽とかという真理値を付与できないものとして、捉えることを意味する。リアリティに沿うものならば、客観的に真か偽かが決まると思えるからだ。実際、言語行為である以上真偽などもともと付与しにくいし、まして、疑問形なのだから、真偽なんて言えないよね。「どうして火事になったのか」という疑問文に真も偽もないでしょ。かつてカントが自然科学に求めたような客観的妥当性などとは真逆なものだ。だけど、もともと因果関係なんてないんだから、これは当然の帰結だ。

二番目は、たぶん出てくるであろう反論への応答だ。DBQDTの「クアエリ原理」を聞いたとき、これってしかし、因果関係だけに限らないんじゃあないか、およそすべての世界理解は疑問から発するのだから、っていう反論が間違いなく出てくるんじゃないかって思う。非因果的な理解、たとえば、論理的推論の理解なんかだね、そういうものだって、なぜそうなるんだ、っていう疑問から出てくるのは当たり前なわけで、だとすれば、疑問依存性は因果関係理解に限るわけではなく、なにかとても陳腐で自明なことを言っているにすぎないんじゃあないか、って。

うーん、確かに厳しい批判だね。だけど私は、実は、因果性っていうのは、私たちが通常思っているよりもっと普遍的だと捉えているんだ。因果性とコントラストをなすとされている「志向性」(intentionality)、つまり何かから引き起こされるのじゃなくて、何かを目指す働き、を思いだしてみよう。ずっと前に、ピュシスとノモスの対比のところで触れたね。でも、未来の事柄を志向する「意図」というように捉え返すと、それもその意図から引き出される働きとして因果性に包摂される。

非因果的理解の典型とされる論理的推論も同じだ。「PならばQ」、「だけどnot-Q」、だとすると「not-P」、っていう論証、つまりモードゥス・トレンス（modus tolens, 後件否定式）を考えてみて。これは論理的に妥当な推論の典型だけど、これだって、推論している思考の働きとして全体を捉え返せば、二つの前提を理解するということが因果的にnot-Pという思考を引き出している事態にほかならないよね。

ほかの理解の仕方も推して知るべしだ。私は、因果的理解というのは世界理解に普遍的に貫通している、根源的な働きだと思ってる。だから「クアエリ原理」は、そういう含意のもとで、有意義に成り立つと思ってる。

†逸脱と後悔

さて、三つ目だけど、因果関係というのは、価値的にポジティブなことにも語りうるけれど、その出自からして、基本的には、価値的にネガティブなこと、なにかことが起こってしまった事態、に関して立ち上がる点について注記したい。すなわち、ああ何でこんなことになっちゃったんだ、という「後悔」(regret) の念がもともと因果関係理解が立ち上がる場面の根底に流れているんじゃないかってことだ。火事だとか、なんかの失策だとか、そういうときだね、因果関係が語られる最もふさわしい場面は。

そういうとき、「もしこれこれしなかったら、こうはならなかったのに」とか、「もしこれこれだったら、こうならなかったのに」っていう反事実的条件文とともに因果関係が現れ、そこに後悔の念がつきまとう。実はこういう発想は、とりたてて私だけがしているわけじゃない。現代因果論の旗手クリストファー・ヒッチコックはこんな風に言ってる。「反事実的思考というのはネガティブな感情によって引き金を引かれる。そしてそれは将来において改善をもたらす指針としての役目を果たすのである……学者たちは反事実的思考の情動的な帰結、典型的に言えば後悔の感情にずっと関心を抱き続けてきたのである」(Hitchcock 2011, p. 173)、「ある出来事の原因がどれであるかを指し示すよう尋ねられたら、私たちはたいてい、普通でない出来事や予期されない出来事を原因として指定することが多い」(Hitchcock 2011, p. 179)。

ヒッチコックは、ＤＢＱＤＴのようなラディカルな主張はしていないけれど、それにつながる発想を十分に認識しているようだね。加えて言うと、ハートとオノレの『法における因果性』という名著があるけど、それも、基本的に、因果的な問いというのは「何らかのアクシデント、破滅状態、災害、あるいはその他の、出来事の通常のコースからの逸脱」(ハート&オノレ 一九九一、一三四頁)によって促されるとしていて、ＤＢＱＤＴと発想的に合致した議論を提示している。

むろん、こんなことを言うと、ポジティブな価値を持つ出来事の因果関係はどう扱うのか、っていう疑問が出るのは必定でしょう。確かに、ポジティブな価値を持つ出来事、たとえば自然科学上の世紀の発見とか、スポーツでのスーパープレイとか、そういう場合には「後悔」は関係なさそうだね。ただ、そういう場合も、通常のコースからの「逸脱」であり、どうやってそうなったの、という疑問が出てくるのは間違いない。そういう意味で、DBQDTは成立する。

それにね、実は、ポジティブな価値とネガティブな価値っていうのは、トレードオフの関係になっていて、ある視点からするとポジティブに価値あるものでも、他の視点からするとネガティブな価値のものになってる。これは人間本性といってもよい。世紀の科学的発見は望ましいポジティブな価値だけど、出し抜かれた他の研究者にとっては悔しい出来事になりうるね。嫉妬なんてのもある。それに、そういう発見でいのちが助かるようになったとすると、もうちょっと前に発見されてたら、うちの親も助かったのに、という悔しい思いを抱く人もいるかもしれない。むろん、スポーツのスーパープレイの場合は、それにやられて負けた人もいるわけで、悔しいよね。

絶対的な意味で正的に価値あるものなんて実はない。これは、何十年も生きてきた私の実感だ。だとしたら、DBQDTそして後悔の念は、当初思われている以上に普遍化できると思うんだ。君たちはどうだい。絶対文句なくよいものがあると思うかい。

†不在因果の問題

さてさて、こういう風に後悔の念を重大な機縁として含むDBQDTを採用してみると、一つ核心的なポイントが浮かんでくる。それは、「不在性」(absence)っていうのが、因果関係理解と深く結びついているんじゃないかってことだ。なぜって、後悔の念っていうのは、当該の事象がなかった方がよかったっていう(見果てぬ?)願望とセットになっていて、そのことは、それを防ぐ方策を実施しなかった、そういう方策が「不在」だった、っていうことに対する認識に基づいているからなんだ。火事を起こしてしまい後悔している人は、あそこで注意しとけば火事にならなかったのにと思うわけで、それはすなわち注意の「不在」に焦点を当てていることにほかならない。

それに、私がDBQDTを展開するときの大枠になっている反事実的条件分析が、そもそも不在性に深く関わってるよね。「もし何々であったなら」っていう仮定に基づいて因果関係を理解するってことは、「何々」が「不在」だったという事実認識に基づいているわけだし、「もし何々でなかったなら」は直接的に「何々」の「不在性」を原因として扱おうとしているわけだよね。それにさ、そもそもからして、因果関係はない、っていうのが基本的な前提なんだから、因果性にとって「ないこと」、つまりは「不在性」は、実は本質的に絡みつく特性なんだよ。

こういう風に言うと、ただちに疑問が出ると思う。原因結果っていうのは、世界の出来事の間に成り立つ関係であって、不在とか無とか、そんなものには関わらないんじゃないか、っていう素朴な疑問が出ることは間違いないでしょう。ドラムをたたいたら音が出る、なんてのが因果関係の代表だけど、その場合、原因も結果も実際に発生した出来事だ。

でもね、よく考えてみて。日常的にも不在や無や何もしないことが原因として指定されていることなんて山ほどあるんだよ。「あの親が育児放棄をして、食事を与えなかったので、乳児が亡くなってしまった」っていう言い方、理解できますか。理解できるでしょ。こういうことは、残念ながら、たまにある。ということは、育児行為の「不在」がなにかの原因になっているということを、私たちは普通に理解しているってことだ。この親が育児すべきときにパチンコに行ってたとしても、「パチンコに行ったことが乳児死亡の原因だ」とは言わない。パチンコ玉を右手ではじいたことが乳児を殺すはずもない。パチンコに行って「育児行為をしなかったこと」が乳児死亡の原因なんだよね。

要するに「不作為」(omission) だ。刑法的にも、不在や不作為は立派になにかの原因として認められている。一般にこういう因果関係は「不在因果」(causation by absence) とか「不作為包含因果」(omission-involving causation) などと呼ばれている。そして言うまでもなく、こうした不在因果は、反事実的条件分析によって支えられている。「もし育児行為の不在がなかったならば、その乳児は死ななかっただろう」っていう風にね。

†野放図因果

私はね、この「不在因果」が因果関係の中の一つの事例としてあるというのじゃなくて、因果関係一般にほぼ普遍的に組み込まれているんじゃないかって考えているんだ。「ほぼ」っていうのは、例外は確かにあるからなんだけど、それは後で述べよう。けれどもね、「不在因果」っていうのは、恐ろしく困難な問題で、名うてのパズルを生んじゃうことでも知られているんだよね。頭を抱えちゃうよ。それはね、イギリスのヘレン・ビービーという女性哲学者が、先に触れたハートとオノレの議論を援用して提示した「フローラの事例」によって印象的に提示されている。

こういう事例だ。

「フローラはいつもまったくの好意から隣家の蘭の花に水をやっている。しかし彼女が蘭に水をやるのを止めると、蘭の花は枯れてしまう。常識的に判断して、フローラの不作為が蘭の花の枯死の原因だったといえるだろう。なぜなら、もし彼女がいつものように水をあげていたならば、蘭の花は枯れなかっただろうからである」（Beebee 2004, p. 294）、「問題はこういう［原因指定の］定義があまりに多くのものを含みすぎるという点である。こういう考え方をとると、常識的には原因として認定されないような、あらゆる種類の不在を原因として認めることになってしまう。常識的な直観では、フローラが蘭の花に水をあげなかったことがその枯死の原因として指定されるのであって、ほかの隣人が水をあげなかったことが原因とされるのではないし、ましてや、その蘭について知るはずも気にするはずもない地球の反対側の人々が水をあげなかったことが枯死の原因として指定されるはずもない。けれども、そのおのおのすべてについて、もしその人たちがその蘭に水をあげていたならば、蘭は枯れなかっただろうということは、完璧に正しいのである」（Beebee 2004, p. 295）。

いやあ、やっかいこの上ないね。育児放棄の例もそうだ。親じゃなくて、叔父叔母とか、隣の人とか、警察官とか、総理大臣とか、そういう人が食事を与えていたならば、その乳児は死ななかっただろうという反事実的条件文は成立する。ということは、そういう人たちの不作為、つまりは育児行為の不在も、乳児死亡の原因として指定される資格があることになる。

こういう問題を、オーストラリアの哲学者メンジーズは「野放図因果」（profligate causation）と名付けた（Menzies 2004, p. 142ff）。「profligate」というのは「放蕩の」という意味なんだけど、「放蕩因果」じゃ意味不明なので、原因指定の可能性があちこちに野放図に広がると理解して、「野放図因果」と呼ぶことにしたい。いや、「放蕩因果」の方がいいかな？　私も若い頃は「放蕩」してみたいと憧れたもんだ。金持ちか超モテル人しかできないもんね。

いや、そりゃどうでもいい。ともかく、これは実際困るよね。責任帰属の場面なんかでこんなことを言い出されたら、混乱の極みだ。だとしたら、立ち向かうべき課題は、この「野放図因果」の問題を考慮に入れつつ、適切な原因指定のやり方を探ることだ、ということになる。たぶん、これこそが、因果論の究極の課題なんじゃなかろうか。なんか武者震いがしてくる。楠木正成《くすのきまさしげ》といよいよ雌雄を決するため、湊川《みなとがわ》の戦いに臨む足利尊氏の心境だ。あっと、ちょっと自分の趣味を出しすぎたな。

†通時的野放図因果

実を言うと、原因指定が野放図に広がって混乱の極致に至るというのは、「フローラの事例」のようなタイプの不在因果に限らない。普通の因果関係理解の中にも、野放図因果の根は巣くっているんだ。前にルイスの反事実的条件分析の議論を導入したとき、「死の原因」という概念に対して、ルイスは「誕生」を原因として指定する可能性を認めていたって話したね。死亡の原因は誕生したことだって言うんだ。突拍子もないかもしれないけど、反事実的条件分析の考え方からするとそう言えるね。生まれなかったら死なないもんね。これと同様なことが、ほぼあらゆる因果関係に発生するんだよ。

ヒッチコックとハルパーンという哲学者が発表した論文から「因果連鎖」の例を取り上げることにしよう。船の中でマッチが擦られた、マッチのそばにラム酒の樽があってそこに火が燃え移った、ラム酒樽近くの可燃物に火が燃え広がった、船が燃えて沈没した、船の保険が掛けられていたロイズ銀行が大損した、ロイズ銀行の保険担当重役が精神的にまいってしまった、その重役が自殺してしまった（Halpern & Hitchcock 2015, p. 445）、っていう因果連鎖の例だ。ここでの問題は、「この重役の死」の原因は何か、という問いだ。さて、何だと思うかい。精神的にまいったこと、ロイズ銀行が大損したこと、船が沈没したこと、可燃物が燃えたこと、ラム酒樽が燃えたこと、マッチが擦られたこと、これらはすべて「重役の死」の原因としての資格を持ってるね。なぜって、そのすべてに対して、「もしそれがなかったならば、重役は自殺しなかっただろう」っていう反事実的条件文が成立してしまうと思われるからだ。むろん、これは、マッチが擦られた以前までにもどんどん遡っていける。ここにも、原因指定の可能性があちこちに野放図に広がるという事態が出現してる。つまり、「野放図因果」がやっぱり発生しているんだ。

ただ、これは、「フローラの事例」が同時間的な次元での原因指定の野放図性だったのに対して、それとは違って、時間の経過を通じた次元での野放図因果だね。だから私は、「フローラの事例」のような場合の野放図因果を「共時的野放図因果」と呼んで、それに対して因果連鎖から発生するのを「通時的野放図因果」と呼ぶことにしたい。つまり、野放図性にも「共時的野放図性」(synchronic profligacy) と「通時的野放図性」(diachronic profligacy) の二種類あるということなんだ。いずれにせよ、野放図因果という問題性は、因果関係に深く巣くっているということだ。

†予防の不在

たぶん、こういう議論の進め方に対して、出てくるであろう疑問は、野放図因果が普遍的に発生することは分かったけど、「不在性」の話はどうなったんだ、ということじゃないだろうか。「フローラの事例」の野放図因果は不在因果に関わるけど、ロイズ銀行重役の通時的野放図因果の話は不在性に関わらないんじゃないかって。だったら、DBQDTに不在性が本質的に絡んでいるっていう、もともとの話とどうつながるんじゃ、っていう疑問だ。まことにもっともな疑問だね。今日の話の最後に、この点について話そう。

DBQDTは「後悔」の念をきっかけとするもんだったね。そして、前に触れたことだけど、後悔の念とともに因果関係を理解するってことは、「もしこれこれしなかったら、こうはならなかったのに」とか、「もしこれこれだったら、こうならなかったのに」っていう反事実的条件文とともに因果関係を理解するってことだ。

これはどういうことかというと、私は「予防」(prevention)という概念をここに明示的に導入して説明すべきだと考えているんだ。つまりね、たとえば火事を起こして、ああタバコを吸わなきゃよかったとか、タバコの火を確実に消せばよかったと後悔するってことは、喫煙を予防しなかったこと、タバコの火が残ることの予防をしなかったこと、が原因だと考えているってことだと解釈できるよね。ということは、そうした「予防の不在」が原因として指定されていることになる。前にも、伏線として、「注意の不在」という言い方をしておいたんだ、実は。まあ多少回りくどい言い方になるけど、後悔の念に絡む「原因」は、実質的にはそういう予防や注意の不在を意味していると考えられる。

そして、こういう風に理解すると、因果連鎖から発生する「通時的野放図因果」もまた、「不在因果」の問題にほかならないということになるね。つまり、「フローラの事例」だけでなく、ロイズ銀行重役の例も含めて考えると、「不在因果」は因果関係というもののほとんどすべてをカバーしていることになる。そういう意味で、私は「不在性」の問題は因果関係理解にとってほぼ普遍的に当てはまる問題だと考えているんだ。

ただし、問題は確かに残る。一つは、先にちょっと触れたけど、価値的にポジティブな事象の因果関係についてはもっと丁寧な説明が必要だろうね。たとえば、人類にとって福音となるような医学的発見を導いた原因は何か、みたいな問いを「予防」との絡みでどう扱うかっていうのは、一つ問題となるはずだ。それから、そのことと関係するかもしれないけど、「予防」の概念がそもそも機能しないような、そういう因果関係理解もあるんじゃないか、っていう疑問も扱う必要がある。そういう点を視野に入れながら、「野放図性」にどう対処していくかを考えて、いよいよ結論へと向かっていきましょう。

【質疑応答の時間】

シッテルン博士「因果関係っていうのが、とてつもなく困難な問題なんだっていう感覚は伝わったかな。今回の主題の「である」と「べき」の関係にとって、これは本当に本質的なんだ。だって、原因結果こそ、「である」の事実記述の側面と、この原因が発生した以上あの結果が出現すると考える「べき」だという側面、そして責任帰属の「べき」の側面との、「である」と「べき」の二つを併せ持つ代表だからね」

デアール君「ずっと先生の話を聞いてきて、なんだかくらくらしてきました。当たり前のことが当たり前でなくなってしまうようで」

シッテルン博士「そりゃあ、うれしい反応だね。哲学っていうのは、「分からない」っていう感覚を心底感じてもらえたら、成功したと言えると私は思ってるんだ。つじつまが合わなくて分からないのではなくて、つじつまが合うよう考えていったら分からなくなった、っていう感覚だ。これが大事なんだ。ソクラテスの無知の自覚だね。俺はなんでも知ってるみたいな態度の正反対だ。だから、哲学を修得した人は、信念をもって堂々と生きるっていうのがちょっとしにくくなる。まあ、誰もがリーダーになるわけじゃないから、いいんじゃないかって思ってるよ」

デアール君「僕も哲学ってそんな感じなんじゃないかって、感覚してきた気がしてます。ただ、ちょっと気にかかってたことが二つあります。一つは、先生は因果関係理解を言語行為だと論じていましたが、言語行為の、たとえば発語媒介行為なんていうのは、それ自体が因果関係を前提しているんじゃないかっていう点です。約束して、その結果相手を安心させる、っていうようなのが発語媒介行為ですよね。だったら、言語行為こそ因果関係に依存してるんじゃないでしょうか。もう一つも言ってしまいます。先生は因果関係はリアリティからかけ離れて、真も偽もない、と論じてました。これって、すごいラディカルですよね。でも、だとすると、そもそもリアリティってどういうものなんですか。先生も述べたように、因果関係は世界を理解するときのかなり普遍的なツールですし、「である」の記述的側面もあるとのことですから、リアリティをそこに置かなかったら、リアリティってどこにあるんだろうと疑問に感じました」

シッテルン博士「デアール君、きみ、成長したね。将来哲学者になれるんじゃないかな。鋭すぎてたじろぐと同時に、なんだかうれしいね。

まず、一点目だけど、おっしゃるとおり。因果関係を言語行為と捉えたとしても、言語行為それ自体が因果関係を前提してる。だからね、私のDBQDTはヒュームの規則性説のような還元的な議論じゃあない。私たちの因果関係理解を前提して、そういう理解のありさまを解明しようとする「非還元的議論」なんだ。だいたい、因果なんてものすごく根源的なので、これにストレートに「それって何?」っていう問いを向けても、あまり生産的でないと私は思ってる。それから二番目の質問だ。うーん、まいったな。そこまで突かれたかっていう感じだ。種明かしをするしかないね。私は、リアリティっていうのは、私たちがその都度達成する「浮動的安定」としての因果関係理解に対して、社会的な合意というか圧力というか、そういう強制力のようなものによって、あえて浮動的でないと見なせ、とする場面で現れてくるものだと理解している。

だから、ずっと前だけど、私はリアリティつまり実在性というのはおしなべて制度的なものだとして、「制度的実在」という概念でもってこのことを表現していたんだ。だいたい、そういうものではない、真に客観的で持続的なリアリティなるものは、私には理解不能だ。一瞬後には何が起こっても反則ではない、というのが私の議論の出発点だからだ。

もっとも、じゃあ「制度的実在」っていうのは「浮動的安定」に対するところの「選択的不自然」なのかって問われると、ちょっと迷うことは迷う。私としては、「制度的実在」という様相でものごとを捉えるというのも、実際的にはその都度その都度受け入れるということでしかないので、「浮動的安定」のありようと両立するとほぼ確信している。ただ、文字通り客観的・永遠的なリアリティなんだと断定的な判断を押しつけてくるとしたら（そういう押しつけは有意味ではありえないと私は思うけど）、それを字義通りに捉える限りは、「制度的実在」は「選択的不自然」になるかもしれないな。

ちなみに言うと、「制度的実在」の概念を提示したときに、同時に私は、「因果的超越」という捉え方も提起した。ヒュームの因果論の問題を指摘するところで論じた、あれだ。「因果的超越」という事態が発生して、リアリティという概念が空中分解することになっちゃう、だけどどうもリアリティという概念は一定の働きをしているように思える。ということで提起したのが、「制度的実在」の概念なんだよ。「因果的超越」が乗り越えられるべき事態で、それを乗り越えた様態が私の言う「浮動的安定」なんだから、「因果的超越」を緩和するところの「制度的実在」は「浮動的安定」とやっぱり親和していくと考えるべきだと思ってる。

いずれにせよ、「因果的超越」／「制度的実在」という対と、「浮動的安定」／「選択的不自然」という対とは、重なっているのじゃなくて、交差してるんだ。そして厳密に言うと、「選択的不自然」という様態は実際には虚構なんだ」

ベッキーさん 「先生、不在性の話、なにか「無」の問題とつながるようで、とても面白く感じました。「ない」っていうのは、ものすごく強いインパクトがありますよね。一つそれで質問です。先生は、不在性が原因となることが日常でもよくあるとしてお話しされてましたけど、そのとき、そもそも因果関係は「ない」んだから、不在性は因果関係にとって本質的だっていう趣旨のことを述べていたと思います。でも、「ない」ことを原因とするってことと、因果関係は「ない」ってこととは、微妙に違うのじゃないかと思います。その点、どうなんでしょう」

シッテルン博士 「うーん、つらい。どうして私の教え子はこんなに鋭いのか。本当は私自身が質問してるんじゃないか（えっ？）。苦しいな。まったくベッキーさんの指摘は正しいね。不在を原因とすることと、因果関係がないことは同じじゃない。因果関係はないとしても、実際に存在する事象同士の因果関係が主張された上で、そうした因果関係がないと言われてる場合があるわけだからね。その場合は、因果関係はないとしても、ないことが原因の位置に来ているわけじゃない。これについては、こう答えとこう。たとえば、日光浴不足は大腸がん発症の原因になる、という近年の知見がある。こうした因果関係は、哲学的には「ない」と言えるけど、日常的なレベルで考えると、ドキッとするよね。日光浴は皮膚がんの原因になるので避けよう、みたいな風潮がある中で、日光浴しないことがかえって病気をもたらすっていうんだから。

さて、この「ドキッ」の原因は何かな。日光浴が大腸がんの原因になるっていう因果関係の主張でしょ。でも、こうした因果関係って「ない」んだったね。だったら、この「ドキッ」は不在、つまり「ない」はずの因果関係を原因としていることになるでしょう。つまり、「因果関係はない」っていうのは、不在を原因とするってことと同じではないけど、不在を原因とするっていう事態と直ちに結びつくことでもあるんだ。だから、この二つを、不在性の根源性を論じる場面で、並べて言及したのさ。まあ、ここまで厳密に言わなきゃならないっていうことは、教師にとってとても幸せなことだね」

第2話　因果と予防

†野放図性の程度

さて、ともかくも「野放図因果」の問題に立ち向かっていかなければならない。なぜって、理論的には野放図性は避けられないんだけれど、それが事実なんだからそれでいいでしょ、としてすまし顔ではいられないからだ。だって、こんなことを承認していたら、責任帰属という作業が成り立たないでしょ。

お金欲しさに高齢者の家に強盗に入り、その高齢者を殺害した人が、高齢者の死の原因は貨幣経済にある、とほざいたとき、それを真に受けて、確かに「貨幣経済がなかったらお金が欲しくはならない」という反事実的条件文が成立するという理由で、その因果関係の申し立てを認めていたら、社会は成立しない。そう断言できるよね。いや、断言すべきだよね。

だけど、その犯人が、会社で残業が多くて体を壊して解雇されて、それで困窮してしまったから、やむなく強盗殺人をしてしまった、と言ったらどうだろうか。あるいは、犯人自身が振り込め詐欺でお金をだまし取られた高齢者で、やむにやまれず強盗に入ったら、抵抗されたのでつい暴力を振るってしまい、結果殺してしまったんだ、と言ったらどうだろうか。少なくとも、貨幣経済そのものに高齢者の死の原因を求めるよりは、何か情状酌量してよい点があるようにも感じるね。

こういうちょっとした思考実験からも分かるように、野放図性の問題を扱う際の最も基本的な発想は、野放図因果といったって、のっぺらぼうに可能性が等しく広がっているわけではなくて、それぞれの因果指定のやり方には、受け入れられるかどうかについての「程度」(degree) の差がある、という点なんだ。野放図性のもともとの意味の「放蕩」だって、ギャンブルしまくって借金を踏み倒して転々と暮らすっていうようなかなりヤクザな有様から、スキーに凝って親からお金を引き出して冬はスキー場に頻繁に行くっていうくらいまで、いろいろあるよね。だから、ここで向かうべき課題は、この「程度」概念をどう解明できるかという点にあると言って過言ではないね。

†ポジティブな価値を持つ結果

ただ、それを論じる前に、前回の話からの宿題として、少し整理すべき問題がある。一つは、DBQDTが後悔の念によって解明されていたことに対して、ポジティブに価値づけられる事象に対する原因指定はどうなのかっていう問題だ。

これについては、後悔の念は別にして、ポジティブな価値を持つ結果もやっぱりDBQDTで説明できることはすでに確認してあるね。通常の状況からの逸脱が発生して、どうやってそんなことができたのかっていう疑問とともに因果関係理解が立ち上がることは、まず間違いない。

また、後悔の念にしたって、価値のトレードオフのことを考えれば、出し抜かれたライバルや、そうしたポジティブな結果の恩恵をもっと早く受けたかったって思う人の視点からすると、ああすればよかったのに、という後悔の念が伴いうるので、ネガティブな価値を持つ事象と同様に扱える。つまり、「予防の不在」という原因指定の方針は当てはまる。ライバルの視点からすると、ポジティブな事象の達成を阻止する要素が不在だったこと(あいつらは恵まれすぎだという思いなど)が原因として指定される傾向があるだろうし、恩恵をもっと早くに受けたかった人からすると、達成を遅らせた事情を予防する試みが不在だったこと（もっと注意力があればよかったのにという思いなど）が原因として指定されるだろう。

けれども、ポジティブな価値を持つ結果をみずから達成した本人の視点に立ったならどうだろうか。

これについては二つの場合があるだろうね。一つは、ポジティブな価値を持つ結果が偶然に達成された場合だ。たとえば、アレクサンダー・フレミングがペニシリンを発見したような場合だ。フレミングは、乱雑な実験室で実験結果の整理をしていたとき、偶然に黄色ブドウ球菌がカビの部分に生育していないことに気づいてペニシリンの発見に至ったんだ。初の抗生物質として、医学に多大な貢献を成し遂げた。

この場合は、フレミングが偶然の発見に至ることを阻止する事情が不在だったことが（ペニシリン発見の）原因として指定されることに違和感はないだろう。なにかの事情で注意深い観察力が妨げられていたり、黄色ブドウ球菌に関する関心があまりなかったりしたならば、ペニシリンの発見にいたらなかっただろう、という反事実的条件分が成立するので、やはり「予防の不在」（この場合は「阻止要素の不在」という方がしっくりくるが意味は同じだね）が原因とされる。

†予防が不要な場合

ただ、もう一つ、明らかに意図的な努力によってポジティブな価値を持つ結果を達成した場合、果たして「予防の不在」という観点が適用できるかっていう問題があると思う。これは、前回の話の最後に宿題として提起した第二の問題に関わる。

たとえば、iPS細胞を発見した山中伸弥の功績を考えてみよう。本当にこれは世紀の発見だ。いわゆる再生医療、つまり臓器移植などの手法を用いずに細胞レベルで臓器の再生などをして治療しようという医療のことだけど、それはES細胞、すなわち実際の人間の受精卵を用いた細胞で行われることが既定の方法だった。だけど、それって倫理的な問題がないとは言えないよね。なにしろ、赤ちゃんになりうる細胞を医療資源として利用する、っていうんだから。

で、山中は、そういう倫理的な問題をクリアできるようにするため、受精卵ではなくて、普通の細胞からどういう臓器にもなれる万能細胞を作ろうという明確な意志のもと研究を続け、ついにiPS細胞の発見に至ったんだ。むろん、多少の試行錯誤や紆余曲折はあったにせよ、一貫してiPS細胞を作製しようという意志があって、どう考えてもフレミングのペニシリン発見のような偶然的なものとは言えないんだ。

この場合、iPS細胞の発見に至った原因は何だろうか。もちろん、山中の強い意志と実行力だとしか言えないだろう。こういう場合、阻止要因の不在とか予防方策の不在とか、そういう不在性の概念を導入することは意味をなさないように思える。つまり、結果の著しい価値と一貫した明確な意志による実現という点で、「予防」という概念を咬ませることが不要だと思われるケースだ。こういうときには、原因は、ストレートに、先行する事象に帰せられる。

ちなみに、さっきのフレミングのペニシリンのケースだって、偶然にせよきわめて価値の高い発見なんだ、っていう視点から見ると、阻害要因があったかなかったかなんてのは問題にならなくて、そういう予防の概念を適用することが不要だと理解されることもありうるね。その場合は、ペニシリン発見を導いた原因は、フレミングの注意力とか直観力などだ、っていう理解も出てくるわけです。

加えて言うと、この本の「はじめに」で、一ノ瀬が述べている、愉快で有益な不思議感っていうのは、この予防が不要なケースに「クアエリ原理」が適用される場合だと言えるかな。オーロラの仕組みに対する不思議感は、オーロラを阻害する原因を探ることに結びつくわけじゃなくて、オーロラに先行する事象によってオーロラを理解しようという探究に結びつくわけだからね。

†予防可能と予防無縁

同じような事態は、予防が不要な場合だけでなく、そもそも予防や阻止が困難な場合にも当てはまるんじゃないかな。ポジティブな価値を持つ結果について言えば、たとえば、スポーツでのスーパープレイだ。前にも挙げた例をもう一回使うと、プロテニスのプレイヤーがドロップショットを放って、そのボールがコートに落ちたあと右に急角度で跳ねたとき、私たちはびっくりするよね（あくまでイレギュラーバウンドではないとしてだ）。この通常考えられる現象からの「逸脱」に対して「どうやったのか」という「疑問」を提起して、まずは手首の尋常ならざる使い方に原因を求めるでしょう。こういう場合、確かに理論的には通時的野放図因果の問題は生じうる。もしこんなに上手な選手と試合を行わなければ、こんなスーパープレイはなかっただろう、などなどだ。けれど、こういうときに提起される疑問に対して、試合を行わなかったならば、などという反事実的仮定をして、試合をしないという予防対策の不在を問題とする人はまずいない。素晴らしいプレイを賞賛するばかりだ。

こういう場合、要するに、あまりに予測を裏切る度合いが激しいので、予防が不可能だという理解が表に出てくるんだ。したがって、先の、予防が不要と思われるケースと同様、原因は、予防の不在ではなく（そもそも予防ということが想定困難なんだよね）、ストレートに、先行する事象、すなわち手首の技巧的な使い方などに求められる。それが実態なんじゃないかな。こういう場合、ときとして「神がかり」とか「奇跡的」といった形容詞が用いられるね。

要するにこういうことだ。予防という概念が不要だったり、困難だったりして、機能しないような場合には、「予防の不在」という原因指定の方策は作動しない。その場合は、不在ではなく、存在する先行的な事象に原因が求められるということだ。私はこういう事態を「予防無縁視点」(the view of prevention-indifference) というように表現したいと思ってる。この場合は、原因指定はほぼ確定してしまうので、通時的野放図因果の問題は、理論的には別として、実際上は発生しないでしょう。むろん、不在性がそもそも関わらないので、共時的野放図因果の問題も発生しない。

それに対して、火事を起こしてしまったような、予防ということが、遡及的にだとしても、十分に想定しえて、「予防対策の不在」が原因指定されるような状況は、「予防可能視点」(the view of preventability) と呼べるだろうと思う。つまり、「後悔」の念と「予防の不在」を基本概念としてDBQDTを説得力ある仕方で展開するためには、原因指定には二種の視点があることを丁寧に追っていく必要があると思うんだ。

†確率への考慮

それで、次に出てくる問題は、この二つの視点って、どういう風に分けて適用されてるんだろうか、っていう問いだ。たとえば、日本で起こった東日本大震災を思い起こしてみて。あれで二万人近い人々が亡くなってしまった。空前絶後の自然災害だった。では、そうした多くの尊いいのちが奪われた原因は何だったのだろう。津波震災、だ。当たり前だ。しかも、千年に一度の大地震だ。予防しようがないだろうね。よって、予防無縁視点が採られて、津波震災が原因として指定される。一部の人々は「天罰」だなどといって、ひんしゅくを買ったものだ。同じく予防無縁視点が採られるスポーツのスーパープレイで「神がかり」とか「奇跡的」と形容されるのと、ある意味で共通しているところがある。

けれども、後から一部の研究者が明らかにしたことだけれど、三陸などの多くの地域は歴史的に何度も大津波に襲われている。そういう点で、もともと住居を建てるにふさわしい土地とは言えない場所が、やはり津波に襲われてしまったんだ。よく考えれば、千年に一度って言ったって、人類が百万年前に誕生したとすれば、単純計算で、人類は千年に一度の大津波に一千回直面していることになる。決して「まれ」とは言えないね。だったら、「予防可能視点」が採られても全然いいことになる。実際、津波のことを考慮して住宅建築許可に制限を加えることはできたはずだ。そういう「予防対策の不在」、それが多くの方々のいのちを奪った原因だと、そういう言い方は確かに通用するんじゃないかな。

東日本大震災の例は、予防可能視点と予防無縁視点の両方ともが採られうる、いわば境界線の事例だ。では、何が決め手となって二つの視点の反転が起こるんだろうか。私は、逸脱事象が発生する「確率」(probability) に鍵があると考えている。つまり、当該の逸脱事象の発生確率がきわめて低いときには、発生が予想できないので予防無縁視点が採られる。いや、そうならざるをえないよね。イギリスみたいな地震のほとんど起きない場所で、とてつもない大地震が起こって地割れができて、多くの人が地割れに飲み込まれて亡くなった、なんていう場合、予防なんてできっこない。確率が低いからだよね。だから、多くの人々の死の原因は大地震そのものにあるとされる。

また反対に、論理的真理のような確率1の事象も、原理的に予防ができないので、予防無縁視点を採らざるをえない。もっとも、それは逸脱事象ではないので、原因への疑問は発生しないかな。また、ぜがひでも発生してほしい事象、そういう意味で、厳密には変な言い方なんだけど、確率1になってほしいと望まれる事象、たとえば、iPS細胞の作製なんかだけど、それも、予防つまり阻止したくないという意味で、予防無縁視点が採られるんじゃないかと思う。

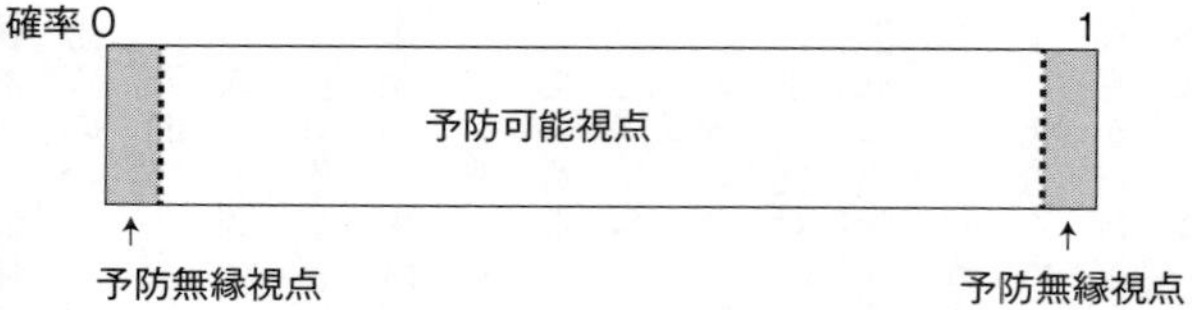

図 8

つまりだ、逸脱事象の発生確率がきわめて低いか、きわめて高いか、どちらかの場合には予防無縁視点が採られると私は理解しているんだ。逆に言えば、逸脱事象がその間の確率になっている場合に、予防可能視点が採られるんじゃあなかろうか。図示すると図8のようになるかな。

†曖昧性の介入

予防無縁視点と予防可能視点の境目が点線になってるのはなぜ、って思うかもしれない。理由は明確。二つの視点の境目は鮮明にはつけられない。「曖昧」(vague)なんだ。だから、曖昧性に関する有名なパズル「ソライティーズ・パラドックス」(sorites paradox)が発生する可能性がある。次のようなパラドックスのことだ。発生確率が五%ならば予防可能視点が採られるとすると、確率四・九九九九%も同様だろう。だって区別できないからね、そんなわずかな差なんて。とすると、確率四・九九九八%も同様だということになり、ずっと続いて確率〇・〇〇〇一%も予防可能視点が採られることになっちゃう。あれ、でもそんなに確率が低い事象は、そもそも予見できないし、予防なんて考えも浮かばないでしょう。実際、それぐらいの発生確率の事象って、予防無縁視点が採られる範囲なんじゃないかな。おんなじことは、確率〇・〇〇〇一％を予防無縁視点としてはじめても、成り立っちゃう。確率五〇・〇〇〇％の事象にも予防無縁視点が採られるっていうような帰結が出てきちゃうんだ。

境目が曖昧だと、こういう「ソライティーズ・パラドックス」と呼ばれる現象が発生しうるんだよ。オックスフォード大学のティモシー・ウィリアムソンや、先に名前を挙げたキット・ファインらが独自な議論を加えているところの、現代の論理的哲学の大問題の一つだ。

多くの哲学者は、このパラドックスにはどこかに誤謬が隠れているとして、パラドックスは本当には発生していない、という方向で論じてるんだけど、私はむしろ、実際的な場面でパラドックスが発生してしまっているという事実の承認からはじめるのがよいとにらんでいるんだ。受精卵はどこからパーソンになるのかなんて問題は、なかなか解決しなくて、人工妊娠中絶をどうするかなんて生命倫理の問題が出てきたりしているでしょ。あれは、まさしく「ソライティーズ・パラドックス」が現に発生している代表例だ。因果性に関する問題も、そういう意味では同様だ。原因指定がしばしば混乱する要因はここにもあると言うべきだろうね（一ノ瀬二〇一一b、第四章参照）。

†予防可能度

ここまでくると、いよいよ野放図因果に対する対処法が提起できるところまで来た。やれやれだ。まず、予防無縁視点については、さしあたり、原因指定に紛れがないので、問題はないね。問題は、予防可能視点が採られる範囲での野放図性の問題だ。厳密に言うと、ここで直面しているのは、通時的野放図性の問題だ。「フローラの事例」なんかで発生する共時的野放図性については、最後に論じる。

で、私は、通時的野放図性について、それぞれの原因候補の適切性の度合いを、「予防可能度」(degree of preventability)、つまり予防対策の実行可能度、という程度概念でもってランキング化できると考えている。確かに、死因はなにかと問うとき、誕生が原因だ、という言い方はまったくのナンセンスとまでは断定できないね。だから通時的に野放図に出てくる多様な原因候補の中のどれが真の原因か、を明確にすることが問題なのではなくて、どれが原因としてより適切か、っていう程度が問題なんだよね。

そして、予防対策の実行が、遡及的にではあるとしても、可能であったと言えるものであればあるほど、その「予防対策の不在」が原因としてより適切である、という考え方で理解できるんじゃないだろうか、というのが私の提案だ。つまり、予防可能度が高いものほど、その予防の不在を原因として指定するのがより適切な指定だ、ということだ。

†コストと所要時間

そこで、三つの変数に基づいた関数として、予防可能度を測る、というのが私の提案だ。まず最初の二つを述べよう。

予防対策の実行可能性を考えるに、まず第一に、①**「コスト」**、すなわち費用や労力、が考慮されなければならないだろうね。コストが高いものは、当然、実行可能性が低いということになる。ただ、「コスト」には心理的な要素も入るので、物理的に多大な労力がかかる作業でも、文化的・宗教的な理解を背景にして心理的には低コストと捉えられる、という場合もある。たとえば、神に収穫物の半分を捧げるのが信者の義務だと信仰している人々の間では、その分の収穫のコストはほとんどゼロだと捉えられるかもしれないね。そういう意味では、「コスト」も、「べき」としての価値観とは独立の、純粋に「である」に属する事実として規定することはできない。コストには、文化的・宗教的な、「べき」としての価値観が入り込むことがありうるので、労力の大きさ、という「である」としての事実だけで測れないってことだ。ここには「である」と「べき」の融合の形態が現れているんじゃないかな。

次に、二つ目の変数として、②予防対策が効果を発揮するまでの「**所要時間**」が挙げられるんじゃなかろうか。所要時間が短い対策ほど、実行可能性が高く、やりやすい対策であることになる。そうでしょ。この所要時間をコストと別立てにするのには理由があります。コストが高くても所要時間が短い予防対策とか、逆に、コストが安くても所要時間のかかる予防対策などがありえて、コストの高低と所要時間の長短とは必ずしも対応しないからなんだ。

たとえば、今日我が国で増え続けているシカ害やイノシシ害対策を例に取ってみよう。農作物などを荒らすシカ・イノシシ対策としては、鉄砲による駆除というのが、最も端的な対策でしょう。これは、人件費とか装備という点で、そして駆除者の受ける心理的負荷という点で、コストはなかなか高くつくと私は理解してる。けれども、解決に要する所要時間は、捜索時間はあるとしても、命中してしまえば短時間ですんでしまうよね。これに対して、罠を仕掛けて捕獲するというのは、たぶん、コストの点では、人件費や心理的負荷などに鑑みて、鉄砲による駆除よりも安いでしょうね。けれども、罠設定作業の時間もあるけど、なにより、シカやイノシシが罠にかかるのを待たねばならない。直接的な駆除よりも時間がかかっちゃう。こんな風に、コストと所要時間は正比例するわけじゃあない。

†結果からの時間的距離

けれども、コストと所要時間という二つだけで、予防対策の実行可能性を評価するとしたら、奇怪な原因指定が帰結してしまう可能性がある。タバコの火の不始末による火事の例に戻ってみましょ。その家屋がなかったならば、当然その火事は起こらないね。ひいては、そこにその家屋を建てようと土地の持ち主が決断しなければその火事は起こらなかったわけだよね。そして、そこにその家屋を建てないという決断は、一瞬で実行可能であり、コストもかからない。ということは、上の二つの基準だけで原因指定を行うならば、火事の原因は「家屋を建てないという決断ができなかったこと」ということになりえてしまう。つまり、簡単に言い換えると、その家屋を建てようと決断したことが火事の原因である、ということになっちゃう。これは、しかし、実際場面では、まったく通用しない主張でしょう。どつかれるよ、まったく。いたた。

では、先の二つの基準以外に、どういう要件が必要だろうか。私の考えでは、③「**結果からの時間的距離**」という要素が考慮されるべきではないかと思うんだ。現在に近い過去において実行可能な予防対策であればあるほど、予防可能度が高いと考えるということだね。

このことは、コストとも無関係ではないかもしれない。かなり前もって予防対策を講じるというのは、労力と維持力がかかるであろうからね。さらに、時間が近づいた時点で予防を考える方が、明らかに対策を立てやすい。なぜなら、予見が一層明確にできるようになるからだ。もちろん、結果発生時点に近すぎては、実際上は、予防可能でなくなってしまい、例の、予防可能視点と予防無縁視点との反転が起こりかねない。そこは、コストや所要時間をも考慮に入れた、総合的な判断が必要になるんじゃないかな。こうした発想は、法哲学の伝統において「近因」(proximate cause) と呼ばれている概念にとっても近似している。

たとえば、一般道の道路工事に不備があり、走ってきた車がパンクして、停車したとき、前方不注意の後続の車がぶつかってきた、という場合を考えてみて。もちろん、道路工事の不備がなければその事故はなかったので、反事実的条件分析の観点からして、道路工事の不備は事故の原因としての資格を有するね。けれども、ぶつかってきた車の過失もまた、そうした資格を有することは明白でしょう。では、何が違うんだろうか。道路工事の不備があったとしても、そして、それによる車のパンクとか停車があったとしても、ぶつかってきた車の運転手が前方を注意していれば、その事故は起こらなかったはずだ。すなわち、反事実的条件分析による原因指定候補の中で、一番後になっても事故を食い止めることができた対策、すなわちこの場合だと不注意な運転を防止すること、それが、対策を実行する時間の余裕という点で、最も実行のチャンスが多く、最も実行可能性が高い、つまり予防可能度が高い、ということになるね。実際、事故時の直前でも、停車を明示し、運転手の注意を喚起する方法はあったはずだと思うよ。

†予防可能度の定式化

この三つの因果指定絞り込みの基準を踏まえて、多くの原因候補のn番目の候補、つまり厳密に言うと、可能な予防対策の中のn番目の候補をC_n、焦点を当てられている結果をE、そして、その原因候補のコストをCos、実行に要する所要時間をTim、結果からの時間的距離をDisと表して、その三つの、値づけをした上での扱いを関数と捉えて（基本は乗法だけれど、さまざまな考慮を反映した重みづけを導入した関数でもいいでしょう。直観的にはDisに最も大きな重みづけが与えられるのが私には適切に思えるね）、その逆数を取ることで予防可能度（degree of could-have-prevented, DCHPと略記）を定式化してみましょう。分子に来るΦは、いまのところ明示はできないけど、必要があれば導入されうる変数や定数を予想して、念のため加えてある。そしてPは、C_nがEを実現するであろう確率だ。非還元的な議論なので、前提レベルでの因果関係は取り入れるというのが基本戦略だ。

以下のようになるね。

$$DCHP(C_{n}, E) = \Phi P/f_{Cn}(Cos, Tim, Dis)$$

こうして、ＤＣＨＰを計量する。そして、ＤＣＨＰが高ければ高いほど、その予防対策の不在が原因として指定されることの適切性も高い、ということになるわけだね。

†原因指定の適切度

それじゃあ、通時的野放図性の問題に対して、上のＤＣＨＰを適用して、どういう対応ができるか確認してみよう。ヒッチコックとハルパーンのマッチの火からロイズ銀行重役の自殺まで至る例に沿って考えてみよう。まず、「マッチの火をつけなければ、ロイズ銀行重役の死はなかった」という反事実的条件文による原因指定の適切度はどうなるだろう。

コストはどうかというと、ものすごく安いね。マッチの火をつけないということだけだ。費用もかからない。また、所要時間もとても短い。つけないと決断するだけだ。では、時間的距離はどうかな。これは、かなり遠いね。重役の自殺よりもずっと前に遡らなければ「マッチの火をつけない」という予防対策はとれないもんね。

それじゃあ、もっと結果に近いところ、その重役が精神的にまいってしまったところで考えてみよう。そこの時点で、たとえば会社がその重役を心療内科に行かせるとか、休暇を取らせるとか、そういう予防対策はとれたんじゃないかと思えるね。そういう精神的ケアをすれば、致命的な精神的不調には至らなかったんじゃなかろうか。つまり「会社が重役に対して精神的ケアをしてあげれば、重役の死はなかっただろう」という反事実的条件文も成立すると思われるよね。この場合も、コストは、そんなに高くない。会社が病院行きを勧奨したり、休暇を取らせるだけのことだ。でも、マッチの火をつけないよりはコストは大きいでしょう。所要時間はどうかな。マッチの火をつけないと同じほどには短くはないね。重役を病院に行くよう説得したり、休暇を取ることを促したりする時間がかかるかな。まあ、しかし、それほどの時間はかからない。じゃあ、結果からの時間的距離はどうかな。これは、マッチをつけないというのと比べると、ぐんと結果に近い。

以上のような整理を、三つの変数に対応する三つの軸を用いた直方体としてイメージ化してみよう。分かりやすくするためだ。Cos, Tim, Dis のそれぞれの逆数を取る点、注意。それぞれの値が大きくなると、それぞれに対応する辺の長さは小さくなるってことだよ。Cos, Tim, Dis の順で、それぞれX軸、Y軸、Z軸と置きましょう。なんかわくわくするね。こういう図示、好きなんだよ。それで、表示される直方体の体積が大きければ大きいほど、その予防対策の不在を原因として指定することの適切度も高い、ということになるからね。

まず、マッチの火をつけないということの予防可能度、つまりDCHP、については、図9のような感じになるかな。CosとTimは小さいので、XとYの値は大きくなるけど、Disが大きいのでZ軸は小さな値になるね。また、マッチをつけないと火がつかない確率はほとんど1に近いので、そこは無視していいね。できあがるのは、薄い板状の直方体だ。これに対して、会社が重役に対して精神的ケアをする場合は図10のようになるかな。

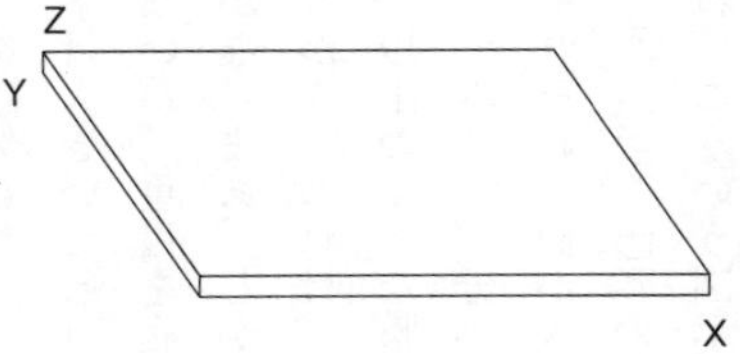

図9

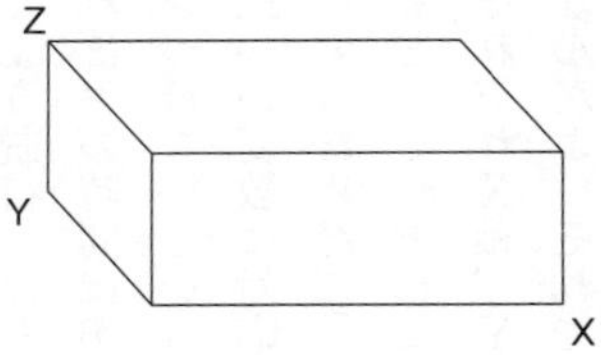

図10

マッチをつけない場合と比べて、CosとTimはやや大きくなるので、Xの値とYの値は小さくなるね。でも、Disはぐんと小さくなるので、Zの値はぐんと大きくなる。二つの直方体の体積を比べてみて。会社が精神的ケアをすることが重役の自殺を予防する確率は1よりは小さいので、少し割引する必要はあるけど、全体としては、会社が重役に精神的ケアをすること（図10）の方が、体積が大きくなるだろうね。ということは、「会社が重役に精神的ケアをすること」という予防方策の方がDCHP、つまり予防可能度が高い、ということだ。かくして、「会社が重役に精神的ケアをすること」の不在、すなわち、そうした怠慢あるいは不作為、それこそがこの重役の死の原因である、という原因指定の方が適切度が高い、ということになる。

むろん、こうした述べ方が示すように、マッチをつけたことを原因として指定することも全面否定されるわけじゃあない。あくまで、程度の違い、ということだよ。

どうだろう、これが私の通時的野放図因果においての原因指定に関する適切度の議論だ。まあ、あくまでスケッチだけどね。さあ、最後に、共時的野放図性の対処について考えて、終わりにしましょう。

【質疑応答の時間】

シッテルン博士「ようやく私の言いたい予防概念の話をすることができて、ちょっとホッとしてるんだ。予防って言ったって、基本的には過去に遡及して可能だったんじゃないか、っていう後知恵の議論なんだけど、これをしないと、因果関係についていつも発生する混乱は解けない、そして結局、因果関係に照らして論じられる責任帰属の問題も整理がつかないっていうのが、私の理解なんです」

デアール君「僕は最初、因果関係って事実の問題で、最後の決め手は客観的な検証やデータにあるって思ってたので、先生の話を聞いてきて、なんだか地面がぐらぐら揺れているような感覚を抱いています。ただ、予防可能視点と予防無縁視点の反転を確率で説明するっていうところが、ちょっとよく分かりませんでした。たとえば、これから何十億年かの後に太陽が消滅して、地球も消滅するって言われてますけど、そういう事象の場合、どっちの視点が採られるんですか」

シッテルン博士「うんうん、的確な質問だ。まず、言っておくべきことは、私の二つの視点の反転の話は、さっきも言ったけど、基本的に過去に起こった事象に対する遡及的な後知恵の話です。未来の事象に関しては、それがすでに起こってしまった状況というのを仮定してそこから遡及するという形で、類比的に適用するということはできるけれど、直接当てはめることはできない。因果関係は、未来の予測にももちろん使われているんだけど、そしてそれに関して科学的とか客観的とかという形容詞も冠せられるけど、私は、一瞬後には何が起こっても反則じゃない、という把握を出発点にしているので、私のいう因果関係の理解も、いまこのときに納得しているだけのものなんですよ。現在納得している因果関係の理解も、一瞬後には無効になっちゃう、っていう可能性がいつも私の頭によぎるってことだ。まさしく「浮動的安定」だね。
ただ、あえて類比的視点に立って言えば、地球の消滅が確率1に近い形で理解されている限り、遡及的にも、予防無縁視点がとられるだろうね。どうしようもないもんね。でも、それによって人類の消滅も発生したときには、地球の消滅イコール人類の消滅となる確率は1よりはずっと低いので、人類の消滅に対しては予防可能視点が採られるでしょう。実際、他天体への移住とか、そこでのテラフォーミング（他天体の地球化）だとか、予防対策は考えられるんじゃないかと思うよ」

ベッキーさん「先生、はじめて聞く話ばっかりで、とても新鮮です。直方体の議論はとてもおもしろかったです。だけど、これって、コストの計算とか、所要時間の計算とか、相当に複雑で、正確に行うのは難しいだろうし、哲学だけじゃとても達成できないんじゃないかな、って思いました。それに、こう言っては失礼かもしれませんが、ちょっと大雑把なんじゃないでしょうか。先生にはすみませんが、ちょっと、十分には、納得できないところが残りました」

シッテルン博士「いやいや、正直に言ってくれて、ありがたいよ。私も同じように自分の議論を捉えている。これはあくまでラフなスケッチだ。それに、ベッキーさんの言うように、哲学者だけじゃとても達成できない。いろいろな専門家が知恵を出し合ってはじめてある程度厳密にできる、共同作業を前提にした議論だ。そして、そうやってもなお、厳密な意味で正確にすることは難しいでしょう。

ただ、一つ言えるのはね、大きな視点から大まかに枠組みを与える作業というのは、確かにそれ自体では大雑把なんだけど、決して無意味とは限らないってことなんだ。大きな方向性を与えるというのは、案外に、役に立つんだよ。「疫学」なんて、そういうものだよね。一つ一つの事例の理解を深めるっていうよりも、長い時間をかけたデータの集積に基づいて、全体の大きな流れとか傾向性を、広い視点から推定しようというのが「疫学」だ。でも、人類に対して「疫学」が果たしてきた貢献はとても大きい。そういう意味で、細部は大雑把だとしても、大枠の議論をスケッチの形で展開することにも、一定の意義はあるんじゃないかと思ってるよ。まあ、私の直方体の議論がどこまで有意義かは、私が判定することじゃないけどね。さてさて最後に向けて、ちょっとニンジンジュースでも飲みたいな」

第3話　「である」と「べき」のはざま

†共時的野放図性に立ち向かう

いよいよ最後の時間になった。もう一息だ。最後に残った課題は、「フローラ」の事例のような、文字通りの不在因果や不作為に関わる共時的野放図性の問題だね。問題は、蘭の花が枯れてしまった原因はなにか、ということだった。まあ、普通は「フローラが水をあげなかったこと」になると感じられるけど、もちろん、蘭の持ち主が水をあげれば枯れなかったし、エリザベス女王が水をあげても枯れなかったので、反事実的条件分析を採る限り、一体どれを原因としていいのか拡散して分からない、ということが問われていたわけだね。

私はね、結論的なことを最初に言ってしまうと、「誰が水をあげるべきだったか」という「べき」、つまり規範性が決め手になると思ってる。そういう意味で、「フローラの事例」はちょっと妙だね。規範性からすると蘭の持ち主の不作為こそが原因だと思われるはずなのに、フローラの不作為がなんとなく原因のように感じられてしまう。これはなぜなのか、っていうのを明らかにする必要がある。

ただ、規範性が鍵になるっていう点は動かないと思うよ。前にも触れた育児放棄の例を思い出してみて。乳児がほったらかしにされて死亡してしまった場合、たしかに、親の不作為だけでなく、祖父母とか、叔父叔母とか、隣人とか、そういう人がケアをしてあげれば乳児は死亡しなかった、という反事実的条件文は成り立つので、共時的野放図性が現れてはしまう。しかしね、考えてみて、子どもの養育は親の義務だよね。親がすべき「べき」もののなんだ。だから、育児放棄による乳児死亡の原因は親の不作為だ。親のケアの不在だ。断然ね。

†不在因果と「べき」の問題

じゃあ、これに対して、次のような場合はどうかな。鉄道の駅で、電車のドアの開閉時に、電車に乗れず片腕だけドアに挟まれた乗客がいるのに、ホームの駅員が安全確認をせずに発車オーライの合図を出したところ、その乗客が電車に引きずられて死亡してしまった、という場合だ。この乗客の死亡原因は何かな。むろん確かに、死亡した乗客が電車に乗ろうとしなかったら、この鉄道会社が存在しなかったら、やはり死亡事故は発生しなかった、といった反事実的条件文が成り立ち、それに照らして通時的野放図性が発生しているけれど、これについては前回の議論で対応できるね。まあ、普通に考えて、この場合の死亡原因は、電車が発車することを予防できなかったことだよね。

じゃあ、誰が予防すべきだったんだろう。むろん、ホームの駅員でしょうね。「フローラの事例」と同様に、ホームにいた他の乗客が大声で叫んで発車を阻止していたら、電車の中にいた他の乗客が大声で叫んで発車を阻止したら、こういう事故は起きなかったということは確かで、共時的野放図因果の問題も確かに発生はする。でも、誰が阻止す「べき」だったのかという規範性の観点からすると、ホームの駅員の注意の不在が原因の筆頭候補として浮かんでくるね。

でも、じゃあ、他の駅員が危険を察して発車を阻止しなかったことは、どうだろうか。同じ職場で働いている同僚なんだから、責任は共有していて、その限り、原因候補として有力なんじゃないだろうか。ちょっと難しい。ただ、やっぱり、その時間に発車の合図を出すことを任されていた駅員の注意不足の方が、原因候補として適正な気がするよね。

ということはだ、どうも、不在因果に発する共時的野放図因果についても、前に論じた通時的野放図因果の場合と同じに、やっぱり「程度」が問題になっているってことが見えてくるんじゃないかな。規範性つまり「べき」として語られる度合いが大きいものが、原因候補としてより適切だってことなんじゃないか。どうも私にはそう思えるんだよね。つまり、規範的な「べき」に基づく原因指定については、「べき」が強く帰せられるものと、弱く帰せられるものがあって、どちらも原因となる資格を持ってはいるんだけど、適切度の違いがあるってことだ。前に論じた「予防可能度」と発想としては同じだよね。私はこれをストレートに「規範性度」(degree of normativity) と呼びたいと思う。

それに実際、こういう「規範性度」の考え方は私たちにとっても馴染み深いとも言えるんだ。どういうことかっていうと、交通事故の過失割合、ってのがあるでしょ。あれだよ。青信号の交差点で右折車と直進車がぶつかったときなんかの場合だ。どちらにも過失はあるけど、過失の度合いが測られて責任が語られるね。たいていは右折車の方に重い責任が帰せられる。それは、規範性度の違いによる、と考えて間違いない。

私の考えではね、「フローラの事例」で私たちが感じる不可思議な原因帰属の感覚や、鉄道駅員の事例なんかは、この規範性度を精確に規定することによって解明できると踏んでいるんだ。それが、私の話の最後となる、共時的野放図性への対処法だ。

†「べき」は「できる」を含む

いずれにせよ、ちょっと注意しておきたいことがある。こんな風に「べき」の話にもろにくっつけて因果関係について論じると、あれっ、ということは、因果関係って事実の「である」とはまったく関係なくて、完璧に人為の領域の話なんだ、でも、因果関係って、マッチを擦ったら火がつく、みたいに事実の世界の理解を典型とするものだったよね、ずいぶん典型例から離れてしまったんじゃないのか、って思う人が必ずいるでしょう。無理もないかな。まあ、でも実は、ヒュームから採った洞察、つまり「因果関係はない」、っていうことをいつも考慮に入れると、そんなに変な展開じゃあないんだけどね。

ただ、言っておきたいのは、「べき」は必ずしも「である」の領域と切れてるわけじゃないんだ。「当為は可能を含む」、すなわち「『べき』は『できる』を含む」(ought implies can) っていう、昔からの道徳哲学で掲げられる標語みたいのがある。この考え方がどこから出てきたか、神意とか自然法とかカント哲学とか、いろいろ言われるね (Stern 2016参照)。確かに、カントの『純粋理性批判』には、「『べき』が行為に向けられているときには、その行為は自然の制約下で可能でなければならない」(カント一九七四、A548/B576) という言葉がある。

しかし、これは考えてみれば当たり前だ。「あなたは深海で裸で暮らすべきだ」という「べき」を言われても、ばかげているでしょ。だって、深海で裸でなんか暮らせないもんね。裸なんて恥ずかしいよ。寒いし。いや、その前に溺れちゃうし。要するに、できないことを、する「べき」と言っても、意味をなさないってことだ。ということは、つまり、「べき」っていうのは、「できる」に関する事実、一種の「(できるの)である」を、含意してるってことだ。そういう意味で、実は、「べき」と「である」はもともと結びついてるんだよね。

実際ね、さっきの確認せずに出発の合図を出した駅員の例だって、死亡事故の後で、実はその駅員は安全確認をしようとしたそのとき心臓麻痺に襲われてもがいていた、そしてもがいた動きが発車の合図と取られて、発車して事故になってしまった、ということが判明したらどうだろう。この場合、そもそもこの駅員は安全確認が「できなかった」。だから、「べき」は当てはめられない。そういう風に理解されるよね。

これは、心神耗弱《こうじゃく》や心神喪失の人が触法行為をしたときに罪が減刑されたり無罪になったりっていう、日本の刑法三九条の条文にも現れているような、いわゆる「精神異常抗弁」(insanity defense) と、発想としては同じだ。「できない」ことに対しては「べき」は当てはめない。「べき」ならば「できる」が成り立つ、の対偶をとると、「できない」ならば「べき」は成り立たない、だね。そして対偶は論理的に等価なわけだ。

もっとも、「できる」というのは能力のことで、現実には現れていない様態のことだから、ある事柄について「できる」かどうかを判定するのはかなり困難だということはすぐ分かる。私は映画スターになることが「できる」かな？　うーん、どうかな。なれる気がまんまんとするけど。でも、私は一〇〇メートルを八秒以内で走ることが「できる」、っていうのは無理だな。なぜ無理かっていうと、いくら希代の快速の私でも、私の体の生理的事実や、統計的事実にのっとって、そう言えるってことだ。つまり、「である」の事実が「できる」を決めるんだ。そして、その「できる」を「べき」は前提する。

うーん、「である」と「べき」、かなり親密な関係であることが想像できるね。私はずっと「である」と「べき」が関係し合っていることを陰に陽に触れてきたし、それをはっきり示す典型例として因果関係の問題を論じてきたんだけど、「できる」という概念を通じても同じようなことが言えるんだ。

†ヒュームの法則

でもね、哲学の伝統の中で、この「である」と「べき」について、まったく異なる領域のものであって、明確に区別すべきだ、とする議論が結構多くあるんだよ。その筆頭は、なにをかくそう、あのヒュームだ。

ヒュームは言う、道徳に関する議論を見聞きしているとき、「である」「でない」という記述をしていると理解していたら、突然に気づかれないような仕方で「べき」「べきでない」という議論に変化してしまっていることにしばしば遭遇し大変に驚く、と。なぜなら、これは新しい関係の導入であり、しかもこのような新しい関係への変化は想定不可能であり、まったく異なるものからの演繹なので、説明されなければならないからである、と言うんだ（ヒューム 一九五二、三三三―三三四頁）。たとえば、隣国とうまくつき合うことを人々は望んでいる（のである）、それを無視しちゃいけない、やっぱり隣国とはうまくつき合う「べき」なんだ、なんていう述べ方のことをヒュームは批判しているわけだね。このような「である」と「べき」とを分けるヒュームの議論は今日では「ヒュームの法則」とか「ヒュームのギロチン」などと呼ばれている。これは、第2章で、ヒュームの「恒常的連接」について検討したときにも触れた議論だ。

なるほどね、確かに、たとえば、「あの生徒は毎日級友に殴られている」という「である」の文から、「あの生徒は毎日級友に殴られるべきである」という「べき」の文は、まあ出てこないよね。また、古代ギリシアのポリス社会などで奴隷制度が存在していた、という「である」の事実から、奴隷制度は存在すべきである、という「べき」の主張も出てこないと思うよね。さらに加えれば、前に「ピュシス」と「ノモス」について話したときにも出した例だけど、時速五〇キロ制限の道路を一台の車が時速七〇キロで走っていたという「である」の事実があったからといって、「時速五〇キロ以内で走行すべきである」という規範的ルールがキャンセルされてしまうわけではない。「である」と「べき」は違う、という認識は、そういう意味で健全でしょう。

†自然主義的誤謬

同じような主張は、二〇世紀初頭にケンブリッジ大学で活躍したG・E・ムーアの議論からもうかがい知れる。ムーアは『倫理学原理』という分厚い書物のなかで、「善とは何か」という、今日「メタ倫理学」とよばれる領域の問題を正面から扱っている。そこで彼が主張するのは、「善を定義することはできない」(ムーア二〇一〇、一一〇頁)という直覚主義と呼ばれる立場なんだね。善は善だと直覚するしかない、ということだ。

これについては追わないけど、まず「善」(good)という概念が、本質的に規範的であって、「べき」の根幹をなすという点を確認することが重要だ。「善い」と述べて、だから「それをするべきではない」としたら、ナンセンスだ。「善い」とすることは、多様な経路はあるにしても、それを実現す「べき」だと述べることなんだね。この点は前にヘアについて触れたときにも述べました。

そして、ムーアの直覚主義の立場からすると、「善」(good)という、本質的に規範的な概念は、定義できないんだから、たとえば「快い」とか「望まれてる」という私たちの心理的事実、つまりは「である」の事実を介して定義することは間違いだ、ということになる。ムーアはこうした間違いのことを「自然主義的誤謬」(naturalistic fallacy)と呼んで糾弾した。「快い」とか「望まれてる」というのは心理においての自然的事実にほかならないので、「善」がそれによって定義できるとするのは自然主義的誤謬だ、というわけだ。

ここでやり玉に挙がるのが、J・S・ミルだ。ミルは、『功利主義論』のなかで、規範的な概念である「望ましい」(desirable)についてこう述べている。「何かが望ましいことを示す証拠は、人々が実際にそれを望んでいる(desired)ということしかないと、私は思う」(ミル 一九七九、四九七頁)。ムーアは、ミルがこのとき"desirable"という語を"visible"と同様に「望まれうる」という「できる」の意味で捉えた上で、こっそりと「望ましい」という規範的な意味へと結びつけていると手厳しく批判して、「ミルは誰もこれ以上に望むことができないほど素朴にまた無邪気に自然主義の誤謬を犯している」(ムーア二〇一〇、一八三頁)とこき下ろしている。

まあまあ落ち着いて。私はね、ミルの議論はそれほど変じゃないと思うよ。まず、"desirable"が「望まれうる」を含むのは、さっき確認した「「べき」は「できる」を含む」の公式からして健全だ。そして、「望ましい」という「べき」についてだけど、それが「望まれている」という「である」の事実に由来するということは、そんなに変だろうか。

†峻別主義と結合主義

たとえば、国家の領土を考えてみて。これは、法的にはもちろん道徳的にも、他国が侵犯する「べき」ではないよね。でも、これの根拠は何だろうかと問えば、とどのつまり、歴史的にその国家がそこを支配してきたという、「である」の事実に訴える以外にないでしょう。他の動物からしたら、何で人間だけが権利を持ってるって言えるんだ、って話なんだから。

実際、たとえば日本の民法一六二条と一六三条で規定されている「時効取得」なんて、他人の土地を何年か以上占有してきた場合、一定の条件の下で、占有してきた人に所有権を取得させるという法律だけど、これなんか、まさしく所有権という「べき」の内容が、占有してきたという「である」の「事実」にのっとっている典型例でしょう。それから、日本の皇室の男系相続の「べき」だって、結局は、ずっとそうしてきたという「である」の「事実」にこそ基盤を持っている。

私は別に、多くの「べき」が「である」に基盤を持っているからあやしいと言ってるんじゃないよ。むしろ、多くの「である」を積み上げて出てきた「べき」は、なんとはなしに尊重しなければならないという強い感覚を抱くのは普通のことであって、逆にそれを覆すのは強い抵抗に遭うはずだと考えている。

ただね、ミルもそうだと思うけど、すべての「である」が「べき」になっちゃうとは思えない。毎日級友に殴られてる生徒の場合には、とても「べき」を導けるとは思わない。交通ルールについてもそうだ。ルール違反が規範それ自体の変更につながるなんて、どこかの独裁者だって、特例として超法規的に自らを扱うことはあったとしても、そう簡単にはできないはずだ。

だとすると、やっぱり、「べき」には「である」に対して何かグラデーションをなすような、程度的な関係があるんじゃないかって思うんだよ。「である」を濃密に含む「べき」と、「である」に薄くにしか依拠しない「べき」と、そのはざまに混合の割合のグラデーションがあるように思うんだよ。

いずれにせよ私は、「である」と「べき」とは、ムーアのように峻別されることはなく、結びついていると確信している。さしあたり、ヒュームやムーアのような立場を「峻別主義」(distinctionism)、ミルや私のような立場を「結合主義」(connexionism) と呼んで、区別しておこうか。

†「濃い概念」と「薄い概念」

結合主義は、私に言わせると、「である」と「べき」のはざまのグラデーションを主題化するという点を別にすれば、きわめて支配的な考え方だと思う。むしろ、なぜ一定の人々が峻別主義を支持するのかの方こそ不思議だよ。

たとえば、イギリスの哲学者バーナード・ウィリアムスが提起した「濃い概念」(thick concept) と「薄い概念」(thin concept) という区別がある。この区別は結合主義の立場に立つもので、近年のヒラリー・パトナムに至るまで、この区別はおおよそ受容されて、議論に適用されているね。

「濃い概念」というのは、「残酷である」や「勇気ある」といったもので、「である」としての事実を描写していると同時に、「やめるべきだ」とか「見習うべきだ」とかの、評価的、ひいては規範的な含意をも伴っている概念のことだ。つまりは、「濃い概念」のもとでは、「である」と「べき」が混じり合ってるってことだな。「薄い概念」とは、「善い」とか「悪い」とかの概念で、事実記述的なものではなくて、評価的・規範的な意味だけを持つ概念のことだ。

私たちの言語にはたくさんの「濃い概念」があるし、いろいろな言葉を「濃い概念」として使うことができる。たとえば、「彼は警察官だ」と言ったとき、それは「である」としての事実を記述しているけど、言語行為としてこの発話を考えた場合、何かことがあったら「警察官として振る舞うべきだ」という規範的含みも持っていると考えることもできるね。

あるいは、ずっと前にも触れたように、アメリカの哲学者ジョン・サールも、「生《なま》の事実」(brute fact) と「制度的事実」(institutional fact) という区別を提起したけど、その「制度的事実」もまた、「である」と「べき」の混合態としての面を持つんだ。「生の事実」とは、たとえば、「この石はあの石のとなりにある」といった純粋に事実として描写されるもので、それに対して「制度的事実」とは、たとえば、「スミス氏はジョーンズ嬢と結婚した」といった、制度という構成的規則を前提にした事実のことだね(サール 一九八六、八八―九〇頁)。

そして、この構成的規則のなかにはしばしば義務や責任が含まれている、とも言われる(同、三二九頁)。だとしたら、「スミス氏はジョーンズ嬢と結婚した」という「である」としての制度的事実の記述をすると、「スミス氏とジョーンズ嬢は、互いに協力および扶助をするべきである」という規範的「べき」が導かれることになるよね。夫婦間の義務だもんね（汗！）。

サールはこうして、「ヒュームの法則」やムーアの「自然主義的誤謬」に抵抗したんだ。たぶんそれは、ミルの擁護にもつながるでしょう。もっとも私は、実は、「生の事実」という概念の方をあやしいと思ってるんだ。規範的含意を一切伴わない文や発言なんて、果たしてあるんだろうか。どんなに少なくとも、文や発話である以上、言語表現として「理解されるべき」という「べき」は、最低限押し出しているんじゃないかと、そんな風に考えてるんだよ。逆に、「薄い概念」もまた、完全に「である」という側面を排除してるわけじゃあないんじゃないか。文として発話として提示されているっていう、最低限の「である」としての事実が含まれていると思うんだ。

†規則のパラドックス

いずれにせよ、私は結合主義の方が峻別主義よりも圧倒的に説得力があると思ってる。けれど、どうも、ある領域になると、やっぱり峻別主義が頭をもたげてくるときがある。数学や算術の規則性なんかの場合がその一つだ。ここで有名なウィトゲンシュタインの規則についての議論と、それを後になって復活させたクリプキの議論について、簡潔に触れたいんだ。

ウィトゲンシュタインの議論は、有名だね。先生が生徒に0から始めて「＋2」の計算を続けさせる。996, 998, 1000まで来たところで、生徒は次に1004, 1008, 1012と書き始めた。先生は「何をやってるんだい。2を足していくんじゃなかったっけ」と問う。すると生徒は「ぼくはこうしろと言われたんだと思ったんです。これまでと同じようにやってるんです」と答える。たぶんこのとき生徒は「1000までは2を、2000までは4を、3000までは6を、というように加えていけ」という命令を私たちが理解するように理解しているのかもしれない（ウィトゲンシュタイン 一九七六、一八五節）。これがウィトゲンシュタインの問題提起だ。

これを受けてクリプキが、数十年後に問題として大々的に論じることになったんだ。クリプキは「68＋57」という足し算を例に挙げてるね。計算をする人は、「57」より大きい数の計算をいままで一度も行ったことがないと仮定する。それでも、普通は「125」と答えるでしょう。でも、ある懐疑論者は、その期待されていた答えは「5」であるに違いない、と言うというんだ。

出題者はいぶかしく思う。たとえ計算したことのない新しい事例でも、過去に行っていた関数や規則と同じものを使用して答えるべきではないのか、と。けれど、懐疑論者は言う。じゃあ、過去において用いた関数とはどういうものだったというのか。いままでの事例はみんな「57」より小さい数だったんだ。だから、それより大きい数について過去と同じ規則を適用すると言っても、明示はされてきていないはずだ。

そこで、懐疑論者は過去において、出題者が「+」(プラス)と呼ぶ関数を、「⊕」(クワス)と呼べるような関数を表すために用いていたのだと言う。その関数とは、

もし x, y＜57 ならば、x⊕y = x+y
そうでないならば、x⊕y = 5

として定義されるっていうんだ(クリプキ 一九八三、一三—一四頁)。おそらく、出題者は、こういう「クワス」の言いがかりに対して、そんな意図はないと答えるだろうけど、計算をする人は、「57」より大きい数の計算をしたことがないという条件なんだから、「クワス」は絶対に間違いだとする証拠を出せないんだ。むろん、「57」というのは一つの例で、もっとはるかに大きい数まで計算したことがあっても、構造は同じなので、「クワス」的な問題はどうしても発生してしまうね。

†芸術的な規則性

これらが「規則のパラドックス」と呼ばれるものだ。いやはやだね。哲学って面倒くさいね。でも、こういう疑問は確かにもっともなところがあると私も思うよ。「1, 3, 7, 13,

21, 31, 43」っていう数列を出されて、はい「43」の次はいくつでしょうって問われると、ちょっと考えて、多くの人は階差数列だって気づいて、「57」って答えるんじゃないかな。でも、問題が「どういう規則性があるか」っていう問いだとするなら、「44」って答えてもOKだよね。だって、「1, 3, 7, 13, 21, 31, 43, 44, 43, 31, 21, 13, 7, 3, 1, 3, 7, 13, 21, 31, 43, 44, 43, …」っていう規則性が見えたんだ、って言われたら、反論しようがないでしょ。むしろ、こんな風に言われたら、なんて美しい規則性だ、って思っちゃうかもしれない。

私はね、世界の中に規則性を見る、というのは一種の芸術的な営みなんじゃないかと理解してる。さっき「44」て答えた人は、人と違う、面白い仕方で世界を眺めていたんだ。芸術的で、ハッとさえさせられちゃう。モディリアーニが人と違う仕方で女性を見ていて、それを表した絵画を見るとハッとさせられるようにね。

そういう意味で私は、ウィトゲンシュタインの描く学生も、クリプキの描く「クワス算」をする懐疑論者も、全否定する気持ちにはさらさらなれないな。いやあ、そういう見方もあるんだ、世界っていうのは、いままで気づかなかった相貌をもっているんだな、って感心するよ。ただ、それだと現状の社会生活をするにはやや不都合だ。だから、自分の見方は保持しつつも、いわゆる「普通」の見方も覚えて、表面上は「普通」に従ってくらしていきましょ。そういうスタンスが、私はとてもしなやかでいいんじゃないかと感じるね。

だけど、どうも、ウィトゲンシュタインは、自身が示した生徒の例が困難として浮かび上がるという捉え方に対して、「ここに誤解がある」（ウィトゲンシュタイン 一九七六、二〇一節）として、「規則に従っていると信じていることは、規則に従っていることではない」（同、二〇一節）と述べてる。つまり、かの生徒の計算の仕方を斥《しりぞ》けようとしているように読めるんだ。そしてクリプキも、結局は、他者を介した共同体的観点から、懐疑論者の考え方は是正されると論じているように読めるんだ。まあ、むろんいろいろな解釈があるけどね。要するに、パラドックスはなんとか解消されるはずだ、解消されるべきだ、という考え方へと向かっているふしが見受けられるんだ。

私は、でもね、さっき言ったように、解消される必要性はない、ときっぱりと思ってる。必要なのは、社会生活をする上での方便であって、そのためには、規則性の取り出し方の多様に対して、社会生活を背景にした適切性の度合いの測定なんだと、そう思ってる。通時的野放図因果について論じたような、一種のランキングづけが機能すべきなんじゃないか、と。絶対正しいとか、絶対間違い、というのはないと思うんだよ。

†傾性論と峻別主義

そして、クリプキの議論展開の中で注目したいのが、「である」と「べき」に対する峻別主義の主張なんだ。クリプキは、クワス算が正当化できないとする議論の一つとして、過去に加法の計算をしてきたときに潜在していた「傾性」(disposition) に訴えてクワス算を論破しようとする反論を想定してる。「傾性」というのは、文字通り、顕在化はしていないけど、条件が整えばある事態が発生するという状態のことだね。「可燃性」と「可溶性」なんてのが代表的だ。ちなみに私は、これを「傾性」と表現してる。多くの人は「傾向性」っていうけどね。なぜそうするかって言うと、確率の客観的解釈としての「傾向性説」(propensity theory) と区別するためだ。まあいいでしょう。

クリプキはこんな風に言ってる。「「+」によって加法を意味していると仮定してみよう。この仮定と、どのようにして「68+57」という問題に答えるのかという問いとの関係は何なのか。傾性論者は、この関係について記述的 (descriptive) 説明を与える、すなわち、『もし「+」が加法を意味するとするならば、私は「125」と答えるだろう』という説明を与えるのである。しかし、これはこの関係についての適切な説明ではない。なぜなら、この関係は規範的 (normative) であって、記述的ではないからである。『もし私が「+」

によって加法を意味しているならば、私は「125」と答えるであろう(will)』という点がポイントなのではなく、『もし私が「+」を過去の意味と一致させようと意図するならば、私は「125」と答えるべき(should)なのである』、という点がポイントなのである」(クリプキ一九八三、七〇頁)。

まことにきっぱりした峻別主義の宣言だな。こういう立場に立つと、私のようなグラデーションの見方は採りにくくなって、どうしてもクワス算は最終的には何らかの形で斥けられなければならない、っていう方向になんとなく向かって行ってしまうんだろうね。

†適合方向

それじゃあ、最後の議論に入りますか。いま述べた、「である」と「べき」のグラデーションをなすような相関性について、私の暫定的な考えをちょっと紹介して、話を閉じましょう(以下の議論は、Ichinose 2017の内容にそくしているが、多少変更した部分がある)。もともと問題にしていたのは、不在因果が現れる共時的野放図性だったね。「フローラの事例」みたいな問題だ。そこでは、どれが原因指定のやり方として適切か、ってことが問題だったわけだね。私の考えでは、この問題を解き明かすためには、「である」と「べき」の関係についてちょっと詳しく検討する必要がある。

クリプキの発言にも出てきたけど、一般に「である」は記述性として、「べき」は規範性として扱われるのがお作法だね。この二つは、非対称性があると普通考えられてるんだ。アンスコムの議論を援用してサールが分かりやすい議論を提示している。それは、「適合方向」（direction of fit）っていう議論だ（サール 二〇〇六、五―六頁）。

ある人が奥さんからもらった買い物リストを見ながらスーパーで買い物をしている。それで、なぜか、探偵が尾行して、何を買ったかをメモしているっていうお話だ。このとき、買い物リストに「パセリ」と書いてあるのに間違って「セロリ」を買っちゃった。そしてなんと、探偵は、男が「パセリ」を買ったとメモに記しちゃった。そんなことあるかいな、って言わないでね。そういうお話なんだから。

でも、この二つの間違いは全然性質が違うって言われる。買い物をした男の場合、自分が現に事実として買った物が間違いで、買い物リストが訂正されることはない。この場合の適合方向は、「世界を言葉へ」（world-to-word）と呼ばれる。何を買うかっていう世界の事実をリストの言葉に合わせるべきだってことだ。それに対して、探偵のメモの場合、後で事実に気づいたら。「パセリ」と書いたものを「セロリ」に訂正すればいい。この場合は、さっきと反対に、「言葉を世界へ」（word-to-world）という適合方向を持っている。書いたものを世界の事実に合わせればよいってことだ。

買い物をした男は奥さんに叱られて、もう一回買い物に行かされるかもしれないけど、探偵は消しゴムさえあればすむってわけだ。もちろん、買い物をした男が置かれている環境が「べき」つまり規範性の世界で、探偵が置かれてる環境は「である」つまり記述性の世界だね。

このように、記述性と規範性は相反する方向性を持ってるんだけど、同時に、「濃い概念」のところで確認したように、きっぱりと排反的に峻別されてるんじゃなくて、混じり合ってるんだった。相反する方向性を持ちつつ、混じり合ってる、という状態をうまく表現する方法はないかな。私は、これに関して、「双曲線に囲まれた領域」、という形で表現できると考えてるんだ。そのためには、記述性と規範性の双方に関して「程度」の概念を導入しなければならない。「記述性度」と「規範性度」だ。まず、記述性つまり「である」の程度をどう測るかについて私の考えを述べよう。

†記述性度

適合方向の探偵の例でも分かるように、記述性の領域では、言語表現は変えられても世界の事実は変えられない、っていう把握が支配してる。ということは、記述性の程度っていうのは、「変化不可能性」(unchangeability) と深く関わってるってことだ。もはや、変えたくても変えることはできない、違うようにもなったはずだとは言えない、という理解のことだ。私はこれを、言葉が事実と相違しているという条件のもとでの、事実が変化不可能であることの「条件つき確率」(conditional probability)で表現できると思うんだ。これを「記述性度」(degree of descriptivity, ＤＤ)として次のように定式化しておこう。Ｓは問題となっている文だ。

DD(S)＝P(「Ｓが関わる事実」が変化不可能である｜Ｓが事実と相違する)

探偵のメモの場合、買い物をした男が「セロリ」を買ったという事実はほとんど変化不可能なので、ＤＤは高い値になるね。だけど、ここでいう事実は、「パセリ」や「セロリ」という言葉の使用法、メモの持つべき意義、過去は不変だと考えるべきだという理解、といったかすかに規範性の香りのする要素にも規制されているので、絶対的に金輪際変化不可能かというと、理論的には、わずかながら疑いが残る。探偵が実はこの国の独裁者で、メモを取った後で「セロリ」を「パセリ」と呼ぶことにすると強行に命令した場合、ある意味で「セロリを買った」という事実は遡及的に変化させられることになるね。まあ、極端な想定だけど、事実というものにも規範性が混じってるっていうことのちょっとオーバーな強調だよ。

それに、そもそも「逆向き因果」の可能性も哲学的には排除できないかもしれないしね。ましていて、食器のいつもの置き場所なんかについて、実際の場所と違うところにいつもあると記述しても、置き場所をいつもの場所へとすぐに変えられるから、そういう記述の記述性度は低いということもある。結局、こういう場合、場所を変えることで、事実を遡及的に変化させていると理解することができるからだね。「いつも」っていう言い方に、ある種の規範性、つまり、「いつも、そこにあるべき」っていう含みがうっすらと入っているからだと思うよ。ともあれ、そういう風な意味で、記述性度をここで規定してるんだ。ともかくね、こんな風に規範性込みの規定なので、ここでの確率はさしあたり個人的な主観確率のことだ。規範性が混ざっていて、それを実在に属する客観確率だとは言いにくいからね。ただし、記述性度を社会政策にも活用できるよう制度化する場合は、間個人的な主観確率を考えなくちゃいけない。その場合は、さっきの定式化の頭に、総和の記号「Σ」をつけて各個人の主観確率を総計して、その平均をとる、というようにしなければならないね。

†規範性度

次に規範性度だけど、これについて私は、非常に素朴に、ある文を提示されたときの、それに従わなければいけないと感じる「強制力」として捉えたいんだ。だけど、強制力をどう捉えたらいいだろうか。

ここで私は、イギリスの法哲学者ベイルベルドの論じる法的規範性にそくして「強制力」を理解したいと思ってる。ベイルベルドは、さまざまな刑罰の犯罪抑止効果を測定するという課題に関して、功利主義的（大福主義的）システムをかつて提起したんだけど、それはつまり、犯罪発生率というのは、特定の違法行為に対して（逮捕されて）刑罰が与えられるであろう主観確率と、刑罰の過酷度の、二つの要因に応じて変化すると考えたんだ（Beyleveld 1979参照）。確率と便益や損害とを掛け合わせる「期待効用」（expected utility）の考え方と近い、「刑罰の期待過酷度」と捉えることができるね。この考えを利用して、規範性度（degree of normativity, ＤＮ）を規定したい。

つまりね、規範性度は、ある文に反することを実現させた場合の、非難・批判されるであろう確率（probability of sanction, ＰＳ）と、非難・批判の過酷度（severity of sanction, ＳＳ）との、二つを乗じたものとして規定するってことだ。この場合、非難・批判の過酷度を「0≦SS≦1」で定義しようかな。SS＝1っていうのは、死刑になるような場合のことを想定してるよ。要するに、それを破ったらひどい非難や批判を浴びせられるだろう、という形で規範的「強制力」を捉えようという考え方だね。

身も蓋もないように聞こえるかもしれないけど、規範ってそんなもんでしょ。破ったって非難されないルールや規範なら、人はなしくずしに破っていくよ。あるいは、破ったら非難されるにしても、「やめなさい」って言われるだけなら、やっぱり破っていくでしょう。こういうのは、家庭のルールに対する子どもの対応をみてるとはっきり分かるよね。

ともかく、こういう考え方に従って、次のように文Aに関する規範性度を定式化したい。

DN(A) = SS(A)×PS(A)

こういう風に定式化される規範性度は、決して記述性と無縁ではないな。なぜなら、主観確率が入っているからだ。それはすなわち「信念の度合い」という心理的事実、つまり「である」の領域に入る事柄だし、ルールや規範が実際に書かれているとか宣言されているといった次元の、「である」の記述的事実とか、非難や批判を受けるかもしれないという理解、恐れなどの心理的事実も前提されてるからだ。ただし、記述性度の場合と同様に、この規範性度を社会政策にも活用できるよう制度化する場合は、間個人的な主観確率をとる。つまり、さっきの定式化の頭に総和の記号「Σ」をつけて、各個人の主観確率を総計し、それの平均をとる、というようにしなければならないね。実測データをとるのは少々たいへんだけど。いずれにせよ、規範性度は、記述性と絡み合って規定される。

そういう意味で、私はJ・S・ミルの「望まれる」と「望ましい」の議論は、さらっと言ってるけど、重大な洞察だと感じてるんだ。それとね、以上のような記述性度と規範性度の規定からすると、まず記述性度では事実の変化不可能性が言われて、規範性度では非難・批判によって事実を（遡及的に、ある種虚構的に）変えよと強制されることが言われて、適合方向の非対称性が確保されている点、そして、二つが混じり合うことによって純然たる規範性とか純然たる記述性とかは不可能だという点、その二点が確認できるね。

†記述性と規範性の相関

じゃあ、そういうことを踏まえて、記述性と規範性の相関をどう考えようか。私はね、任意の一つの文に関する記述性度と規範性度とを掛け合わせたものが1と0の中に入るという仕方で、つまり、二つの双曲線の間の領域として、表現できるんじゃないかって考えているんだ。発想としては、こういうことだ。

$$0 < DN \times DD < 1$$
$$(0 < DN < 1,\ 0 < DD < 1)$$

$$0 < DN \times DD < 1$$
$$(0 < DN < 1,\ 0 < DD < 1)$$

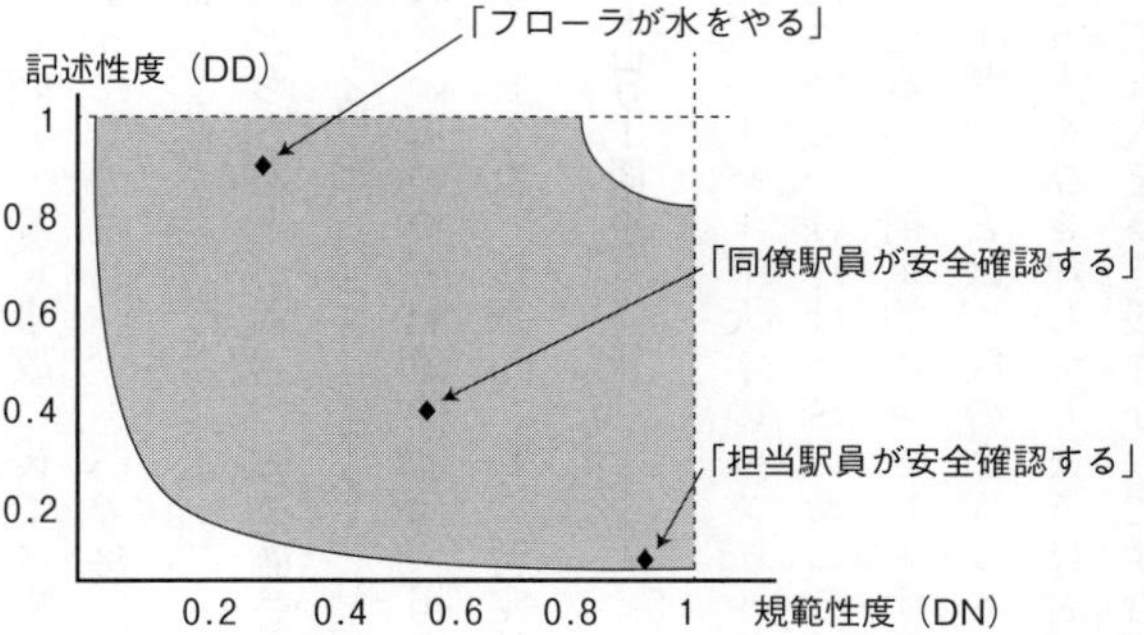

図 11

一つの文に関する規範性度と記述性度とを掛け合わせたものは、網掛けの部分のどこかに位置する仕方で相関している。図11を見てね。たとえば、「フローラが水をやる」は、それを破ったときに、過去の習慣で非難・批判の度合いがちょっと大きくなってしまうので、規範性度もやや大きくなったということだ。ただ、全体としては、記述性度の方が大きいでしょうね。非難・批判といっても、そんなに大げさじゃなくて、「水をあげなかった」という事実がそのまま容認されてしまうと思われるからだ。実際、善意の隣人に、（たとえ虚構的にだとしても）過去の行為をやり直せとは言いにくいだろうね。

「担当駅員が安全確認する」は規範性度がとても高く、記述性度は低い。破った場合の非難・批判はそれなりに過酷で、事実訂正つまり（遡及的な）やり直しが求められるからだ。やり直しといっても、事故の後では文字通りには詮なきことなんだけど、あのようではなかったようにしてほしい、という後悔に発する（見果てぬ）要求が向けられるってことだ。「駅員の同僚が安全確認をする」は、担当駅員の場合に比して、規範性度は低くなるかな。そして、どちらかというと、安全確認しなかったからといって過酷な事実訂正（遡及的・虚構的なやり直し）はそうは求められなくて、そういう意味で、事実の変化不可能性がやや保たれているので、記述性度は、担当駅員に比べて、少し高いかな。図の中におよその位置を示しました。以上が、私の暫定的な提案だよ。ふう、疲れたな。

†最後に「トロリー問題」に一言

最後に、ハーバード大学のサンデル教授の「白熱講義」でおなじみになった「トロリー問題」について一言だけ述べておこう。まあ、あまりに有名な問題なので、私がどういう見方をしてるか、補足的にコメントするってことだ。

「トロリー問題」とは、次のようなものだ。暴走するトロリーに自分が乗っていて、このままだと五人をひき殺してしまうけど、分岐点でスイッチを操作すれば、別の線路に方向が変わって五人をひき殺さないですむ。でも、その別な線路にいる一人を殺すことになってしまう。さあ、どうする、ってやつだね。多くの人は、スイッチを操作して一人を犠牲にする方がましだって答える。

でも、もう一つ別のバージョンがあって、今度は自分は歩道橋の上にいて、その下を暴走するトロリーが通り抜けようとしている、そしてそのままだとやっぱり五人がひき殺されてしまう、っていう想定だ。そのとき、自分の前に太った巨漢の男がいて、トロリーの手前に落ちるよう歩道橋からその男を突き落としたらトロリーが止まって五人はひき殺されないですむ。でも、その巨漢の男は死んでしまうっていうシナリオだ。さあ、どうしたらいいだろう。このシナリオだと、多くの人は、巨漢の男を突き落とせない、と答えるんだ。

これに関しては、膨大な論争の蓄積があるね。たとえば、なぜ二つのバージョンで一貫した答えが出されにくいのかについて、脳科学の観点から研究している人々がいる。その一人のジョシュア・グリーンによると、「接触」が重要なファクターになっていて、直接亡くなる人に接触しないスイッチ操作ケースでは脳の前頭前野背外側部（DLPFC）が働いて功利主義（大福主義）的な判断をするのに対して、亡くなる人に接触する歩道橋ケースでは脳の前頭前野腹内側部（VMPFC）が反応して強い情動反応が起こり、功利主義（大福主義）的な判断はしにくくなる、などと論じてるね（グリーン 二〇一五、一五七—

一五九頁、二八六―二九四頁)。あるいは、デイヴィッド・エドモンズは、いわゆる「二重結果論」、つまり意図した出来事と、それに付随して起こることが予見される出来事とを区別して、行為者が責任を負うのは意図した出来事だけだとする議論、を利用して、さまざまなバージョンの「トロリー問題」を整理しようとしている(エドモンズ二〇一五)。エドモンズによれば、二重結果論に基づくと、分岐点のスイッチを操作するのは一人を殺す意図がないと言えるけど、巨漢の男を突き落とすのは、その男を殺す意図があるかのように見えてしまう。だから、二つのバージョンに対して人々の反応が違ってしまうんだ、って言うんだな。

†「浮動的安定」から「死」という不在性へ

私はね、この問題を問われたときに、実は多くの人が抱く素朴な疑問が大事なんじゃないかって思ってる。つまり、二者択一になってるけど、ほかの選択肢はないんですか、っていう疑問だ。この問題は、これまでの議論からすると、人が死んで、その原因(責任)は何か、という問いに答えようとする試みだと理解することができるね。因果論の応用問題だ。

でもね。思いだしてほしい、私が因果論を論じたときにスプリングボードとしていたのは野放図性の問題だ。多様な原因指定の可能性があるっていう問題だ。そしてそれを、コスト・所要時間・時間的距離で測ったり、非難・批判の期待過酷度で測ったりして、解決を模索してきたんだよね。ということはだ、原因や責任を語るときには、ディテールの情報が絶対に不可欠で、それに基づいて比較的に受容可能な原因指定が行われる。

だけど、「トロリー問題」では、それがない。たとえば、犠牲になる一人が「誰」なのかって、その状況に突然立った個人にしてみれば、実は重要な考慮要素なんだよ。自分の子どもか、自分のいとこか、自分の隣人か、まったくの他人か、それによって実際上は判断が多様に分かれちゃうでしょう。それに、自分がどういう立場の人かってのも、重要な考慮要素だ。警察官の場合と、報道記者の場合と、一般人の場合と、微妙にスタンスが異なる。そして、スイッチや歩道橋の構造や、周りの環境も、大きな影響があるね。逃げろって叫べば声が届くかどうかなんて、とても重要でしょ。

私が思うに、「トロリー問題」は、いってみれば悪しき「選択的不自然」だ。私たちは、実際は、多くのディテールを考慮しながら、その場その場で判断するしかない。その場に臨むしかない。そして、それを事実として受け止めるしかない。それが私のいう「浮動的安定」の境位なんだよ。

まあね、でもね、死の原因っていう語り方は、ちょっと虚しいところが正直あるかな。

だって、残された人じゃなくて死んだ人当人にとっては、もうなにもなくなっちゃうんだから、原因が何だったのかなんて詮索することもないし、意味がないでしょ。害をいまも受けてるわけじゃないし、恨みもないし、むろん逆に、楽になったなんていう感覚もないはずだ。

もし哲学や倫理の議論が「死」の問題に行き着くとしたら（実際、そう言われることは多いし、倫理の問題が「死」をいつも背景に背負って展開されているというのは直観的に受け入れやすいよね）、それは真実の「空」、本当の「不在」が考察すべき核心に位置してるってことなんじゃないか。そういう意味で、私が「不在」という主題に議論を集約させていったことは自然なことなのかもしれないな。

だけど、そうだとすると、正直には問題はまだ、いや、もしかしたらずっと、未決だと言わなきゃならない。なにしろ、論ずべきものがない、んだから。で、最後にこう問うて、終わりにしよう。きみたちは、何が本当に正しいか、シッテルン？

【質疑応答の時間】

シッテルン博士「うまく伝わったかな。この世界にすまうっていうのは、瞬間瞬間の積み重ねだ。いや、瞬間瞬間の繰り返しって言った方がいいかな。落ち着かないなと思えばそうだけど、未知の世界が目の前にぐんぐん広がっていくとも言えるかな。そのときそのときをかみしめて、楽しまなくちゃね」

デアール君「先生、ありがとうございました。最後ですが、「規則のパラドックス」について確認したいです。先生は、いろいろな規則性を、芸術家の奇抜な捉え方と結びつけて語られましたけど、芸術と、数学や論理の規則性って、なんか根本的に違うような気がします。芸術は個人個人の主観でいいですけど、数学や論理はやっぱり、なんていうか、客観的妥当性みたいなものが必要なんじゃないでしょうか」

シッテルン博士「うんうん、正直な感想でいいね。その通りだと私も思うよ。ただ、なんだろね、私はくっきりと区別したり割り切ったりするのが、とても気持ち悪いんだよ。確かに、数学や論理には客観的妥当性みたいなものが期待されるし、実際そうなってるんだと思う。でも、多くの数学者がインスピレーションによって重大な発見にいたるときなんて、芸術家がユニークな視点で世界を描こうとするときと、やっぱり似てるところはあるんじゃないかな。つまりね。芸術は主観、数学や論理は客観、って割り切れるんじゃなくて、実際は、相互の要素が混ざり合ってるんじゃないかな。芸術にも、たとえば遠近法とか、学術的な思考が入るときもあるでしょ。記述性と規範性みたいに、芸術性と数学性は相互が浸透し合っていて、ただ、どちらが強く出るかっていう程度の問題なんじゃないかな。そんな風に思ってるよ」

デアール君「先生、もう一ついいですか。先生の最後の言葉が気になっちゃったんですけど、死んだ人は害も受けてないし恨みもない、って述べられましたが、そうでしょうか。殺されなければ多くのことを楽しめたので、やっぱり害を被ってるし、もしかしたら恨んでるかもしれないようにも思えるんです」

シッテルン博士「おうおう、これはこれはデアール君、それは「死の形而上学」と呼ばれる現代哲学のホットな話題の一つだよ。君が言ったのは「剥奪説」という考え方だね。受けられた益を奪われたという意味で、「死」は有害だ、とする考え方だ。

だけどね。その考え方には根本的な問題がある。「誰が」害を被っているのかが、判明じゃないという点だ。死んだ人はいないから、「誰」に該当しないんじゃないか。かりに、過去のあの時に存在した人が死によって害を受ける、と考えたとしたら、今度は「過去を変える」みたいな話になっちゃってややこしいね。死後に発生する「受けられたはずの益を奪われた」という害が、死ぬ前の、つまり、過去のその人に、遡及的に帰せられるってことだから、過去のその人の様態が、後から変化させられるっていう意味で、過去が変わる、つまりは「逆向き因果」の問題が発生してしまうということだ。

それにね、益を剝奪された害、っていうのは生きている他者が死んだ人に向かって記述する言い方だね。それって、害なんじゃなくて、他者が死者に向ける憐憫の情みたいなものでしょ。死者が受ける害とは言いにくい。

だいたい、そんなことって、もしかしたら、亡くなった方の遺族にとって、余計なお世話、迷惑な言い方、にもなっちゃうかもしれない。いまは亡くなって安らかに眠ってると観念してるのに、あなたの家族は害を被ってるんですよなんて言われたら、ほっといてくださいって思うでしょう。いずれにせよ、この辺り、議論百出だ。一ノ瀬『死の所有』第五章なんかを読んでみて」

ベッキーさん「先生、私からもお礼が言いたいです。とても勉強になりました。ありがとうございました。最後に一つ聞きたいです。最後の「トロリー問題」について、先生は「選択的不自然」だと論じました。ただ、私が理解している限りでは、「トロリー問題」っていうのは思考実験ですよね。だとすると、いろいろなディテールが捨象されちゃうっていうのは、当然なんじゃないかって思うんです。先生は、思考実験というものがそもそも「選択的不自然」であって、有意味でない、って考えているんでしょうか」

シッテルン博士「ベッキーさん、最後まで鋭いね。うーん、そうだね、思考実験っていっても、もともとがディテールを捨象して成り立っているような学問の場合、たとえば理論物理学なんかだけど、そういう場合は思考実験にも重大な意義が認められると思うよ。

ハイゼンベルクの不確定性原理なんてのは、思考実験の成果だよね。理論物理学は、時空間座標で現象を捉えようとするもので、ホワイトヘッドはそういう思考様式を「具体性を置き違える誤謬」と呼んで批判したけど、そういう思考様式も、それはそれで確かに効用があることも認めなくちゃいけない。だから、「選択的不自然」がいつも悪しきものだとは限らない。人間って、なんだか、不自然なことをするもんなんだよね。自然科学って、それが技術なんかにつながるときは、実は、逆説的だけど、不自然さのかたまりのようなもんじゃないかな。

でも、人為に関わる場合には、思考実験はなかなか成果を出せないと私は感じてる。そこでは、「選択的不自然」は悪く作用してしまうふしがあるね。ただ、これも相互浸透だ。科学の思考実験の有用性は、ある程度は、人為的な議論にも反映されていくはずだとは思う。実際、私が一定程度依拠した「因果の反事実的条件分析」は、一種の思考実験なんだ。まあ、いずれにせよこの世界はアメーバのようにぬるぬると広がって、いろんなものを呑み込みながら、混ざり合いながら、未知の世界へと毎時毎時突入しているようなものさ。そこで落ち着くしかない。「浮動的安定」だね、最後は。さあさあ、おしまいだ。うちの猫をなでにいこうかな」

参考文献（著者のアルファベット順に記す）

秋本祐希 二〇一三『宇宙までまるわかり！ 素粒子の世界』、洋泉社

青木薫 二〇一三『宇宙はなぜこのような宇宙なのか――人間原理と宇宙論』、講談社現代新書

オースティン、J・L 一九七八『言語と行為』、坂本百大訳、大修館書店

―― 一九八四『知覚の言語――センスとセンシビリア』、丹治信春・守屋唱進訳、勁草書房

エア、A・J 一九九一『経験的知識の基礎』、神野慧一郎・中才敏郎・中谷隆雄訳、勁草書房

ベッカリーア、C・B 一九三八『犯罪と刑罰』、風早八十二・風早二葉訳、岩波文庫

Beebee, H. 2004. 'Causing and Nothingness.' In J. Collins, N. Hall, and L.A. Paul 2004, pp. 291–308.

Berkeley, G. 1948. *Philosophical Commentaries.* In *The Works of George Berkely Bishop of Cloyne* Volume 1, ed. A. A. Luce, Thomas Nelson and Sons Lts.

バークリ、G 一九五八『人知原理論』、大槻春彦訳、岩波文庫

―― 一九九〇『視覚新論 付：視覚論弁明』、下條信輔・植村恒一郎・一ノ瀬正樹訳、勁草書房

Beyleveld, D. 1979. 'Identifying, explaining and predicting deterrence.' *The British Journal of Criminology*, 19: 3, pp. 205–224.

Collins, J., Hall, N., and Paul, L.A. 2004. *Causation and Counterfactuals.* The MIT Press.

Eagle, A. 2016. 'Probability and Randomness.' In *The Oxford Handbook of Probability and Philosophy*, eds. A. Hájek and C. Hitchcock, Oxford University Press., pp. 440–459.

エドモンズ、D 二〇一五『太った男を殺しますか？――トロリー問題が教えてくれること』、鬼澤忍訳、太田出版
Fine, K. 2002. 'The Varieties of Necessity'. In *Conceivability and Possibility*, eds. T.S. Gendler and J. Hawthorne, Oxford University Press. pp. 253-281.
藤田晋吾 一九九一『相補性の哲学的考察』、多賀出版
グッドマン、N 一九八七『世界制作の方法』、菅野盾樹・中村雅之訳、みすず書房
グリーン、J 二〇一五『モラル・トライブズ――共存の道徳哲学へ』（上）・（下）、竹田円訳、岩波書店
Grice, H. P. 1967. 'The Causal Theory of Perception'. In *The Philosophy of Perception, Oxford Readings in Philosophy*. ed. G. J. Warnock, Oxford University Press.
Halpern, J. Y. and Hitchcock, C. 2015. 'Graded Causation and Defaults'. *British Journal for the Philosophy of Science* 66, pp. 413-457.
ヘア、R・M 一九八二『道徳の言語』、小泉仰・大久保正健訳、勁草書房
Hart, H. L. A. and Honoré, T. 1985. *Causation in the Law*: second edition. Oxford at the Clarendon Press. ／邦訳 ハート、H・L・A&オノレ、T 一九九一『法における因果性』、井上祐司・真鍋毅・植田博訳、九州大学出版会
ハイゼンベルク、W 一九七八「量子論的な運動学および力学の直観的内容について」、河辺六男訳、中公バックス世界の名著80『現代の科学Ⅱ』（湯川秀樹・井上健編）所収、中央公論社、三二五－三五五頁
Hitchcock, C. 2004. 'Do All and Only Causes Raise the Probabilities of Effects?'. In J. Collins, N. Hall, and L.A. Paul 2004, pp. 403-417.
―― 2011. 'Counterfactual Availability and Causal Judgment'. In *Understanding Counterfactuals, Un-*

derstanding Causation: Issues in Philosophy and Psychology, eds. C. Hoerl, T. McCormack, and S. Beck, Oxford University Press. pp. 171-185.

ヒューム、D 一九四八・四九・五一・五二『人性論』(一)・(二)・(三)・(四)、大槻春彦訳、岩波文庫

―― 二〇〇四『人間知性研究 付・人間本性論摘要』、斎藤繁雄・一ノ瀬正樹訳、法政大学出版局

一ノ瀬正樹 二〇〇一『原因と結果の迷宮』、勁草書房

―― 二〇〇六『原因と理由の迷宮――「なぜならば」の哲学』勁草書房

―― 二〇一一a『死の所有――死刑・殺人・動物利用に向きあう哲学』、東京大学出版会

―― 二〇一一b『確率と曖昧性の哲学』、岩波書店

―― 二〇一三「「音楽化された認識論」の展開――リフレイン、そしてヴァリエーションへ」、『論集』第三一号、東京大学大学院人文社会系研究科哲学研究室、一-一七頁

―― 二〇一六『英米哲学史講義』、ちくま学芸文庫

Ichinose, M. 2017. 'Normativity, probability, and meta-vagueness.' *Synthese* 194: 10, pp. 3879-3900.

伊藤公一朗 二〇一七『データ分析の力 因果関係に迫る思考法』、光文社新書

ヤンマー、M 一九八三・八四『量子力学の哲学』(上)・(下)、井上健訳、紀伊國屋書店

カント、I 一九七四『純粋理性批判』、高峯一愚訳、河出書房新社

ケルゼン、H 一九七五「因果と応報」、長尾龍一訳、『正義とはなにか』ケルゼン選集3所収、木鐸社

クリプキ、S 一九八三『ウィトゲンシュタインのパラドックス――規則・私的言語・他人の心』、黒崎宏訳、産業図書

―― 一九八五『名指しと必然性』、八木沢敬・野家啓一訳、産業図書

Lewis, D. 1986. 'Causation.' In *Philosophical Papers vol. II*. Oxford University Press.

―― 2004. 'Causation as Influence'. In J. Collins, N. Hall, and L.A. Paul 2004, pp. 75–106.
ロック、J 一九七二・七四・七六・七七『人間知性論』(一)・(二)・(三)・(四)、大槻春彦訳、岩波文庫
―― 二〇一〇『統治二論』、加藤節訳、岩波文庫
Menzies, P. 2004. 'Difference-making in J. Context'. In J. Collins, N. Hall, and L.A. Paul 2004, pp. 139–180.
ミル、J・S 一九七九『功利主義論』、伊原吉之助訳、中公バックス世界の名著49『ベンサム J・S・ミル』所収、中央公論社、四五九－五二七頁
三浦俊彦 二〇一八『エンドレスエイトの驚愕――ハルヒ@人間原理を考える』、春秋社
ムーア、G・E 二〇一〇『倫理学原理 付録：内在的価値の概念／自由意志』、泉谷周三郎・寺中平治・星野勉訳、三和書籍
ノイマン、J・v 一九五七『量子力学の数学的基礎』、井上健・広重徹・恒藤敏彦訳、みすず書房
小田晋 一九八八『人はなぜ犯罪を面白がるのか――現代版・犯罪精神医学入門』、はまの出版
小澤正直 一九九五「波束の収縮という概念について(I)」、『科学基礎論研究』第85号、科学基礎論学会
Polkinghorne, J. 2002. *Quantum Theory: A Very Short Introduction*. Oxford University Press.
Russell, B. 1921. *The Analysis of Mind*. George Allen and Unwin Ltd.／邦訳 ラッセル、B 一九九三『心の分析』、竹尾治一郎訳、勁草書房
ラッセル、B 一九七一「外部世界はいかにして知られうるか」、石本新訳、世界の名著58『ラッセル ウィトゲンシュタイン ホワイトヘッド』(山元一郎編) 所収、中央公論社、八一－三〇四頁
サール、J 一九八六『言語行為――言語哲学への試論』、坂本百大・土屋俊訳、勁草書房
―― 二〇〇六『表現と意味――言語行為論研究』、山田友幸監訳、誠信書房

Stern, R. 2016. 'Why Does Ought Imply Can?' In *The Limits of Moral Obligation: Moral Demandingness and Ought Implies Can*, eds. M.v. Ackeren and M. Kühler, Routledge, pp. 100-115.

杉田洋 二〇一三「確率と乱数」、日本数学会年会市民講演会（二〇一三年三月二四日）http://mathsoc.jp/publication/tushin/1802/1802sugita.pdf#search=%27%E6%9D%89%E7%94%B0%E6%B4%8B+%E7%A2%BA%E7%8E%87%E3%81%A8%E4%B9%B1%E6%95%B0%27

谷口義明 二〇〇六『宇宙を読む』、中公新書

Taylor, R. 1992. *Metaphysics*, fourth edition. Prentice Hall, Inc.

ホワイトヘッド、A・N 一九八〇『象徴作用 他』、市井三郎訳、河出書房新社

Whitehead, A.N. 1985. *Scienec and the Modern World*. Free Association Books.／邦訳 ホワイトヘッド、A・N 一九八一『科学と近代世界』、上田泰治・村上至孝訳、ホワイトヘッド著作集6、松籟社

ウィトゲンシュタイン、L 一九七六『哲学探究』、藤本隆志訳、ウィトゲンシュタイン全集8、大修館書店

ウルフ、F・A 一九九〇『量子の謎をとく――アインシュタインも悩んだ……』、中村誠太郎訳、講談社ブルーバックス

Woodward, J. 1994. 'Review: Paul Humphreys〔1989〕*The Chances of Explanation*'. *British Journal for the Philosophy of Science* 45, pp. 353-374.

湯川秀樹・井上健 一九七八「二十世紀の科学思想」、中公バックス世界の名著80『現代の科学Ⅱ』（湯川秀樹・井上健編）所収、中央公論社、一－九〇頁

おわりに

シッテルン博士、ご苦労さん。下手なジョークを除いて、私の考え方をよく話してくれたよ。それにしても、本当に私の思考をぴったり表現してくれたね。びっくりだ。まるで私が語ったみたいだったな（あれっ？）。

もちろん、この小さな本で哲学のすべてを論じ尽くすことなど、どだい無理である。というより、哲学的思考の一例を追体験してもらうことだけがそもそも本書の目的なので、多くの問題を網羅的かつ詳細に論じることなど最初から意図していない。実際、宿題がたくさん残ったし、触れられなかったトピックも多い。倫理的な問題についてはあまり触れられなかったし、最後に言及した「死の形而上学」の問題はもっと掘り下げたかった思いもある。

そうした思いを少しでも埋めるため、一つだけ、読者の皆さんに宿題を出しておこう。「死の形而上学」に関して、死んでしまったら害を受けることもないし、楽になることもない、とシッテルン博士は最後に論じた。この議論自体は理解可能だろう。しかし、だとすると、殺人というのはどう捉えればいいのだろうか。殺人は、人を害することではないのか。しかし、もし殺人による死が、害を語りえないものだとするなら、殺人は危害を加えたことにならないのだろうか。それは、あまりに奇怪な考え方ではないか。

同じことは、死刑にも当てはまる。死が害でないとするなら、死刑はそもそも刑罰にならないのではないか。刑罰というのは、基本的発想としては、社会や他人に何らかの危害を加えた者に対して、害を加え返すことだからである。かくして、殺人は危害ではなく、死刑も刑罰ではない。死んでしまったら害を被らないという、一見理解可能な考え方を突き詰めていくと、こうした途方もない帰結が導かれそうなのである。

たぶん、直ちに、殺人にせよ死刑にせよ、死にゆくプロセスは害として体験される苦しみなのではないか、という反応が出るだろう。けれども、それはあくまで「死にゆくプロセス」の話で、まだ死んでいないときの話題だ。ここでの問題は「死にゆくプロセス」ではなくて、「死」そのものだ。実際、「死にゆくプロセス」と等しい害が発生しても、「死」が発生しなければ、殺人も死刑も成立しない。そして、「死」そのものは害とは言えない、だから、殺人も死刑も危害とは言えない、という議論、それが私が提起したい論の展開なのである。もちろん、これは常識外れの帰結である。

さて、ではこの奇怪な論の展開にどう対応すべきだろうか。受け入れるのか。だとしたら、社会のシステムを再構築しなければならない。それとも、常識外れなので受け入れられないというだろうか。そのためには、先の奇怪な議論をなんとか論破しなければならない。

さて、どうしたらよいだろうか。これが、読者への宿題である。この課題は、「死」が一つの現象であり「である」の領域に属すると同時に、殺人や死刑という、「べき」が絡む問題圏にもわたるイシューであるという点で、「である」と「べき」の交差を論じた本書が最後に読者に委ねる宿題としてふさわしい（拙著『死の所有』第五章も参照してほしい）。

なんとなく想像していただけるかと思うが、こうした正真正銘の哲学の問いに答えるのは容易なことではない。というより、そもそも正しい答えがあるのかどうかさえ、分からない。しかし私は、真正の哲学の問いを突き詰めて考えていったときに、どう結論していいか分からない、という境地に至ること、それこそが哲学に入り来たるということなのだと言いたいのである。

こうして、「哲学入門」を書くことのディレンマが生じる。入門書である以上、「分かる」となってもらうよう明快に書かなければならない。けれども、そもそも哲学に入門してもらうとは、本当に「分からない」、という体験をしてもらうことにほかならない。「これは謎だ」「これは不思議だ」ということの実感、それこそが最重要の核心なのである。したがって、厳密かつ正直に言うと、「哲学入門」とか、分かりやすい哲学、などというのは語義矛盾なのだ。

しかも、かなり譲歩して、完全にではなく少しだけでも、「分からない」という実感を「分かる」ようになってもらう、と意図したとしても、そのような緩和された目的さえ実は大変に達成困難なのである。たいてい、私たちは、「当然だ」とか「当たり前じゃないか」などといって、日常をやり過ごしているからである。私たちは普通、地球から一光年以上離れた場所でも水素原子は水素原子で同じだ、当たり前じゃないか、と思ってしまうのではないか。けれども、ちょっと考えると、これはまことに不思議なことだし、なぜなんだ、確かめたこともないのにどうして分かるんだ、という問いが本当は出てくるはずなのである。この辺りの不思議感、これが哲学の肝である。ばからしい、と思ってしまう人は、仕方ない。べつに哲学なしでも個々人の日常生活には何の差し支えもありません（ただ、社会の中の一部に哲学的思考のできる人がいることが、社会を維持するのに必要だとは思っているが……）。

しかし、哲学の思考を伝えようとする立場からして、私たちが「当然」や「当たり前」

に染まってしまっていることは本当に苦境なのである。ああ、一体どうやって「哲学入門」を著せばよいのだろうか。どうやってこのミッションをこなすべきなのか。

こうして、私は、哲学の教育に携わる者として、いつも途方に暮れる。仕方ない。開き直るしかない。私が途方に暮れるという、そのぐずぐずして、もがき苦しむ過程を一緒に味わってもらうことにしよう。こうして出来上がったのが、私にとっての初めての新書である、本書『英米哲学入門』なのである。

本書の執筆中に、お恥ずかしながら、私は還暦を迎えた。有り難いことに、二〇一七年一二月に、私が指導してきた皆さんが、私の還暦を記念して、私の議論を検討するためのワークショップを開催してくれた。そこで私自身いろいろと学ばせていただき、本書執筆最終局面で重要な示唆を得ることができた。出席者の皆さんにお礼を言いたい。とりわけ、本書第3章の記述性度や規範性度の定式化に対して適切なコメントをくれた鈴木聡氏、そして私の議論の、私自身が気づいていなかった側面に目を向けさせてくれた宮園健吾氏、大谷弘氏に深く感謝したい。

また、筑摩書房編集部の増田健史氏には、本書成立に当たって並々ならぬおかげを被った。私の草稿に的確なコメントをしていただき、説明が足りない部分などを指摘いただいた。新書を書く、という作業のなんたるかを教えていただいたように感じている。増田氏の示唆がなかったならば、本書は成立していなかったであろう。心よりお礼申し上げます。

私は、二〇一八年三月末をもって、二三年間勤めた東京大学を退職し、本書が刊行される二〇一八年四月には武蔵野大学教授に転身する。本書は、武蔵野大学での私の最初の成果ということになる。本書が多くの方々にとって哲学的思考への一つのきっかけとなることを切に願っている。そして最後に、妻と娘と愛猫に感謝しつつ。

茨城県土浦市にて　一ノ瀬正樹

平成三〇年二月

ちくま新書
1322

英米哲学入門《えいべいてつがくにゅうもん》
――「である」と「べき」の交差《こうさ》する世界《せかい》

二〇一八年四月一〇日　第一刷発行

著　者　一ノ瀬正樹（いちのせ・まさき）

発行者　山野浩一

発行所　株式会社 筑摩書房
東京都台東区蔵前二-五-三　郵便番号一一一-八七五五
振替〇〇一六〇-八-四一二三

装幀者　間村俊一

印刷・製本　株式会社 精興社

〒三三一-八五〇七　さいたま市北区櫛引町二-六〇四
筑摩書房サービスセンター　電話〇四八-六五一-〇〇五三

ISBN978-4-480-07132-3 C0210

ちくま新書

008 ニーチェ入門　竹田青嗣
新たな価値をつかみなおすために、今こそ読まれるべき思想家ニーチェ。現代の我々をも震撼させる哲人の核心に大胆果敢に迫り、明快に説く刺激的な入門書。

020 ウィトゲンシュタイン入門　永井均
天才哲学者が生涯を賭けて問いつづけた「語りえないもの」とは何か。写像・文法・言語ゲームと展開する特異な思想に迫り、哲学することの妙技と魅力を伝える。

029 カント入門　石川文康
哲学史上不朽の遺産『純粋理性批判』を中心に、その哲学の核心を平明に読み解くとともに、哲学者の内面のドラマに迫り、現代に甦る生き生きとしたカント像を描く。

200 レヴィナス入門　熊野純彦
フッサールとハイデガーに学びながらも、ユダヤの伝統を継承し独自の哲学を展開したレヴィナス。収容所体験から紡ぎだされた強靭で繊細な思考をたどる初の入門書。

277 ハイデガー入門　細川亮一
二〇世紀最大の哲学書『存在と時間』の成立をめぐる謎とは？　難解といわれるハイデガーの思考の核心を読み解き、西洋哲学が問いつづけた「存在への問い」に迫る。

301 アリストテレス入門　山口義久
論理学の基礎を築き、総合的知の枠組をつくりあげた古代ギリシア哲学の巨人。その思考の方法と核心に迫り、知の探究の軌跡をたどるアリストテレス再発見！

589 デカルト入門　小林道夫
デカルトはなぜ近代哲学の父と呼ばれるのか？　行動人としての生涯と認識論・形而上学から自然学・宇宙論におよぶ壮大な知の体系を、現代の視座から解き明かす。

ちくま新書

482
哲学マップ
貫成人
難解かつ広大な「哲学」の世界に踏み込むにはどうしても地図が必要だ。各思想のエッセンスと思想間のつながりを押さえて古今東西の思索を鮮やかに一望する。

545
哲学思考トレーニング
伊勢田哲治
哲学って素人には役立たず? 否、そこは使える知のツールの宝庫。屁理屈や権威にだまされず、筋の通った思考を自分の頭で一段ずつ積み上げてゆく技法を完全伝授!

666
高校生のための哲学入門
長谷川宏
どんなふうにして私たちの社会はここまできたのか。「知」の在り処はどこか。ヘーゲルの翻訳で知られる著者が、自身の思考の軌跡を踏まえて書き下ろす待望の書。

695
哲学の誤読
——入試現代文で哲学する!
入不二基義
哲学の文章を、答えを安易に求めるのではなく、思考の対話を重ねるように読み解いてみよう。入試問題の哲学文を「誤読」に着目しながら精読するユニークな入門書。

776
ドゥルーズ入門
檜垣立哉
没後十年以上を経てますます注視されるドゥルーズ。哲学史的な文脈と思想的変遷を踏まえ、その豊かなイマージュと論理を読む。来るべき思想の羅針盤となる一冊。

832
わかりやすいはわかりにくい?
——臨床哲学講座
鷲田清一
人はなぜわかりやすい論理に流され、思い通りにゆかず苛立つのか——常識とは異なる角度から哲学的に物事を見る方法をレッスンし、自らの言葉で考える力を養う。

922
ミシェル・フーコー
——近代を裏から読む
重田園江
社会の隅々にまで浸透した「権力」の成り立ちを問い、常識的なものの見方に根底から揺さぶりをかけるフーコー。その思想の魅力と強靭さをとらえる革命的入門書!

ちくま新書

944
分析哲学講義
青山拓央
現代哲学の全領域に浸透した「分析哲学」。言語のはたらきの分析を通じて世界の仕組みを解き明かすその手法は切れ味抜群だ。哲学史上の優れた議論を素材に説く！

964
科学哲学講義
森田邦久
科学的知識の確実性が問われている今こそ、科学の正しさを支えるものは何かを、根源から問い直さねばならない！　気鋭の若手研究者による科学哲学入門書の決定版。

967
功利主義入門
――はじめての倫理学
児玉聡
「よりよい生き方のために常識やルールをきちんと考えなおす」技術としての倫理学において「功利主義」は最有力のツールである。自分で考える人のための入門書。

1060
哲学入門
戸田山和久
言葉の意味とは何か。私たちは自由意志をもつのか。人生に意味はあるか……こうした哲学の中心問題を科学が明らかにした世界像の中で考え抜く、常識破りの入門書。

1119
近代政治哲学
――自然・主権・行政
國分功一郎
今日の政治体制は、近代政治哲学が構想したものだ。ならば、その基本概念を検討することで、いまの民主主義体制が抱える欠点も把握できるはず！　渾身の書き下し。

1143
観念論の教室
冨田恭彦
私たちに知覚される場合だけ物は存在すると考える「観念論」。人間は何故この考えにとらわれるのか。元祖観念論者バークリを中心に「明るい観念論」の魅力を解く。

1165
プラグマティズム入門
伊藤邦武
これからの世界を動かす思想として、いま最も注目されるプラグマティズム。アメリカにおけるその誕生から最新の研究動向まで、全貌を明らかにする入門書決定版。